会 计 学

林春雷 主编

燕山大学出版社
·秦皇岛·

图书在版编目（CIP）数据

会计学 / 林春雷主编. —秦皇岛：燕山大学出版社，2022.3
ISBN 978-7-5761-0316-8

Ⅰ. ①会… Ⅱ. ①林… Ⅲ. ①会计学—高等学校—教材 Ⅳ. ①F230

中国版本图书馆 CIP 数据核字（2022）第 036292 号

会计学
林春雷 主编

出 版 人：	陈 玉		
责任编辑：	王 宁	**策划编辑：**	王 宁
责任印制：	吴 波	**封面设计：**	吴 波
出版发行：	燕山大学出版社 YANSHAN UNIVERSITY PRESS	**地 址：**	河北省秦皇岛市河北大街西段 438 号
邮政编码：	066004	**电 话：**	0335-8387555
印 刷：	秦皇岛墨缘彩印有限公司	**经 销：**	全国新华书店

尺 寸：	170mm×240mm 16 开	**印 张：**	16.75
版 次：	2022 年 3 月第 1 版	**印 次：**	2022 年 3 月第 1 次印刷
书 号：	ISBN 978-7-5761-0316-8	**字 数：**	264 千字
定 价：	54.00 元		

前　言

进入 21 世纪以来，出现了很多改变我们生活和工作的事情，比如互联网、电子商务、数字支付等，社会节奏变化之快前所未有。同样，在会计领域，我们也正在经历着巨变，就连曾经颇为时髦的“会计电算化”也已是明日黄花，取而代之的是以财务共享服务中心、财务机器人、大数据、区块链以及 5G 等为代表的信息技术新概念。面对如此剧烈的变革，我们可能都会迷茫困惑，但又不得不本能地跟上时代发展的潮流和步伐。作为一名会计专业教师，需要不断更新教学内容和方法以适应新时期高等教育发展的需要。

会计学课程面对的是大一学生。他们刚从一个校门迈入另一个校门，社会实践经验基本上为零，头脑中与会计有关的知识大多没有。如果你问他们，对会计有什么认识，通常给出的答案就是“算账的”。这也就导致会计学不仅难教，还更加难学，课本中一个个蹦出来的专业术语和词汇往往令这些孩子们头疼不已。现在，会计学课程还面临着另外一个问题——学生们高考报志愿和入学都按照工商管理大类进行，在大一课程结束后，根据个人的爱好以及对各专业的了解，他们将选择不同的专业进行后续学习。面对大类招生的学生，讲哪些内容，讲到什么程度又成为摆在会计老师们面前的一个需要深入思考的问题。

面对这样的状况，负责会计学基础课的几位老师集思广益，探讨在当前社会经济环境下会计学课程的教学内容和方式的新要求。由此，也为本教材的出版提供了难得的契机。

带着这些问题，老师们思考怎么样才能够既满足大类招生教学的需要，又能够做到不被时代落下，还能够做到内容通俗易懂和深入浅出。实际上，要解决上述问题，大家一致认为一个似乎比较好的办法是抽离出会计学的核心思想和内容，从基础概念入手到财务报表阅读分析为止。因此，本教材内容安排形成了以下特点：

一是重视基本概念和理论。由于信息技术的飞速发展，有关具体核算的问题已经显得不是那么重要，甚至传统手工会计核算已经失去了存在的必要性。但是，会计基本概念和原理，却是整个会计学科体系的骨骼，一直延续至今，是应该重点掌握的内容。基于沿着主干、只讲核心的指导思想，本教材特别强调了基本概念和记账原理的介绍，加大了第一章和第二章内容所占的比例。通过这两章内容的学习，基本上能够构建起比较完整的会计理论体系，对于会计学有初步的认识。

二是打破按照会计要素分类讲解会计核算内容的安排。一般传统会计学教材特别强调会计核算，通常按六大会计要素对其进行系统而详细的讲解。信息技术工具与手段对于会计核算具有很强的替代功能，会计核算早已不是会计从业人员工作的主要内容，但为了进一步加深对会计复式记账原理的理解，本教材以制造业企业为例，将企业从开始筹建到形成利润这样一个“经营周期”内所涉及的基本经济业务核算问题进行了介绍。

三是强调阅读财务报表以获取有用的信息。基于会计职能转变以及后续专业分流的考虑，本教材特别注重财务报表阅读和分析。从最初的信息提供者——“数豆子的人”和“数字处理者”转向管理者角色，以及核算过程的机器化、智能化，会计专业人员对于涵盖全部会计信息的报表必须给予充分的重视。另外，在专业分流后，绝大部分学生将学习其他专业，后续接触最多的也将是报表信息。因此，教材加大了对三张主要财务报表的介绍，与此同时，从不同层面提出深入思考问题、提升阅读和分析报表的能力。

本教材适用于工商管理大类招生的本科会计学课程使用，也适用于自主学习会计知识的从业人员。

本教材的出版得到了燕山大学经济管理学院和会计系的大力支持。教材编写具体分工安排如下：第 1 章，宣杰老师，硕士生吕蓉、周红；第 2 章，张玉兰老师，硕士生刘畅、孙悦；第 3 章和第 4 章，周小洲老师；第 5 章、第 6 章和第 7 章，林春雷老师，硕士生苗洁、王欣；第 8 章，王佳老师，硕士生崔智翔、冯轶慧。教材的出版也得益于燕山大学出版社王宁老师和刘韦希老师的大力帮助。在此谨向各位领导、老师和同学的关心和辛勤付出表示衷心感谢。

因作者水平有限，书中难免会有不足之处，敬请读者批评指正。

林春雷

2022年2月于秦皇岛

目　　录

第 1 章　总　　论

学习目标：

（1）掌握会计的定义。

（2）了解六大会计要素与会计基本职能。

（3）掌握会计基本假设与会计信息质量要求。

（4）掌握会计核算基础。

1.1　会计发展历程

1.1.1　中国会计简史

在五千年的历史进程中，中国取得了辉煌的历史成就，创造了灿烂的中华文明并延续至今。伴随着社会生产力的发展，出现了对数字和计数的需求，使会计成为经济生活中的一个重要组成部分。根据不同阶段的特点，我国会计发展史可以分为古代会计、近代会计和现代会计三个阶段。

1.古代会计阶段

会计最早可追溯到原始社会。当时，虽然无法利用货币进行经济活动的计量，但人们创造了以物易物的交易形式，并且利用自己的智慧，创造了“结绳记事”“刻契记数”等原始计算、记录的方法。这是我国会计发展的萌芽阶段。奴隶制社会是会计发展的初期，为了适应统治阶级管理经济的需要，官厅会计部门产生并得到初步发展。西周设置了专门负责会计工作的“司会”官职，它与专门负责财物保管工作的官职“小宰”有明确的分工，同时，会计部门内部设“司书”“职内”“职岁”“职币”四种官职。周朝还制定了收支报告制度、交互考核制度，以及宰夫所行使的就地稽查制度等。在周代，会计一词已有了比较明确的含义，即所谓“零星算之为计，总合算之为会”。同时，在中国会计发展中使用了两千多年的单式记账法也从这个时期正式出现了。春秋时期，孔子提出会计一定要具有真实性、准确性和平衡性，即会计在收入、支出和结余上要正确，不能出现错误的数字和未记录已发生的经济活动。

随着封建经济关系的产生，中国会计有了长足的发展。魏国李悝在魏国魏文侯的支持下进行变法，推行新政，其中之一就是制定了《法经》，此法典中有部分内容与会计有诸多关系。战国至秦汉时期，官厅财计组织从中央到地方已初步构成一个经济管理系统，其中“编户制度”、“上计制度”、国家收支和皇室收支分别管理制为主干的财计制度以及御史监察制度的建立，是封建国家经济集权的重要体现。秦汉时期，单式记账法有了进一步发展，出现了“三柱算结法”，即以“入、出”作为会计的记录符号，并且也产生了结算公式，即“入-出=余”。这个会计等式对未来会计的发展起着重要的作用，也就是现在的“收入-费用=利润”这一会计等式的雏形，并且在这期间也出现了“上计簿”，即现在的财务报告的雏形。隋唐至宋，是中国经济发展的巅峰时期，会计和国库组织发展到更为完备的程度，比如唐代的“度支部”和宋代的“总计司”“会计司”等专门组织的设置，表明了当时对会计的重视。在这个阶段，我国创立了“四柱结算法”，通过“旧管+新收=开除+实在”这个恒等式进行结账。这是我国会计发展史上一个里程碑式的进步，使得单式记账法有了更加完善的提升，为近代会计的发展奠定了基础。

2.近代会计阶段

近代会计是以复式记账法的产生为标志的。我国近代会计阶段主要是明清阶段，这一时期是中国单式簿记的持续发展和复式簿记产生的时期。

在明朝资本主义萌芽出现之时，出现了三角账的记账方法。三角账注重债务与债权之间的关系，存在复式记账法的思想；在收入和费用上仍然使用单式记账法，只能用期末盘存办法计算当期的盈亏。在明末清初，中国又出现了一种新的记账方法，被称为“龙门账法”。此种方法是根据唐宋期间的“四柱结算法”拓展而成的，是将全部的经济活动发生全部编入“进、缴、存、该”四大类当中，利用“进一缴=存一该”这个恒等式进行结账。凡进项减去缴项等于存项减去该项，为“龙门相合”，否则为“龙门不合”。“龙门账”的诞生标志着中国的会计开始由单式记账向复式记账转变。后期又出现了四角账法，是在三角记账法和龙门账法的基础上进行了完善。相比三角账法，四角账法增加了现金科目的表示,所有的经济业务均按照“有来必有去，来去必相等”的原则进行核算；相比龙门账法，四角账法对每一笔经济业务均要在账簿上记录两边，要记录来账也要记录去账，当来账等于去账时，说明业务处理正确，否则处理错误。一般认为四角账法和现代会计的思想和原理基本相同，可以认为是中国古代复式记账法的巅峰。

在 1840 年晚清时期，中国会计出现了中式会计的改良和借贷复式簿记的引进同时并存的局面。蔡锡勇（1847—1898）的《连环帐谱》（1905）一书，为中国引进借贷复式簿记之开端；谢霖（1885—1969）与孟森合著的《银行簿记学》（1907）一书，为引进借贷复式簿记创造了条件。1908 年，大清银行创办之时，即采用现金收付复式记账法，为中国改良中式簿记之先声。

“中华民国”时期，大型工商企业一般采用借贷复式簿记，中小型工商企业一般采用中式收付簿记。20 世纪 30 年代，会计师徐永祚（1893—1961）发起了改良中式簿记运动，拟订《改良中式簿记方案》（1933），但未能广泛推行；与此同时，会计师潘序伦（1893—1985）通过创办立信会计师事务所、立信会计学校和立信会计图书用品社，编著、出版多种会计书刊，使借贷复式簿记在中国得到广泛传播。此外，北洋政府先后颁布过会计法及其他一些会计法规，但未能贯彻执行。

3.现代会计阶段

新中国的成立标志着中国会计进入一个新的发展时期——现代会计阶段。

1949—1979 年，我国经济正处于恢复时期，新中国经济体制诞生，会计改革的主要目的是帮助恢复经济。在党的十一届三中全会召开过后，实施拨乱反正，国民经济也从以往的瘫痪状态走上了健康发展之路，与此同时，企业的会计制度系统也进入了全面恢复时期。1979—1992 年，我国会计开始借鉴国际会计理论与实务，会计发展进入一个新阶段。中共十二大确立了全面落实改革开放的方针政策，在全国范围内开始实施经济体制改革。为了能够更好地面对经济环境的变化，与经济体制相适应，财政部重建企业会计，并对企业的会计制度进行了一系列配套改革。1986 年，财政部颁布了《中外合资经营企业会计制度》，代表着我国会计开始走向国际化。1988—1992 年期间，相继颁发了《城镇商业企业会计制度》等一系列会计相关制度，意味着我国的企业会计制度开启了多元化发展的新格局。

1992 年，时任国务院副总理朱镕基就发展我国注册会计师事业和会计制度改革发表了重要讲话，指出：会计是国际通用的商业语言，信息不通就无法做生意；我国现行的会计制度不符合改革开放的要求，迟早要向国际会计准则靠拢。1992 年，财政部发布了《企业会计准则》和《企业财务通则》。《企业会计准则》主要规范我国的会计核算方法，《企业财务通则》重点规范了企业的财务政策，包括资金筹集和运用、折旧计提、成本费用开支范围、利润分配等内容。2006 年，财政部颁布了新企业会计准则体系，其中涵盖了 1 项基本准则和 38 项具体准则以及若干应用指南等；2007 年年初，在上市公司正式执行，其他企业采取鼓励执行措施。这是在 1993 年之后我国会计制度的又一次重大变革。新会计准则体系与中国的国情相适应，并且和国际财务报告准则接轨，囊括了多样化的企业经济业务，独立实施性尤为明显。在此之后，具体准则又经过了多次修改，目前已经扩充为 42 项具体准则，会计体系日趋完善。

1.1.2 国外会计简史

按照会计发展时间跨度，国外会计发展同样也划分为古代会计、近代会计和现代会计三个阶段。

1.古代会计阶段

古代会计，从时间上说是 1494 年之前的一段时期。在文明古国，如古巴比伦、古希腊和古罗马都留存有商业合同、农庄庄园的不动产项目等有关的会计记录。在印度原始公社里，有专门的记账员负责登记农业账目及有关事项。在欧洲，会计主要起源于庄园经济中的庄园主和所聘任的管家之间隐含的委托代理关系。管家要向庄园主汇报收入、支出、利润等情况，以反映其对庄园进行管理的成效。在这个阶段，会计所进行的计量、记录、分析等工作，一开始是同其他计算工作混在一起的，只是“生产职能的附带部分”。

2.近代会计阶段

近代会计的时间跨度一般认为从 1494 年开始直至 20 世纪 40 年代末。1494

年，意大利数学家卢卡·帕乔利所著的《算术、几何、比及比例概要》一书，比较系统地介绍了借贷复式记账法，是会计发展史上一个重要的里程碑，标志着世界近代会计的开端。书中以商业会计核算为例，就复式记账法的核算目的、核算程序、财产盘存制度、计价标准、序时记录和分类记录等，作了比较系统的介绍，是复式记账法产生的标志。复式记账法的产生与发展，对于推动世界会计的发展具有极其重要的作用，即便在会计由电算化代替手工操作的今天，复式记账法的理论和方法仍是会计核算的基础。15 世纪末到 18 世纪，随着商业经济在欧洲其他城市的发展，复式记账法不断地传播并继续得到完善。德国、荷兰、法国等先后继承并发展了意大利的复式簿记实务与理论。

18 世纪末到 19 世纪初，英国产业革命的完成、工厂制度的确立，尤其是股份公司的不断出现，客观上要求建立一套与之相适应的会计方法。这一时期，会计不但在技术方面，而且在理论方面都丰富了起来，使会计由一门应用技术发展为一门科学。同时，由于股份公司的所有权和经营权相分离，公司的股东以及与公司有利益关系的社会团体及个人，要求公司定期提供有关公司的财务状况和经营成果的报告，而财务会计报告的真实性和完整性需要独立的第三者来完成。基于此背景，1854 年，世界第一个会计师协会——英国的爱丁堡会计师公会成立，成为近代会计发展史上的又一个里程碑，标志着会计的服务对象、会计内容的扩展。同一时期，各国税法、商法、公司法等法律的陆续颁布和不断完善，也促进了会计的发展，使成本会计、会计报表分析、审计等新内容相继出台。

19 世纪末 20 世纪初，世界经济发展的中心逐渐转移到美国。经过 1929—1933 年的世界经济危机，人们认为松散、不规范的会计实务是经济危机爆发的主要原因之一。为了规范会计工作，提高会计报告的真实性和可比性，以美国为首的一些国家会计师协会开始制定“公认会计原则”。1933 年和 1934 年，美国的《证券法》和《证券交易法》出台：要求上市公司必须提供统一的会计信息，并责成证券交易委员会（SEC）负责制定统一的会计准则。公认会计原则的制定把会计理论和方法推上了一个新的水平。

3.现代会计阶段

现代意义上的会计是在 20 世纪 50 年代以后，管理会计和会计的电子数据处理系统，是现代会计的两个重要标志。

1952 年，世界会计学会年会正式通过了“管理会计”这个名词，将会计分为财务会计和管理会计两个分支。财务会计主要侧重于向企业外部关系人提供有关企业的财务状况、经营成果和现金流量情况等信息。管理会计主要侧重于向企业内部管理者提供进行经营规划、经营管理、预测决策所需的相关信息。财务会计侧重于反映过去的信息，为外部有关各方提供所需数据；管理会计则侧重于未来信息，为内部管理部门提供数据。1946 年，第一台电子计算机在美国诞生；1953 年，计算机在会计工作中得到初步应用，其后迅速发展；20 世纪 70 年代，发达国家出现了电子计算机软件方面数据库的应用，并建立了电子计算机的全面管理系统。随着电子计算机的发展，会计由传统的手工操作逐渐发展为电子数据处理系统。

1.1.3 会计的重要性

从中外会计发展历程可以看出，会计经过漫长的发展和实践检验，已经形成了一套具有自己特征的方法体系，成为一项独立的管理工作，对企业和经济的发展起着越来越重要的作用。会计的重要性具体可以从宏观角度和微观角度进行分析：宏观角度主要是会计对国家经济的重要性，微观角度主要是会计对企业的重要性。

1.会计对经济的重要性

对于经济来说，会计是经济活动的重要组成部分，是人类社会发展到一定阶段的产物，对经济发展起着重要的服务作用。会计与经济效益有着密切的关系：会计的产生是基于对经济效益的追求，会计的发展是提高经济效益的客观需要；经济效益的衡量要借助于会计，经济效益的最佳化需要会计为其服务。会计和经济效益具有与生俱来的一种同生的“血缘”关系。

一方面，全面可靠的会计信息对经济的发展与调控起着支持的作用。当市场经济出现问题时，需要国家采用多种政策与措施对宏观经济进行调控，让经济发展拥有良好的保障。国家对经济进行宏观调控的主要手段是各种财政政策，比如货币政策、税收政策等，其中税收政策的主要依据就是各种财务数据。

另一方面，会计监督的作用随着经济的发展也日益突显。会计的监督职能主要是对各种经济活动的监督，使各种经济活动的发展能够达到目标并且符合各项相关规定的要求。会计可对所开展的经济活动进行预测与计划，并就经济活动进行事前监督。会计对经济活动中的每一个环节与部分开展检查和监督，为顺利开展经济活动提供有效保障。会计还可以对经济活动进行事后检查，方便对经济活动中出现的问题进行总结，并及时解决问题。

2.会计对企业的重要性

对于企业来说，会计是现代企业管理的一项重要的基础性工作。作为通用商业语言，会计通过特有的概念、方法和流程，对经济业务信息进行提取、加工和表述，反映企业资产运营和盈利状况。从本质上看，会计是“一个以提供财务信息为主的经济管理活动”，它把商业活动的财务数据纳入系统，通过汇总处理，形成财务报表，使用者通过财务报表便可了解企业的资产经营情况，从而作出相应的决策。具体而言，会计对企业的重要性主要体现在以下三个方面：

（1）会计基础工作为企业发展提供信息和决策依据。通过一系列会计程序，会计提供对决策有用的信息。对日常发生的业务，依据《会计法》和相关会计准则对原始凭证进行审核，避免原始资料失真、核算不实、账实不符；对审核无误的原始凭证进行记账、结账、编制报表；对实物资产建立盘点制度等。会计对内对外提供真实准确的信息，会计基础工作的好坏，直接影响到使用者的判断和决策。

（2）会计对企业经营状况进行预测和分析。通过企业财务信息可以对企业的经营情况进行预测和分析，控制和评价企业的经济活动。比如，通过盈利能力指标（主营业务毛利率、主营业务利润率、总资产利润率等）分析反映出企业的盈利能力和经营管理水平的高低。通过偿债能力指标（流动比率、速动比率、资产负债率、产权比率等）分析出企业对债务偿还安全性的保障程度、财务结构的稳健度及自有资金对偿还债务风险的承受力。而企业发展能力指标（营业收入增长率、资本保值增值率、资本累积率、总资产增长率、资本三年平均增长率等）可以预示企业的市场前景、可持续发展潜力等。

（3）会计有助于企业提高经济效益。企业经营管理水平的高低直接影响着企业的经济效益、经营成果、竞争能力和发展前景，在一定程度上决定着企业的前途和命运。财务人员对企业的各种数据进行分析，使企业能够规避风险、抢得先机、掌握主动，有助于企业加强经营管理，提高经济效益，促进企业可持续发展。比如，对于企业所有者来说，他们为了选择投资对象、衡量投资风险、作出投资决策，不仅需要了解企业包括毛利率、总资产收益率、净资产收益率等指标在内的盈利能力和发展趋势等方面的信息，也需要了解有关企业经营情况方面的信息；在投资决策中，利用资金的时间价值理论和方法，计算比较不同投资方案的投资回收效益，利用本量利分析方法确定目标利润等。这些方法都是在企业经营管理中广泛应用的科学技术方法，对于提高企业的经济效益有重要作用。

1.2 会计基础理论

1.2.1 会计的定义

会计的定义是会计基本理论中争论较多的一个问题。会计本身也是一个不断发展的概念，在不同时期，会计的内涵和外延不尽相同，人们对会计的认识也是逐步发展并加深的。

1.会计的本质

认识会计的定义，首先必须弄清会计的本质。所谓会计的本质，是指从产生到发展进步的历史过程中，会计这一客观社会现象的内部联系，它由会计的内在矛盾构成，是会计这一事物比较深刻的一贯的和稳定的方面。关于会计的本质有很多争议，这里仅就管理工具论、管理活动论、信息系统论三种很有代表性的观点进行简单介绍。

（1）管理工具论

在 20 世纪 80 年代前，学者们经过研究和讨论，普遍认为会计是经济管理的工具，它服务于管理者的需要。《辞海》的试行本经济分册（1961 年版）提出两个定义：第一，会计以货币为主要计量单位，连续地、系统地对企业机关和事业单位的经济活动或预算执行过程及其结果进行核算和分析；第二，会计是经济管理的一种工具。20 世纪 70 年代出版的会计教材和有关辞书，也有两种定义：其一，会计是经济核算方法的一种，它主要运用货币形式，通过记账、算账、报账、用账等手段，核算和分析企业、单位的各项经济活动或财务收支，反映和监督经济过程及其成果；其二，会计是管理经济的工具。

（2）管理活动论

会计管理活动论认为会计的本质是一种经济管理活动。会计与会计工作、会计管理是同一个概念，“会计是一种管理活动，是一项经济管理工作”，会计本身就具有管理职能。我国会计管理活动论的最早提倡者为杨纪琬、阎达五两位教授。阎达五教授在《会计理论专题》中论述：“会计就是经济管理的重要组成部分。它是通过收集、处理和利用经济信息，对经济活动进行组织、控制、调节和指导，促使人们权衡利弊、比较得失、讲究经济效果的一种管理活动。以应用借贷复式记账为主要标志的近代会计，是一种以价值运动为对象的管理活动。”杨纪琬教授指出，“会计管理”的概念是建立在“会计是一种管理活动，是一项经济管理工作”这一认识基础上的，通常讲的“会计”就是“会计工作”。他还指出，“会计”和“会计管理”是同一概念，“会计管理”是“会计”这一概念的深化，反映了会计工作的本质属性。

（3）信息系统论

信息系统论认为会计是一个经济信息系统，将会计与会计工作区分开来，认为会计工作是企业管理的重要组成部分，而会计是一个信息系统。美国会计学家A.C. 利特尔顿在1953年出版的《会计理论结构》一书中指出：“会计是一种特殊门类的信息服务”，“会计的显著目的在于对一个企业的经济活动提供某种有意义的信息”。美国会计学会（AAA）于1966年发布的《会计基本理论报告书》中指出：“实质地说，会计是一个信息系统。”这个概念很快影响了全世界的会计理论和实务界。1970年，西德尼•戴维森主编的《现代会计手册》第二版序言中第一句话就是：“会计是一个信息系统，它旨在向利害相关的各个方面传输一家企业或其他个体的富有意义的经济信息。”我国较早接受会计是一个信息系统观点的会计学家是葛家澍和余绪缨两位教授。葛家澍教授在《会计学导论》中明确提出：“会计是旨在提高微观经济效益，加强经济管理而建立的一个以提供财务信息为主的经济信息系统。”

进入20世纪80年代，管理工具论观点越来越受到会计学界的质疑，而新提出的管理活动论和信息系统论两种观点，有越来越多的支持者，且建立了相应的两大学派，即“管理活动论”派和“信息系统论”派。两个学派并不是对立的，只是认识问题的方法和角度不同，本质上有共同的内涵。杨纪琬教授说过：“一切管理活动都是信息系统，会计当然也不例外。”葛家澍教授也说过：“任何企业或单位的会计工作，都是一项重要的必不可少的经济管理工作。在这个意义上，会计也可以理解为一种管理活动。”

2.会计的定义

在一个完整的会计定义中，应能反映会计的对象、职能、方法、主体和运用会计所达到的目的。

（1）关于会计对象

会计的对象一般可概括为资金运动。不过，根据当前会计的发展，会计所能反映的范围已比过去有所扩大。这就是说，作为会计对象的资金运动，不仅包括已经发生的，而且包括可能发生的，同时也不排斥其他重要的经济活动和经济事物。

（2）关于会计职能

会计的基本职能为核算和监督。在这两大基本职能的基础上，随着会计的不断发展，会计还具备了预测经济前景、参与经济决策、评价经营业绩等职能。

（3）关于会计方法

会计是一种提供经济信息的方法或方法体系。会计方法是会计的主要组成部分。会计方法是用来反映和监督会计对象、完成会计任务、充分发挥会计作用的做法。会计方法的主要内容一般包括会计核算方法、会计分析方法、会计检查方法、会计预测方法、会计决策方法和会计控制方法等。

（4）关于会计主体

会计主体是指企业会计确认、计量、记录和报告的空间范围。会计总是以在经济上（包括财务上）和业务上具有独立性或相对独立性的组织为范围。它们都是一个独立的、互不混淆的会计主体。一般而言，凡是法人单位必为会计主体，但会计主体不一定是法人。

（5）关于会计目的

无论什么类型、什么性质的企业都必须努力降低生产消耗和生产占用，力求资本或资金的经济（节约）使用。上述目的都必须通过会计获得有助于提高经济效益的信息。提高经济效益，是企业运用会计所要达到的共同目的。

从会计的发展变化来看，会计可以表述为：会计是以货币为主要计量尺度，以审核无误的会计凭证为依据，提供企业财务状况、经营成果和现金流量信息，并采用专门的方法对企业等单位的经济活动进行全面的、系统的、连续的核算和监督的经济管理活动。

1.2.2 会计的职能

会计职能是指会计在经济管理中所具有的功能。《中华人民共和国会计法》（以下简称《会计法》）规定："会计机构、会计人员依照本法规定进行会计核算，实行会计监督。"《会计法》将会计的基本职能表述为核算和监督。

1.会计的基本职能

（1）核算职能

会计核算，是指会计以货币为主要计量单位，对特定主体的经济活动进行确认、计量和报告，为经营管理提供完整的、系统的以财务信息为主的经济信息。会计核算贯穿于经济活动的全过程，是会计最基本的职能，也是实现其他职能的前提。会计的核算职能具有以下特点：

第一，会计主要以货币为计量单位，从数量上核算各单位的经济活动情况。在商品经济条件下，会计可以通过三种经济量度来综合反映经济活动的过程和结果，即货币量度、实物量度和劳动量量度。随着生产力的发展，经营活动复杂程度不断加大，人们不可能仅仅从实物或劳动量方面来考察主体的经济活动过程和结果，而必须获得按一定程序进行加工处理后的以价值量为表现的会计信息，才能从全过程掌握经济活动的运行。也就是说，会计核算是以货币量度为主，而实物量度和劳动量量度只是辅助量度。

第二，会计主要反映已经发生的或已经完成的经济活动。会计反映的基础工作是事后对发生的事项进行核算和分析，对已发生的经济业务进行确认、计量、记录和报告。但随着经济活动的不断复杂化及市场竞争的日趋激烈，事前的预测和分析已经越来越占有重要地位。

第三，会计反映具有连续性、系统性、完整性和综合性特征。会计反映的连续性，是指对经济业务的记录是连续的，逐笔、逐日、逐月、逐年，不能间断；会计反映的系统性，是指对会计对象要按科学的方法进行分类，进而系统地加工、整理和汇总，以便提供管理所需要的各类信息；会计反映的完整性，是指对每个会计主体所发生的全部经济业务都应该进行记录和反映，不能有任何遗漏；会计反映的综合性，是指运用货币计量，最终提供各种价值指标，综合反映企业单位经济活动的过程和结果。

（2）监督职能

会计的监督职能，是指对特定主体的经济活动和会计核算的合法性和合理性进行审查，即以一定的标准和要求利用会计所提供的信息对经济活动进行有效的指导、控制和调节。会计的监督职能具有以下特点：

第一，会计监督是对经济活动全过程的监督。会计监督包括事前监督、事中监督、事后监督。事前监督是在经济活动开始前进行的监督和审查，主要包括对经济可行性的审查以及对经济事项是否合法、合规的审查；事中监督是对正在进行中的经济活动进行监督，以纠正活动过程中的失误和偏差，使经济活动按预定的目标进行；事后监督是对已经发生的经济事项进行监督、审核和分析，以总结经济活动的规律，发现及改正存在的问题。

第二，会计监督具有强制性和严肃性。会计监督借助于国家的财经政策与会计法规所赋予的权力，因此，这种监督具有强制性。《会计法》不仅赋予会计人员实行监督的权力，而且规定了被检查单位必须如实提供会计凭证、会计账簿、财务会计报告、其他会计资料以及有关情况，如有拒绝、隐匿、谎报等情况，则属违法行为，应当承担法律责任。

第三，会计监督是定性监督与定量监督的结合。会计反映只从数量上反映经济活动，而会计监督需要对经济活动进行定性与定量监督。会计监督的内容更为广泛，包括监督会计资料的真实可靠性、经济业务的合法性、经济活动的合理性、单位财产的安全性和完整性等。如《会计法》规定，会计机构和会计人员对记载不准确、不完整的原始凭证应予以退回；会计机构和会计人员对不真实、不合法的原始凭证有权不予接受，并向单位负责人报告等。

2.会计的拓展职能

会计除了核算和监督两个基本职能外，还有预测经济前景、参与经济决策、评价经营业绩等职能。

（1）预测职能

预测职能，是指根据财务会计报告等提供的信息，定量或者定性地判断、推测经济活动的发展变化规律，以指导和调节经济活动，提高经济效益。

（2）决策职能

决策职能，是指根据财务会计报告等提供的信息，运用定量分析和定性分析的方法，对备选的方案进行可行性分析，为经营管理等提供与决策相关的信息。

（3）评价职能

评价职能，是指根据财务会计报告等提供的信息，采用适当的方法，对企业在一定经营期间的资产运营、经济效益等经营成果，对照相应的评价标准，进行定量及定性对比分析，作出真实、客观、公正的综合评判。

1.2.3 会计的对象

会计对象，是指会计核算和监督的内容。会计是以货币为主要计量单位，对一定主体的经济活动进行核算和监督的经济管理活动。因此，凡特定对象是能够以货币计量的经济活动，都是会计核算和监督的内容，也就是会计的对象。

1.会计对象的表现形态

会计对象的抽象描述，是指能以货币计量的经济活动，通常又称为价值运动或资金运动。资金运动包括特定对象的资金投入、资金循环和周转、资金退出等过程，具体到企业、事业单位、行政单位又有较大的差异。即使同样是企业，工业、商业、金融业等也有各自的资金运动特点，其中以工业企业最具代表性。下面以工业企业为例，说明资金运动的过程。

资金的投入，是指资金进入企业，主要包括投资者的资金投入和债权人的资金投入，分别对应企业的所有者权益和企业的负债，投入企业的资金用于购买机器设备、原材料等，形成企业的资产。

资金循环和周转分为供应、生产、销售三个阶段。在供应阶段，企业发生采购原材料等业务，需要计算在途物资成本及与供货方结算货款等；在生产阶段，劳动者利用生产设备对原材料进行加工以生产出社会需要的产品，需要计算生产过程中发生的各项耗费，计算产品的制造成本和发生的期间费用；在销售阶段，企业需要计算发出商品的成本，发生收回货款、支付销售费用、缴纳有关税金等经济业务。期末，企业对一定时期所取得的各项收入，扣除各项成本和费用，计算盈亏。

资金退出包括偿还各项债务、缴纳各项税金、向投资者支付股利或利润，使得这部分资金离开本企业，退出本企业的资金循环与周转。

在这三个阶段，资金分别体现为货币资金、储备资金、生产资金、成品资金等不同的形态，如图 1-1 所示。

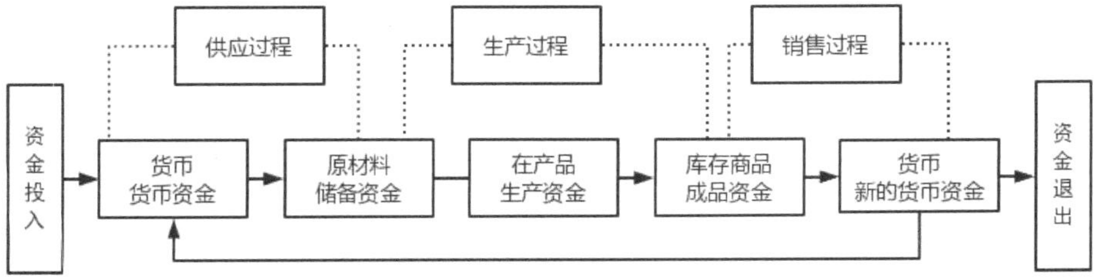

图 1-1　工业企业资金运动

上述资金运动的三个部分，是相互联系、相互制约的统一体。没有资金的投入，就没有资金的循环与周转；而没有资金的循环与周转，就不会有缴纳税金、分配利润等资金的退出，也就不会有新一轮资金投入和企业的进一步发展。工业企业因资金投入、循环和周转、退出等经济活动而引起的各项财产和资源的增减变化情况，以及企业销售收入的取得和企业利润的分配情况，共同构成了工业企业会计的具体对象。

2.会计对象的要素分类

会计对象的表现形式是资金运动。在对复杂的资金运动过程作出具体而准确的确认、计量、记录和报告时，应用不同概念来界定，这就构成了会计对象的不同要素：资产、所有者权益、负债、费用、收入和利润。

（1）资产。资产，是指企业过去的交易或事项形成的、由企业拥有或者控制的、预期会给企业带来经济利益的资源。资产是指经济资源的实物形式，是企业进行生产经营的前提和基础，也是获得经济资源增值和经济利益流入的基本物质条件。

（2）负债。负债，是指企业过去的交易或事项形成的、预期会导致经济利益流出企业的现时义务。除了投资以外，企业还会向债权人借入资金，当债务到期，债权人会在收回本金的同时收取利息。这部分资金归属债权人，即企业的负债，债权人可以凭借对相应资源的所有权从企业获取利益。

（3）所有者权益。所有者权益，是指企业资产扣除负债后由所有者享有的剩余权益。公司的所有者权益又称为股东权益。通过资产的不断转化、变换，企业才能获得经济资源的增值。投资人投入资源实体时，企业同时获得了与其有关的实体和权益，并在经营活动中获得利润，同时，投资人也会凭借其投入资源的所有权而享有相应权益的分配。

（4）收入。收入，是指企业在日常活动中形成的、会导致所有者权益增加的、与所有者投入资本无关的经济利益的总流入。在经济资源换出时会伴有现金的流入，资产的增加，即被界定为收入。

（5）费用。费用，是指企业在日常活动中发生的、会导致所有者权益减少的、与向所有者分配利润无关的经济利益的总流出。经营即为了获利，获利需要以付出经济资源为代价。企业在经营活动中售出产品时，经济资源权益被易手，伴随资产减少的过程中流出的权益就是费用。

（6）利润。利润，是指企业在一定会计期间的经营成果。利润是指通过经营活动实现的资源的增值部分，即经济资源权益的净增加额，也是收入和费用之间的差额。

1.2.4 会计的目标

会计的目标表现为向会计信息使用者提供有用的会计信息。

1.受托责任观与决策有用观

会计目标对财务会计的规范发展起着导向性作用。会计目标从传统上来讲有两种观点：一是会计目标的受托责任观；二是会计目标的决策有用观。

（1）受托责任观

会计目标的受托责任观主要形成于公司制企业发端与盛行时期。在公司制企业下，公司财产所有权与经营权分离，财产所有者将财产投入公司后不再直接干预财产的具体经营，而是委托给公司管理层，由公司管理层作为受托者对财产进行妥善保管并使其增值；受托者接受委托者的委托后，获得了财产的自主经营权和处置权，但负有定期向委托者报告其受托责任履行情况的义务。这就是基于公司制的受托责任观。

受托责任观的核心内容：提供受托责任履行情况的信息，即经营者（受托方）向资产所有者（委托方）提供企业经营业绩和资产保值增值的会计信息，以帮助所有者了解和评价经营者的受托责任履行情况。受托责任观强调会计信息服务的对象主要是企业的所有者，会计信息的提供应当满足企业所有者对企业的经营者进行监督和考核的要求。

（2）决策有用观

会计目标的决策有用观则主要源于资本市场的发展。随着公司制企业的发展，股权的交换和流通显得越来越迫切，而资本市场的发展为其提供了交易的平台，顺应了形势发展的需要。在资本市场发展的前提下，公司的股权进一步分散，分散的投资者在关心公司资产保值增值的同时，更关心公司的价值创造和股票的涨跌，投资者关注的核心从公司财产本身更多地转向公司价值管理和资本市场股票的表现。如果公司管理层管理不善、业绩不佳，投资者往往不是直接更换公司管理层，而是“用脚投票”，通过卖出股票来直接行使相关的权力，公司财务报告为此需要向投资者提供与其投资决策相关的信息。这就是基于资本市场的决策有用观。

决策有用观的核心内容：应当向投资者等外部使用者提供对决策有用的信息，尤其是提供与企业财务状况、经营成果、现金流量等相关的信息，从而有助于使用者评价公司未来现金流量的金额、时间和不确定性。决策有用观不仅仅反映受托责任的履行情况，而更重要的是反映企业所面临的风险和机会，目的是向利益相关者提供对决策有用的信息。

财务报告目标的受托责任观和决策有用观各有侧重，并且往往与企业发展和外部环境变化相关。从国际财务报告准则和世界许多国家会计准则及其会计实务发展来看，目前国际会计准则理事会和各国会计准则制定机构在确定财务报告目标时，尽管决策有用观的地位越来越上升，但往往还是尽可能兼顾受托责任观和决策有用观。许多人认为，尽管受托责任观和决策有用观的关注点有所不同，但是两者之间并不矛盾，反而有时相互补充，可以更好地满足信息使用者的信息需要。

2.我国关于财务报告目标的规定

1992 年，《企业会计准则——基本准则》（简称旧准则）中的会计目标主要是满足国家宏观管理的需要，将会计目标定位于“受托责任观”。这与当时的市场主体是国有及国有控股企业是分不开的。在所有权与经营权分离的情况下，国家作为资产的所有者与企业经营者之间形成了委托代理关系，企业经营者的主要责任是有效地管理与应用国家给予的资源，使其保值增值，完成受托任务。

2006 年，财政部发布的《企业会计准则——基本准则》（简称新准则）明确提出：“企业财务会计报告的目标是向财务会计报告使用者提供与企业财务状况、经营成果和现金流量等有关的会计信息，反映企业管理层受托责任履行情况，有助于财务会计报告使用者作出经济决策。财务会计报告使用者包括投资者、债权人、政府及其有关部门和社会公众等。”这种提法体现了受托责任观与决策有用观的融合。

我国企业财务报告的目标是决策有用观和受托责任观两者应当兼顾。财务报告的决策有用观和受托责任观是统一的。投资者出资委托企业管理层经营，希望获得更多的投资回报，实现股东财富的最大化，从而进行可持续投资；企业管理层接受投资者的委托从事生产经营活动，努力实现资产安全完整，保值增值，防范风险，促进企业可持续发展，就能够更好地持续履行受托责任，为投资者提供回报，为社会创造价值。

1.3 会计基本假设和信息质量要求

1.3.1 会计基本假设

会计是随着人类的生产实践和经济管理的需要而产生的，经济发展越迅速，它面对的社会经济环境就越复杂，就需要会计人员在会计核算过程中对面临的环境进行合理的假定，即会计的基本假设。会计基本假设，也称为会计的基本前提，是会计确认、计量、记录和报告的基本前提，是组织和开展会计工作必须具备的前提条件，是对会计核算所处的空间、时间环境等所作的合理设定。根据《企业会计准则——基本准则》第一章《总则》的规定，可以将基本假设概括为会计主体、持续经营、会计分期与货币计量。

1.会计主体

会计主体，是指会计工作服务的特定单位，是企业会计确认、计量和报告的空间范围。企业要进行会计核算工作，首先要明确会计人员“为谁记账、算账、报账的问题”。

会计主体的规模可大可小，并无统一的标准。会计主体的存在具有两面性，它既可以是一个进行独立核算的经济实体或一个独立的法律主体，也可以是一个进行独立核算的相关部门，例如财务部门本身。会计主体与法律主体不同，二者是两个不同的概念。会计主体的存在是由于存在了会计这项工作，进而展开的专项主体行为；法律主体所包含的内容较广，可以是法律所制约的个人，也可以是法律所制衡的个体，它存在于社会的每个角落。一般来说，法律主体必然是一个会计主体，但会计主体不一定是法律主体，例如企业集团编制合并财务报表，企业集团是会计主体，但不是法律主体；某企业的产品实行“厂家直销”的方式销售，它在各省市设立了专门的销售机构，这些销售机构可以进行独立核算，那么这些销售机构是会计主体，但它们不是法律主体。

会计主体可以分为记账主体和报告主体。一般来说，记账主体和报告主体是一致的，但由母公司和子公司组成的企业集团作为报告主体编制合并财务报表的情况下，二者就不一致，此时企业集团是一个报告主体，而不是一个独立的记账主体。

2.持续经营

持续经营，是指在可预见的将来，企业将会按当前的规模和状态继续经营下去，不会停业，也不会大规模地削减业务，是企业会计确认、计量和报告的时间范围。在整个会计核算过程中，持续发展是企业能进行核算的重要前提，从一定程度上讲，持续经营假设是对企业发展作出的一个美好假设。

持续经营是相对于停止经营、濒临破产这两个发展状态而产生的，即企业处于正常经营状态，且具备长期发展的能力和潜力。会计的一系列方法都是以会计主体持续经营为前提条件的。例如，只有在持续经营的前提下，企业的资产才能按历史成本计价，固定资产和无形资产才可以按照其使用年限进行折旧和摊销。

对于处在非持续经营状况的企业，应采用清算基础，着眼于清算资产和清算损益的核算。如果企业不具备持续经营的前提条件，而是已经或者即将停止营业、进行清算，则需要处理其全部资产，清理其全部的债权债务。在这种情况下，企业会计处理要采用清算基础。

3.会计分期

会计分期，是指将一个企业持续经营的生产经营活动划分为一个个连续的、间隔相同的期间，这样的划分有利于对企业的经济活动进行合理的核算和分析。从目的方面来看，会计行为是一个需要按时、按点进行准确核算的行为，需要对企业的财务状况和经营成果进行定期的分析和总结，所以需要进行会计分期的假设。

会计期间一般为一年。我国会计分期按照公历时间从 1 月 1 日至 12 月 31 日为一个会计年度，还可以进行进一步划分，时间划分主要以月、季度、半年度、年度这四个时间段进行划分。会计分期有利于企业监控自身的财务状况，财务报表能够及时向企业反馈时期内的收支盈亏；企业进行会计分期，能够通过财务报表了解到企业阶段性的发展状况、阶段性的收支浮动等，也能促进企业随时调整发展方向。由于有了会计分期，才产生了当期与以前期间、以后期间的差别，才使得不同类型的会计主体有了记账的基准。

需要注意的是，会计分期与业务周期不同，有的业务周期不足一个会计期间，而有的又持续几个会计期间。例如，对于一些制造飞机、轮船的大型企业，会计分期为一个月或者是一个季度，所反映的经济活动不具备可靠性，更应从业务周期角度统筹考虑。

4.货币计量

货币计量，是指会计主体在财务会计确认、计量和报告时以货币作为计量尺度，反映会计主体的生产经营活动。会计计量尺度的选择需要注意三个方面的问题。

第一，选用货币作为主要的计量尺度进行会计核算。企业在日常的经营中，经济业务的性质错综复杂，同时实物所展现的形态不同，可采用的计量方式也多种多样，就必须用统一的标准来反映，而货币具有可加性、可比性等优点，所以以货币作为主要计量单位是最优选择。

第二，选用某种具体的货币作为会计本位币。会计本位币以外的货币可以称为外币。在我国，原则上应当以人民币作为会计本位币。会计本位币可以分为记账本位币和报告本位币。记账本位币是会计记账时作为统一计量的货币，报告本位币是会计编表时作为统一计量的货币，二者一般情况下是一致的，也可能不一致。

第三，选择会计本位币的具体计量尺度是名义会计本位币还是不变的会计本位币。货币作为一种特殊的商品，其价值不是固定不变的。在币值变化不大的情况下，一般不考虑币值的变动。然而，由于通货膨胀对经济发展带来很大影响，企业如何反映这种影响的客观要求也有增长的趋势，因此产生了通货膨胀会计。

1.3.2 会计基础

会计基础，是指会计事项的记账基础，是会计确认的某种标准方式，是企业收入和支出、费用的确认的标准。对会计基础的不同选择，决定了企业取得收入和发生支出在会计期间的配比，直接影响到企业的财务状况和经营成果。会计基础主要有两种：权责发生制和收付实现制。

1.权责发生制

权责发生制，是指以收取款项的权利或支付款项的义务为基础来确认本期收入或费用的会计核算基础。凡是当期已经实现的收入和已经发生或应当负担的费用，无论款项是否收付，都应当作为当期的收入和费用，计入利润表中；凡是不属于当期的收入和费用，即使款项已在当期收付，也不应作为当期的收入和费用。《企业会计准则——基本准则》第一章《总则》第九条指出：“企业应当以权责发生制为基础进行会计的确认、计量和报告。”采用权责发生制强调经营成果的计算，可以正确反映各个期间所实现的收入和为实现收入所应负担的费用，从而可以把各期的收入与其相关的费用、成本相配合并加以比较，正确计算各期的经营成果，但核算比较复杂。在我国除一般企业外，政府会计中的财务会计和民间非营利组织会计也采用权责发生制。

2.收付实现制

收付实现制，是指以现金的实际收支为标志来确认本期收入和费用的会计核算基础。凡在本期实际收到或付出的一切款项，无论其发生时间早晚或是否应该由本期承担，均作为本期的收入和费用。在我国政府会计中的预算会计采用收付实现制。采用收付实现制强调财务状况的切实性，虽然核算手续简单，但不同时期缺乏一定的可比性。

总之，开展企业财务会计工作，特别是进行会计确认必须正确运用确认基础。会计基础是一种计量标准，它不可能脱离会计体系整体而发挥作用，权责发生制和收付实现制的应用只有在有效的政府会计和财务报告制度框架下才有实际意义。会计基础是现代会计学的重要分支，是研究会计学的根本问题，也是阐明会计基本理论、基本办法和基本技能的前提。

1.3.3 会计信息质量要求

会计信息质量要求是会计报告所提供信息应达到的基本要求和标准，是会计确认、计量和报告质量的保证。根据《企业会计准则——基本准则》第二章“会计信息质量要求”的规定，会计信息质量要求主要包括可靠性、相关性、可理解性、可比性、实质重于形式、重要性、谨慎性和及时性。

1.可靠性

可靠性，是指企业应当以实际发生的交易和事项为依据进行确认、计量和报告，如实反映符合确认和计量要求的各项会计要素及其他相关信息，保证会计信息真实可靠、内容完整。

会计信息需要将企业真实发生的经营活动所涉及的资产数目、收支费用以及负债情况等具体记录在财务报表中，而不能将未发生以及虚构的财务活动记录在相关报表中。会计信息的可靠性主要包括真实性和客观性两个方面。第一，真实性是指会计反映的结果应当同企业实际的财务状况和经营成果相一致，每一项会计记录都要有合法的凭证为依据，不允许弄虚作假，财务报告必须如实反映情况，要保证账证、账账、账表和账实之间的一致。第二，客观性是指对于经济业务的记录和报告，应当做到不偏不倚，以客观事实为依据，而不应受主观意识左右，力求会计信息可靠。

2.相关性

相关性，是指企业提供的会计信息应当与投资者等财务报告使用者的经济决策需要相关，有助于投资者等财务报告使用者对企业过去、现在或未来的情况作出评价或预测。

相关性要求会计信息不但应具有反馈价值，即有助于使用者评价企业过去的决策、证实或修正过去的有关预测，而且还应具有预测价值，有助于使用者根据财务报告所提供的会计信息预测企业未来的财务状况、经营成果和现金流量。同时，相关性要求企业在确认、计量和报告会计信息的过程中，充分考虑使用者的决策模式和信息需要。可靠性是相关性的基础、前提和保证，而相关性是可靠性的限定条件和最终归宿。如果提供的会计信息不具有可靠性，从性质上讲即使其与财务报告使用者的决策需要相关，也不具有相关性，因为这样的会计信息不仅不能令使用者作出正确的经济决策，甚至可能误导其作出错误的决策。反之，如果某一会计确认、计量和报告所形成的会计信息非常可靠，但却与提供该会计信息时使用者的经济决策根本不相关，这样的信息则无助于使用者的决策。

3.可理解性

可理解性，也称为明晰性，是指企业提供的信息应当清晰明了，便于投资者等财务报告使用者理解和使用。

企业编制财务报告、提供会计信息的目的在于财务报告使用者能够有效地使用会计信息，这就要求财务报告所提供的会计信息应当清晰明了，易于理解。只有这样，才能提高会计信息的有用性，实现财务报告的目标，满足向投资者等财务报告使用者提供对决策有用的信息的要求。

4.可比性

可比性，是指企业提供的信息应当相互可比，包括横向可比和纵向可比。

横向可比，指不同企业同一会计期间发生相同或者相似的交易或事项，应当采用相同或相似的会计政策，确保会计信息口径一致，相互可比，即对于相同或者相似的交易或者事项，不同企业应当采用一致的会计政策，以使不同企业按照一致的确认、计量和报告基础提供有关的会计信息；纵向可比指同一企业不同时期发生的相同或者相似的交易或者事项，应当采用一致的会计政策，不得随意变更，但如果符合会计准则的要求，也可以变更，例如法律和会计准则等行政法规、规章要求变更，或者变更会计政策能够提供更可靠、更相关的会计信息。

在会计核算中，相同的业务往往有许多会计处理方法，例如，存货计价方法、固定资产折旧方法、无形资产摊销方法、产品成本计算方法，等等，企业可以在会计准则允许的范围内选择运用。但是为了保证财务报告前后各期有关数据的可比性，便于信息使用者作出正确的决策，要求企业的各种会计处理方法和财务报告的指标口径、核算内容、编制规则在前后各期保持一致。

【例 1-1】2021 年 1 月 1 日开始，甲公司按照会计准则的规定采用新的财务报表格式进行列报。因为部分财务报表列报项目发生变更，甲公司对 2021 年度财务报表可比期间的数据按照变更后的财务报表列报项目进行了调整，此事项就体现了可比性的会计信息质量要求。

5.实质重于形式

实质重于形式，是指企业应当按照交易或者事项的经济实质进行会计确认、计量和报告，不应仅以交易或者事项的法律形式为依据。

在实际工作中，交易或事项的外在法律形式并不总能完全真实地反映其实质内容。随着社会经济的不断发展，经济现象的内容越来越复杂，表现形式也日趋多样化。会计核算必须反映客观经济事实，而不能只是简单地反映交易、事项的经济形式。因此，会计人员在进行会计处理的过程中，应当而且必须进行专业的分析与判断。从目前的具体会计实务操作来看，不论是资产减值准备的计提、收入的确认，还是关联方关系的判断等，都必须正确运用实质重于形式原则。

【例 1-2】乙企业将商品销售给甲客户，款项未收，在信用期内甲发生了严重的自然灾害，正常的生产经营难以维持并很可能破产，因而企业收款的可能性极小，此时从法律形式上讲，商品销售已经实现，但从经济实质上，在可以预见的未来无法或很难收回此款项，不符合收入确认条件，因此乙未确认收入，此事项就体现了实质重于形式的会计信息质量要求。

6.重要性

重要性，是指企业提供的会计信息应当反映与企业财务状况、经营成果和现金流量有关的所有重要交易或者事项。

在实务中，如果会计信息的省略或者错报会影响投资者等财务报告使用者据此作出决策，该信息就具有重要性。对重要的会计事项，必须按照规定的会计方法和程序进行处理，并在财务报告中予以充分、准确的披露；对于次要的会计事项，可适当简化处理。重要性的应用需要依赖职业判断，企业应当根据其所处环境和实际情况，从项目的性质和金额大小两方面加以判断。强调会计信息的重要性质量要求，在很大程度上是出于对会计信息的效用与加工会计信息的成本这两个方面考虑的。如果把企业复杂的经济活动事无巨细地进行详细记录和报告，不但会提高会计信息的加工成本，而且会使得会计信息使用者无法有所侧重或者有针对性地选择所需要的信息，反而不利于作出正确有效的经济决策。

【例 1-3】甲公司在编制 2020 年度财务报表时，发现 2019 年度某项管理用无形资产未摊销，应摊销 30 万元，由于 2019 年度和 2020 年度实现的净利润为 2 亿元和 1 亿元，补记的金额相对于两年实现的净利润而言整体影响不大，甲公司将这 30 万元补记的摊销额计入了 2020 年度的管理费用，此事项就体现了重要性的会计信息质量要求。

7.谨慎性

谨慎性，是指企业对交易或者事项进行会计确认、计量和报告应当保持应有的谨慎，不应高估资产或收益，也不应低估负债或费用。

会计人员应持谨慎态度进行合理客观的确认和计量。企业在入账时应考虑可能发生的费用或者损失，对于可能的资产或收入应不予确认。企业在会计核算中多方面体现了谨慎性，例如企业计提应收账款坏账准备、对资产计提减值准备、采用成本与可变现净值孰低的计价方法处理核算期末存货、符合条件的或有应付金额确认的负债，等等。企业在进行会计核算的过程中遵循谨慎性的原则，合理客观地对会计信息进行确认和计量，满足企业及相关各方的利益要求。但是滥用谨慎性则是违反规定的，企业需要在不违背该原则的情况下实施。

同时需要注意，不允许企业设置秘密准备，如果企业故意低估资产或者收益，或者故意高估负债或者费用，将不符合会计信息的可靠性和相关性要求，会损害会计信息质量，扭曲企业实际的财务状况和经营成果，对使用者的决策产生误导，这是会计准则所不允许的。

【例 1-4】2020 年 6 月，甲公司因出售质量不合格产品被乙公司起诉，要求赔偿 130 万元，至年末法院尚未判决，甲公司研究认为败诉的可能性为 80%，最大可能赔偿金额为 100 万元。因此，甲公司确认预计负债 100 万元，此事项就体现了谨慎性的会计信息质量要求。

8.及时性

及时性，是指企业对于已经发生的交易或者事项，应当及时进行确认、计量和报告，不得提前或者延后。

会计信息的及时性意味着企业需要按照计划进行相关的会计管理工作，而提前或者延后管理工作都会对会计信息的质量造成影响。会计信息的时效性是一项重要的价值，企业能够基于相关信息完成经济决策，需要企业及时完成会计信息的收集工作，特别是在经济交易活动完成后对产生的原始财务信息进行汇总，同时要求会计人员按照会计准则快速进行会计计量工作和编制会计报告，并提供给财务信息使用者，以便及时开展企业的经营决策和发展规划工作。

复习思考题

1.会计要素有哪些？

2.会计的基本职能是什么？

3.如何理解会计的基本假设？

4.会计信息质量要求包括什么？

5.什么是权责发生制和收付实现制？

第 2 章　复式记账法

学习目标：

（1）掌握资产、负债、所有者权益、收入、费用和利润的概念和分类。

（2）理解任何经济业务的发生都不会破坏会计等式的恒等性。

（3）掌握账户结构、借贷记账法的记账规则和会计分录的编制。

（4）理解会计科目和账户之间的对应关系。

（5）了解会计循环的基本程序。

（6）掌握原始凭证和记账凭证的种类与填制，以及了解会计账簿和会计报告的种类。

2.1 会计要素及其分类

2.1.1 会计要素

会计要素是对企业经济活动的概括性描述和界定，是会计对象按照交易或事项的经济特征进一步分类，即会计对象的具体化，也是构成财务报表的基本要素。我国《企业会计准则》将会计要素划分为资产、负债、所有者权益、收入、费用和利润六个要素。对于企业经济活动的静态描述，可以用某一时点上的资产、负债和所有者权益来表达；动态描述可以用某一期间的收入、费用和利润来表达。

1.资产

（1）资产的特征。第一，资产必须是企业拥有或控制的。拥有是指拥有所有权；控制是指虽然没有所有权，但有支配使用权。例如，企业融资租赁获得的固定资产，尽管其所有权不属于该承租企业，但由于受该承租企业的实际控制，因而在会计实务中将其列为该承租企业的资产。

第二，资产是能为企业带来经济利益的资源，不能带来经济利益的资源不是企业的资产。如果一项资源虽然为企业所实际控制，但不能为企业带来经济利益，就不能作为企业的资产予以确认。过去属于企业资产的一项资源，如果由于种种原因不能再为企业带来未来经济利益，就不应再将其列为企业的资产，如报废的机器设备。而原来不能为企业提供经济利益，因而不属于企业资产的物品，如果随着科技的进步，转化为对企业有用之物，也应该将其列为企业现在的资产。例如，现在能够有效利用的废水、废渣、废气。

第三，资产是过去的交易或事项形成的，未来的交易可能形成的资产不能加以确认。例如，企业预计明年将购进一套机器设备，打算购进不能同于已经购进，所以不能将其确认为企业拥有的一项资产。

（2）资产的构成。资产按流动性分为流动资产和非流动资产。会计上所称的流动性主要是指资产的变现能力，在一年或一个营业周期内变现或耗用的资产称为流动资产，包括库存现金、银行存款、交易性金融资产、预付账款、应收账款、应收票据、存货等。一年或一个营业周期以上变现的资产称为非流动资产，包括长期股权投资、固定资产和无形资产等。

1）库存现金。库存现金是指企业持有的现款，主要用于支付日常发生的小额、零星的费用。我国现金管理暂行办法规定，超过现金结算起点的收付一律通过银行进行结算。不同单位结算起点不同，比如结算起点为 1000 元的单位，所有超过 1000 元（含 1000 元）以上的收付，必须通过银行进行结转，1000 元以下的才可以用现金结算。

2）银行存款。银行存款是指企业存放在银行或其他金融机构的款项，主要包括投资者投入资本的款项、负债融入的款项、销售商品的货款等，用于结算起点以上的单位之间的资金收付结算。

3）交易性金融资产。交易性金融资产是指企业持有的随时可以用于交易的股票、债券、基金等金融资产。企业持有此类金融资产的目的是低买高卖，赚取价差。

4）预付账款。 预付账款是指企业在购买商品或接受劳务之前支付给供应商的款项。

5）应收票据。应收票据是指企业因销售商品或提供劳务而收到的尚未到期的商业汇票，主要是银行承兑汇票。票据是证明交易双方债权债务存在的一种凭证，汇票是使用较为广泛的票据，主要应用于商品或劳务的结算。汇票由出票人或付款人签发，承诺在某一特定日期无条件支付一定金额给持票人或收款人的凭证。汇票按承兑人不同，分为银行承兑汇票和商业承兑汇票。

6）应收账款。应收账款是指企业因销售商品或提供劳务应该收取而尚未收到的款项。应收账款是企业的一项债权。

7）存货。存货是指企业持有的以备生产、加工使用的原材料及各种辅助材料，以备销售的商品、半成品，以备周转使用的包装物和低值易耗品等周转材料。

8）长期股权投资。长期股权投资是指企业持有的被投资企业的股权，不准备或不能在一年内变现的投资。主要是指对子公司、合营企业和联营企业的投资。

9）固定资产。固定资产是指使用年限在一年以上，单位价值在规定标准以上，并在使用过程中保持原来物质形态的资产，包括房屋、建筑物、机器设备、运输设备、工具器具等。

10）无形资产。无形资产是指企业拥有或者控制的没有实物形态的可辨认的非货币性资产，包括专利权、非专利权、商标权、专有技术、著作权、土地使用权等。

2. 负债

（1）负债的特征。第一，负债是一种现时义务。现时义务，是指企业在现行条件下已承担的义务。未来发生的交易或者事项形成的义务不属于现时义务，不应确认为负债。

这里所指的义务可以是法定义务，也可以是推定义务。其中法定义务是指具有约束力的合同或者法律法规规定的义务，通常在法律意义上需要强制执行。例如，企业购买原材料形成应付账款，企业向银行贷入款项形成借款，企业按照税法规定应当缴纳的税款等，均属于企业承担的法定义务，需要依法予以偿还。推定义务是指企业按照多年来的习惯做法、公开的承诺或者公开宣布的政策而导致企业将承担的责任，这些责任也使有关各方形成了企业将履行义务解脱责任的合理预期。例如，某企业多年来有一项销售政策，对于售出商品提供一定期限的售后保修服务，预期将为售出商品提供的保修服务就属于推定义务，应当将其确认为一项负债。

第二，履行义务会导致经济利益流出企业。在履行现时义务清偿负债时，导致经济利益流出企业的形式多种多样，例如，用现金偿还或以实物资产形式偿还，以提供劳务形式偿还，以部分转移资产、部分提供劳务形式偿还，将负债转为资本等。

第三，负债是过去的交易或事项形成的。企业将在未来发生的承诺、签订的合同等交易或者事项，不形成企业的负债。

例如，企业向银行借入资金10万元，期限6个月，利率为5%。向银行借入资金符合负债的三个特征，一是借款产生的义务，属于现时义务；二是承诺在6个月后还本付息，会导致经济利益流出企业；三是借款已经发生。

（2）负债的构成。负债按流动性分为流动负债和非流动负债。流动负债是指将在一年或者超过一年的一个营业周期内偿还的债务，包括短期借款、应付票据、应付账款、预收账款、应付职工薪酬、应交税费等。非流动负债是指偿还期在一年或者超过一年的一个营业周期以上的债务，包括长期借款、应付债券等。

1）短期借款。短期借款是指企业向银行或其他金融机构借入的期限短于一年，主要用于补充企业流动资金的各项借款。

2）应付票据。应付票据是指企业因购买商品或接受劳务而开给收款人或持票人特定金额和期限的商业汇票。

3）应付账款。应付账款是指企业因购买商品或接受劳务应该支付而未支付给供应商的账款。

4）预收账款。预收账款是指企业预先向客户收取的购买商品或接受劳务的款项。

5）应付职工薪酬。应付职工薪酬是指企业应向员工支付的工资报酬。员工每服务一天，企业就欠员工薪酬一天，但薪酬费用一般按月计算，因此，在企业实际发放工资之前，就形成了一笔流动负债。

6）应交税费。应交税费是指企业在从事生产经营活动中，按照税法要求计算出的各种应该向国家缴纳而尚未缴纳的税款，包括应交增值税、应交所得税、应交消费税等。

7）长期借款。长期借款是指企业向银行或其他金融机构借入的期限超过一年的各种借款，主要用于大型工程建设、研究开发等项目。

8）应付债券。应付债券一般是指企业为募集长期资金而实际发行的长期债券。债券有面值、票面利率和期限，企业应在约定的时间和条件下按票面利率偿还利息和本金，在没有偿还之前形成企业的非流动负债。

9）长期应付款。长期应付款是指除长期借款和应付债券以外的其他长期应付款项，包括应付引进设备款、融资租入固定资产应付款等。

3.所有者权益

（1）所有者权益的特征。所有者权益，是指企业资产扣除负债后由所有者享有的剩余权益。公司的所有者权益又称为股东权益。所有者权益是所有者对企业资产的剩余索取权，它是企业的资产扣除债权人权益后应由所有者享有的部分，既可以反映所有者投入资本的保值增值情况，又体现了保护债权人权益的理念。其特征为：

第一，所有者权益是剩余权益，所有者仅对企业的净资产享有所有权，净资产是资产减去负债后的余额。

第二，所有者权益的金额不能单独计量，依赖资产和负债的计量。

（2）所有者权益的构成。所有者权益包括实收资本（股本）、资本公积、盈余公积和未分配利润。

1）实收资本（股本）。实收资本是指投资者按照有限责任公司章程或合同、协议的约定，实际投入企业的资本。股本是按照股份面值计价的投入资本，我国上市公司发行的股票面值为每股1元人民币。事实上，股票的面值是多少并不重要，重要的是依此来计算投资者在整个资本中所拥有的份额。占比高的就可能成为企业的控股股东，进入公司董事会，拥有主导公司经营发展的权利。一般有限责任公司用实收资本，股份有限公司用股本。

2）资本公积。资本公积是指投资者共有的资本，包括资本（股本）溢价和其他来源形成的资本。股本溢价是指超过股本面值的投入资本。例如，股票发行价格为6元/股，其中1元计入股本，超过股本的部分5元计入股本溢价。

3）盈余公积。盈余公积是指企业按照《中华人民共和国公司法》（以下简称《公司法》）的规定及董事会的决议，从当期税后利润中提取并留存在企业的收益，可用于弥补企业亏损。按照《公司法》要求提取的盈余公积称为法定盈余公积，按董事会决议提取的盈余公积称为任意盈余公积。

4）未分配利润。未分配利润是指企业尚未指定用途，留待以后再向股东分配的利润。

盈余公积和未分配利润统称为留存收益，都是企业赚取的尚未分配的收益，区别在于盈余公积是指定了用途的收益，比如可以用于弥补企业的亏损等，未分配利润是暂时还没有指定用途的收益，留待以后进行分配。

以上4项内容可以通过下面的例子加以说明。例如，某公司在上海证券交易所发行1亿股股票，发行价为10元/股。每股面值为1元人民币。会计在记录时，将10亿元发行收入分成两个部分进行记录，1亿元面值（1亿股×1元）记入“股本”，以满足法律对资本按面值表述的要求；9亿元股本溢价（超过股本面值的部分）记入“资本公积”。公司上市一年后赚取税后利润5000万元，这5000万元是企业资本的增值额，属于留存收益，按照《公司法》的规定，按当年税后利润的10%计提法定盈余公积，5000万元中的500万元形成盈余公积，剩余的4500万元是当期形成的未分配利润。

4.收入

（1）收入的特征。收入，是指企业在日常活动中发生的、会导致所有者权益增加、与所有者投入资本无关的经济利益的总流入。其特征为：

第一，收入来自企业的日常活动。日常活动是企业为了完成其经营目标所从事的经常性活动以及与其相关的活动。比如，商业企业的商品买卖活动，制造业的采购、生产、销售活动，银行业的借贷活动等。

第二，收入会导致所有者权益增加。收入增加必然带来资产增加或者负债减少，或两者兼而有之。资产增加、负债减少最终导致所有者权益增加。

收入是与所有者投入资本无关的经济利益的总流入。收入会导致经济利益流入企业，大多表现为资产增加，但并不是所有的资产增加都是收入，投资者的投入以及代第三方或客户收到的款项就不是企业的收入。

以上定义是按照现行准则的定义，在学术上被称为狭义的收入，主要强调来自经营活动的收入。经营活动具有经常性和重复性，是企业管理者能够控制的活动，如销售商品、提供劳务、出租等业务。

与狭义收入相对应的是广义收入，广义收入不仅包括日常活动收入，还包括非日常活动收入。非日常活动收入是企业无法控制的事项所产生的，如罚款收入、捐赠利得、非流动资产报废利得等。为了便于与日常活动收入相区别，会计将这种非日常活动产生的好处，称为利得。

为便于与非日常活动带来的利益流入相区别，会计称由于日常活动带来的收入为营业收入，为了便于分清主次，又有主营业务收入与其他业务收入之分。非日常活动带来的经济利益流入（利得）则用营业外收入加以识别。

（2）收入的构成。按广义收入进行分类，收入分为营业收入和营业外收入。营业收入又分主营业务收入和其他业务收入。

1）主营业务收入。主营业务收入是企业的主要经营活动产生的收入，如销售商品、提供劳务的收入。主营业务可以是一项业务，也可以是多项业务的集合。

2）其他业务收入。其他业务收入是除主营业务活动以外的其他经营活动实现的收入。如出售原材料，出租固定资产、无形资产和包装物等业务取得的收入。

3）营业外收入。营业外收入是企业非日常活动产生的利得。一般与正常的生产经营活动没有直接关系，不是经常发生的，带有偶发性，不具有重复性。主要包括罚款收入、债务重组利得、盘盈利得、捐赠利得等，是直接计入当期利润的利得。

5.费用

（1）费用的特征。费用是指企业在日常活动中发生的、会导致所有者权益减少、与向所有者分配利润无关的经济利益的总流出。其特征为：

第一，费用是企业日常活动中产生的。费用与收入是相对应的概念，是企业为取得收入而付出的代价，如企业销售商品收取货款 10 万元，即实现了 10 万元的收入，为实现 10 万元的收入而付出了商品购买成本 4 万元，4 万元便形成了费用。

第二，费用会导致所有者权益减少。因为费用是利润的减项，费用增加，利润减少，最终导致所有者权益减少。

第三，费用最终会导致企业资源减少。这种减少具体表现为企业资金的支出或企业资产的耗费，即费用表现为经济利益流出。但不是所有的经济利益流出都是费用，如向所有者分配利润虽然也导致经济利益流出，但不是企业的一项费用，是企业用利润回报投资者。有时经济利益的流出并不完全直接表现为费用的增加，一部分是先以资产的形式存在，随着对资产的使用和消耗再转化为费用。例如，固定资产通过折旧转化为费用等。

与收入概念相对应，费用也分为狭义费用和广义费用。上述费用的概念是狭义费用，广义费用还包括损失。损失是企业无法控制的事项所产生的，如罚款支出、资产重组损失、盘亏损失等。这些经济利益的流出用营业外支出加以识别。

利得（营业外收入）和损失（营业外支出）没有因果关系，换句话说，一笔营业外支出不会得到相应的一笔营业外收入。

通俗来理解费用与损失的区别，可根据对收入是否有贡献来理解。对收入有贡献的支出叫费用，对收入没有贡献的支出叫损失。

（2）费用的构成。费用分类可以按照费用项目或者费用性质来进行分类。费用项目分类贯彻的是“谁受益，谁分担”的原则，比如支付给员工的工资，如果按照费用项目分类，要被分别记入不同的会计科目，如生产工人的工资记入生产成本，管理人员的工资记入管理费用，销售人员的工资记入销售费用。如果按照费用性质就直接记为工资费用，简单明了。

我国利润表是按照费用项目设计的，因此对费用的分类需要从利润表视角来理解。利润表是期间报表，反映的项目都是在当期发生的费用。

从利润表角度来看，与本期收入相关的成本（费用）都称为费用，需要从营业收入中扣除。费用包括营业成本、税金及附加、销售费用、管理费用和财务费用。营业成本包括主营业务成本和其他业务成本。

1）主营业务成本。主营业务成本是指企业主要经营活动发生的支出，如销售商品或提供劳务所发生的成本。主营业务成本与主营业务收入是相对应的一个概念，如果是销售商品获得的主营业务收入，主营业务成本就是取得或制造该商品发生的成本；如果是提供劳务获得的主营业务收入，主营业务成本就是提供劳务的成本。它们都是为取得主营业务收入而付出的代价。

2）其他业务成本。其他业务成本是指除主营业务活动以外的其他经营活动所发生的支出，如出售材料的成本，让渡资产使用权的成本（出租固定资产折旧、出租无形资产的摊销额、出租包装物的成本等）。它们都是为取得其他业务收入而付出的代价。

3）税金及附加。税金及附加是指企业经营活动应负担的各种税费和教育费附加，包括消费税、城市维护建设税、资源税、教育费附加、房产税、土地使用税、车船税、印花税等相关税费。

4）销售费用。销售费用是指为推销产品以及专设销售机构而发生的各种费用，主要包括运输费、装卸费、包装费、保险费、广告费、展览费等。

5）管理费用。管理费用是指为组织和管理企业生产经营活动而发生的费用，主要是企业管理部门发生的各种费用，主要包括管理人员的工资、办公费、差旅费、固定资产折旧费等。

6）财务费用。财务费用是指企业为筹措资金而发生的费用，主要包括企业生产经营期间发生的利息支出（减利息收入）、汇兑净损失等。

7）销售费用、管理费用和财务费用合称为期间费用。期间费用是为取得各项收入而发生的共同费用，不是为取得某一项特定收入而发生的费用。

8）营业外支出。营业外支出是企业非日常活动发生的损失。营业外支出一般与正常的生产经营活动没有直接联系，不是经常发生的，带有偶发性，不具有重复性，如捐赠支出、罚款、非流动资产毁损报废损失、自然灾害造成的损失等，是直接计入当期利润的损失。

9）所得税费用。所得税费用是企业按照税法的规定，将企业利润的一定比例以所得税的方式向国家缴纳。缴纳所得税会导致经济利益流出企业，是企业的重要费用。

6.利润

（1）利润的特征。利润，是指企业在一定会计期间的经营成果，是企业在一定期间所有收入与所有费用之间的差额，包括经营业务带来的利润和非经营业务带来的利润。经营业务带来的利润是收入减去费用后的净额，非经营业务带来的利润是直接计入当期利润的利得（营业外收入）和损失（营业外支出）等。其特征为：

第一，利润是企业在一定期间的经营成果。经营成果可能盈利，也可能亏损。

第二，利润是企业日常经营活动的结果。会计将日常活动取得的经济利益流入称为收入，日常经营活动产生的经济利益流出称为费用。收入大于费用，则盈利；收入小于费用，则亏损。收入与费用之间有因果关系，具有可重复性。

第三，直接计入当期利润的利得和损失是企业非日常活动的结果。非日常活动取得的经济利益流入称为利得，非日常经营活动产生的经济利益流出称为损失。利得与损失之间没有因果关系，因此不用进行配比。发生利得直接计入当期利润，发生损失直接抵减当期利润。利得和损失是偶发的，不具有重复性，一般在报表中按净额进行披露。

第四，利润不单独计量。利润金额取决于收入和费用、直接计入当期利润的利得和损失金额的计量。

（2）利润的构成。利润是一个综合性指标，包括营业利润和非营业利润。

1）营业利润。营业利润包括企业日常经营活动产生的利润和投资活动产生的投资收益。日常经营活动产生的利润主要是指销售商品和提供劳务获取的利润，投资活动带来的投资收益是投资净收益额。利润表将公允价值变动损益、资产减值损失、资产处置损益、其他收益等也列入了营业利润。

2）非营业利润。非营业利润是指企业非日常活动产生的利得（营业外收入）和损失（营业外支出）的差额。利得和损失在发生时，直接计入当期损益。

3）总利润。总利润包括来自日常经营活动的利润和非日常活动的利润，即总利润=营业利润+非营业利润。

4）净利润。净利润是企业总利润减去所得税费用后的差额，即净利润=总利润-所得税费用。

所得税，是指以纳税人的所得额为课税对象征收的一种税。所得税费用，是指当期可以从利润总额中扣除的所得税，包括当期所得税费用和递延所得税费用（收益）。

2.1.2 会计等式

1.会计等式的概念

会计等式也称会计恒等式，是根据会计要素之间的相互依存关系建立的数学表达方式，也是各会计主体设置账户、进行复式记账和编制会计报表的理论依据。资产是负债与所有者权益的存在形式，负债与所有者权益是资产的来源。

2.会计等式的分类

（1）静态会计等式。企业资产、负债和所有者权益之间的数量关系可写成下列等式：

资产=负债+所有者权益

这个等式表达的基本含义是：企业用于生产经营的资产只有两个来源，要么来自所有者（股东），要么来自债权人。换句话说，企业每一分钱的资产，不是来自债权人就是来自所有者；反之，企业从债权人和所有者处筹集的每一分钱都投资于企业的各项资产。

一个企业所拥有的资产与权益（债权人权益+所有者权益）是同一资金的两个侧面，有一定数额的资产，就必然有一定数额的权益；反之，有一定数额的权益，就必然形成相应数额的资产，不存在没有权益的资产，也不会有无资产的权益；否则，权益就不存在主张的对象，也便失去了有效性。

（2）动态会计等式。“资产=负债+所有者权益”是会计的基本恒等式，不管企业经济业务如何发生，都不会影响其恒等关系。企业的目的是盈利，在盈利活动中会取得各种收入，如销售商品取得的销售商品收入、提供劳务取得的劳务收入、让渡资产使用权取得的收入等，同时也会发生相应的成本费用，如购买商品发生的成本支出、提供劳务发生的成本、让渡资产使用权发生的成本等。如果企业在一定期间的收入大于成本，其差额即是企业赚取的利润，否则形成企业的亏损。收入、费用和利润之间的关系可用公式表达如下：

收入−费用=利润

一般情况下，收入会带来企业资产的增加，费用会带来企业资产的减少。收入和费用之间的有利差额会增加企业的所有者权益，收入和费用的不利差额会减少企业的所有者权益。表面上看，收入是企业的收入，费用是企业的费用，但根据业主权理论，企业是所有者的企业，所有者是企业风险的最终承担者，企业的盈利由企业的所有者来分享，企业的亏损也由企业的所有者来共同承担。因此，会计等式加入收入、费用和利润会计要素之后，仍然保持平衡关系。它们之间的逻辑关系如下：

资产=负债+所有者权益

利润（亏损）=收入-费用

也可将上述关系表达为：

▲资产=▲负债+所有者权益+收入-费用（▲是指变动后的金额）

3. 经济业务对会计等式的影响

资产与权益之间具有恒等性，任何经济业务都不会影响会计等式的平衡关系。

【例 2-1】畅越钢铁制造企业于 2018 年年初接受投资 100 万元，设立企业。畅越钢铁制造企业的记录如下：

资产	=	负债	+	所有者权益
银行存款	=			实收资本
1 000 000	=			1 000 000

【分析】畅越钢铁收到投资，该项经济业务一方面导致等式左边资产增加 100 万元，另一方面导致等式右边所有者权益增加 100 万元，会计等式的恒等关系不变。

资产（1 000 000）=负债（0）+所有者权益（1 000 000）

【例 2-2】畅越钢铁购进铁矿石一批，花费 1 万元，全部用银行存款支付。铁矿石已经收到。记录如下：

资产		=	负债	+	所有者权益
银行存款+原材料		=			实收资本
1 000 000		=			1 000 000
−10 000	10 000	=			

【分析】 铁矿石是畅越钢铁的原材料，该项经济业务一方面导致等式左边资产增加 1 万元，另一方面导致等式左边资产减少 1 万元，总资产不变，会计等式的恒等关系也不变。

【例 2-3】畅越钢铁购买铁矿石花费 1.5 万元，货款未付。

资产		=	负债	+	所有者权益
银行存款+原材料		=			实收资本
1 000 000		=			1 000 000
−10 000	10 000	=			
	15 000	=	15 000		

【分析】购买铁矿石未付款，形成负债，该项经济业务一方面导致等式左边资产增加 1.5 万元，另一方面导致等式右边负债增加 1.5 万元，会计等式的恒等关系不变。

【例 2-4】畅越钢铁购买铁矿石以及其他原材料后，将制成的铁矿石出售取得 4 万元的收入，货款已经存入银行。同时，在销售过程中发生运费 1800 元，用银行存款支付。记录如下：

资产		=	负债	+	所有者权益		
银行存款+原材料		=			+实收资本	+收入	−费用
1 000 000		=			1 000 000		
−10 000	10 000	=					
	15 000	=	15 000				
40 000		=				40 000	
−1800		=					1800

【分析】出售钢铁取得 4 万元收入，该销售业务一方面导致等式左边一项资产增加 4 万元，另一方面导致等式右边收入增加 4 万元，收入增加最终导致所有者权益增加，会计等式的恒等关系不变。

同时，该项业务一方面导致等式右边费用增加 1800 元，费用增加最终导致所有者权益减少，另一方面导致等式左边资产减少 1800 元，会计等式的恒等关系不变。

除上述所提到的业务类型外，还有多种经济业务变化不会影响会计恒等式的变化，先将其全部总结如表 2-1 所示，以“+”表示增加，以“-”表示减少。

表 2-1　各种经济业务对会计等式的影响

经济业务类型	资产 =	负债 +	所有者权益
1.等式左边资产与等式右边所有者权益同时增加	+		+
2.等式左边资产与等式右边所有者权益同时减少	-		-
3.等式左边资产与等式右边负债同时增加	+	+	
4.等式左边资产与等式右边负债同时减少	-	-	
5.等式左边资产内部一增一减	+ -		
6.等式右边一增（负债）一减（所有者权益）		+	-
7.等式右边一增（所有者权益）一减（负债）		-	+
8.等式右边负债内部一增一减		+ -	
9.等式右边所有者权益内部一增一减			+ -

2.1.3 会计科目

1.会计科目的概念

会计科目，是指在会计要素分类的基础上，根据管理要求对会计对象（企业经济活动）所作的进一步分类，是会计要素的具体化。比如将资产分为用于结算的货币资金、用于销售的存货、用于生产加工使用的固定资产等。

2.设置会计科目的意义

（1）分类管理的需要。从管理学角度，分类是一种管理工具，特别是对会计工作而言，科学有效的分类是会计核算的基础，是将经济信息转化为会计信息的第一步。例如，企业支付给员工的工资，对企业而言是一项费用，但费用的种类有很多，计入什么费用将体现企业的管理思想和理念。如果企业只想知道总的工薪费用，会计只需记一笔工资费用总账就可以了。但如果企业想知道比较详细的管理人员、生产人员、销售人员的具体工资数额，用以比较在同行业中是高还是低，能否吸引最优秀的管理人才，能否招到足够的工人和优秀的营销人员，会计就需要将工资支出按部门划分，分别记入管理费用、生产成本、销售费用等账户，并计算出每个部门的单位平均工资以满足分类管理的需要。

（2）适应管理的需要。会计核算是在一定规章制度约束下的一项工作。例如，1988 年国务院发布的《现金管理暂行条例》规定，为改善现金管理，促进商品生产和流通，加强对社会经济活动的监督，凡在银行和其他金融机构开立账户的单位必须依照本条例的规定收支和使用现金，接受开户银行的监督，并将现金转账结算起点定为 1000 元，库存现金的限额以 3～5 天的日常零星开支所需为限。其余的钱都要存入银行，通过银行进行收付。企业必须遵照执行，会计人员对企业的钱分别设置“库存现金”和“银行存款”科目进行分类核算和管理。

3.设置会计科目的原则

（1）符合企业特点。由于各个行业的差异性以及企业业务的不断创新，一些特殊业务和创新业务需要在财政部制定的会计科目表的基础上设置会计科目，体现行业和企业的特点。比如同是利息收入与利息支出，金融业分别在“利息收入”和“利息支出”科目中进行核算，制造业、商业企业则在“财务费用”科目中进行核算。中外合作开采石油在一些国家有产品分成的传统，即合作双方不是分钱，而是分产品，就需要设置“成本油”和“利润油”会计科目进行核算。

（2）满足管理需要。管理分三个层次：一是要符合国家宏观经济管理的要求，据此划分经济业务的类别，设定分类的标志；二是要符合企业自身经济管理的要求，为企业的经营预测、决策及管理提供会计信息设置分类的项目；三是要符合包括投资者在内的各有关方面了解企业生产经营情况的要求。

（3）统一性与灵活性相结合。由于企业的经济业务千差万别，在分类核算会计要素的增减变动时，需要将统一性与灵活性相结合。统一性，是指在设置会计科目时，根据《企业会计准则——应用指南》的要求，对一些主要会计科目进行统一的设置，并统一核算指标的计算标准与口径。灵活性，是指在能够提供统一核算指标的前提下，各个单位根据自己的具体情况及投资者的要求，设置或者增补会计科目。贯彻统一性与灵活性相结合的原则设置会计科目，实际上就是保证会计信息的有用性，即决策相关性。在具体工作时，要防止两种倾向：一是要防止会计科目过于简单化，过于简单就不能满足经济管理的要求；二是要防止会计科目过于烦琐，如果核算资料超过要求，就会不合理地加大会计核算的工作量。

（4）简单明确、字义相符、通俗易懂。会计科目作为分类核算的标志，要求简单明确、字义相符，避免误解和混乱。简单明确，是指根据经济业务的特点尽可能简洁明确地规定科目名称；字义相符，是指按照中文习惯，能够顾名思义，不至于产生误解；通俗易懂，是指要尽量避免使用晦涩难懂的文字，便于大多数人正确理解。会计科目的名称除规定之外，还要尽量采用在经济生活中习惯使用的名称，以避免误解。

（5）保持相对稳定性。为了便于在不同时期分析比较会计核算指标，并在一定范围内汇总核算指标，应保持会计科目相对稳定，不能经常变动会计科目的名称、内容、数量，应使核算指标保持可比性。

4.会计科目表

会计科目表是财政部发布的，旨在帮助企业选择适合企业的会计科目。会计科目表由两部分组成：一是会计科目编号；二是会计科目名称。

（1）会计科目编号。会计科目编号是按一定的规则编制的，编号采用一科目一编号的原则。常用会计科目表中的会计编号一般以四个数字作为会计科目的号码，其中每个数字表示的含义不同。例如，库存现金的编号为1001，第一个1表示资产，第一个0表示货币资产，后面的01表示库存现金，依此类推。企业也可以根据自己的需要编制会计科目的编号。

会计科目编号是分类管理思想的延续，光有名称而没有编号，不能适应计算机环境下会计软件的运行。随着计算机及网络技术的进一步发展，为每一个会计科目对应的实物资产设置一个唯一的识别码也变得更加容易。

（2）会计科目名称。为便于实务操作，需要按照会计科目设置的原则，将会计科目名称标准化。标准化的工作由财政部会计司负责组织设计，按照资产、负债、所有者权益、成本、损益进行细分，确定统一的会计科目名称并通过《企业会计准则——应用指南》的方式发布。

表 2-2 是财政部 2006 年印发的《企业会计准则——应用指南》“会计科目和主要账务处理”及随后发布或修订的会计准则中制造业常用的会计科目表。

表 2-2　常用会计科目表

编号	会计科目名称	编号	会计科目名称
一、资产类		1811	递延所得税资产
1001	库存现金	1901	待处理财产损益
1002	银行存款	二、负债类	
1015	其他货币资金	2001	短期借款
1101	交易性金融资产	2201	应付票据
1121	应收票据	2202	应付账款
1401	材料采购	2205	预收账款
1402	在途物资	2211	应付职工薪酬
1403	原材料	2221	应交税费
1404	材料成本差异	2231	应付股利
1405	库存商品	2232	应付利息
1406	发出商品	1122	应收账款
1408	委托加工物资	1123	预付账款
1461	存货跌价准备	1131	应收股利
1501	债权投资	1132	应收利息
1502	债权投资减值准备	1231	其他应收款
1503	其他债权投资	1241	坏账准备
1504	其他权益工具投资	2241	其他应付款
1524	长期股权投资	2601	长期借款
1525	长期股权投资减值准备	2602	应付债券
1526	投资性房地产	2801	长期应付款
1531	长期应收款	2811	专项应付款
1601	固定资产	2411	预计负债
1602	累计折旧	2901	递延所得税负债
1603	固定资产减值准备	三、共同类	
1604	在建工程	（略）	
1605	工程物资	四、所有者权益类	
1606	固定资产清理	4001	实收资本
1701	无形资产	4002	资本公积
1702	累计摊销	4101	盈余公积
1703	无形资产减值准备	4103	本年利润
1711	商誉	4104	利润分配
1801	长期待摊费用	五、成本类（资产类账户中的成本类账户）	

（续表）

编号	会计科目名称	编号	会计科目名称
5001	生产成本	6401	主营业务成本
5101	制造费用	6402	其他业务成本
5201	劳务成本	6403	营业税金及附加
5301	研发支出	6601	销售费用
六、损益类		6602	管理费用
6001	主营业务收入	6603	财务费用
6051	其他业务收入	6701	资产减值损失
6101	公允价值变动损益	6711	营业外支出
6111	投资收益	6801	所得税费用
6117	其他收益	6901	以前年度损益调整
6301	营业外收入		

2.1.4 会计账户

1.设置会计账户的意义

账户是根据会计科目设置的，具有一定的格式和结构，用于分类反映会计要素增减变动情况及其结果的载体。

会计科目与账户是两个既相互区别又有联系的不同概念。共同点在于：都是对经济业务的具体分类，说明同项经济业务。不同点在于：会计科目只是账户的名称，是账户设置的依据；账户是会计科目的具体运用，具有一定的结构和格式，并通过其结构反映某项经济业务的增减变动及其余额。

设置账户的意义在于方便记录企业经济业务的增减变化，并随时可以获取各项经济业务分门别类、连续系统的信息，以对企业的财产物资和债权债务的增减变化及其结果进行管理。从这个意义上说，账户是对会计对象的具体内容进行分类核算和监督的一种工具。

2.会计账户的结构

（1）账户格式。企业各项经济业务对会计要素引起的变化虽然错综复杂，但其背后的资金变化只有两种，要么资金增加，要么资金减少。为此，将账户划分为两个部分，分别记录资金的增加数和减少数。为了直观起见，通常在一个平面的中间画一条垂直线，将其一分为二，垂直线的左边称为左方，右边称为右方；在垂直线的上方再画一条水平线，在水平线上方写上会计科目或编码，一个简单明了的账户结构就清晰可见了。该形状像英文字母“T”，也像中文“丁”，会计便把这种账户称为 T 形账户或丁字形账户，如图 2-1 所示。

左方	会计科目	右方

图 2-1　T 形账户示意图

为了与后面的借贷记账法相对应，将 T 形账户的左方改为借方，右方改为贷方，简称左借右贷。

（2）账户记账规则。将账户分为左右两边以后，用于记录增减的组合有两种，要么左边记录增加，右边记录减少；反之，右边记录增加，左边记录减少。在 T 形账户中究竟哪边账户用于记录增加，哪边账户用于记录减少，需要作出约定。习惯上，资产与费用类账户的左边记录增加，右边记录减少；负债、所有者权益和收入类账户的右边记录增加，左边记录减少。任何账户的正常余额都在记录增加额的那一方。因此，资产类账户的余额在借方，负债和所有者权益类账户的余额在贷方。这样将会计要素分成两大类后就能适应账户的结构，对所有业务都可以进行记录。如图 2-2 所示。

借方	资产、费用类账户	贷方
增加额		减少额
余额		

借方	负债、所有者权益、收入类账户	贷方
减少额		增加额
		余额

图 2-2　T 形账户示意图

（3）账户本期发生额和期末余额。会计要素在特定会计期间增加和减少的金额，分别称为账户的本期增加发生额和本期减少发生额，二者统称为账户的本期发生额。会计要素在会计期末的增减变动结果，称为账户的余额，具体表现为期初余额和期末余额。账户上期的期末余额转入本期，即为本期的期初余额；账户本期的期末余额转入下期，即为下期的期初余额。

账户的期初余额、期末余额、本期增加发生额和本期减少发生额统称为账户的四个金额要素，账户的余额表示该类项目的累计结余。对于同一账户而言，它们之间的基本关系为：

期末余额=期初余额+本期增加发生额-本期减少发生额。

【例 2-5】畅越钢铁 5 月 31 日的账户银行存款余额为 50 万元，6 月份银行存款增加 80 万元，当月减少 60 万元。

银行存款的期初余额、本期发生额和期末余额之间的关系如图 2-3 所示。

借方	银行存款		贷方
期初余额	500 000		
本期增加额	800 000	本期减少额	600 000
本期借方发生额	800 000	本期贷方发生额	600 000
期末余额	700 000		

图 2-3　银行存款期初余额、期末余额及本期发生额的关系

（4）账户特点。账户左右两边按相反方向进行记录。如果规定在左边记录增加额，右方则记录减少额；反之亦然。

账户金额之间应保持平衡。账户金额之间的关系应满足“本期期末余额=期初余额+本期增加发生额-本期减少发生额”。

账户的余额一般与记录的增加额在同一方，本期的期末余额为下期的期初余额。

2.2 复式记账原理

2.2.1 单式记账

单式记账是指对企业发生的每一项经济业务，只在一个账户中进行登记的记账方法，且在记录时以记录“钱款”数额增减为主。

例如，企业购进一台电脑，只需记录电脑台数的增加，或者只需记录银行存款的减少金额。可见，单式记账记录简单，信息含量低，不能全面地、系统地反映经济业务的来龙去脉，也不便于利用平衡公式来检验账户记录的准确性。

因此，单式记账法是会计记账方法发展过程中的一段历史，现代企业会计中已几乎见不到它的踪影，只是在有些备查账的记录中有单式记账的影子存在。

2.2.2 复式记账

1.复式记账的概念

复式记账是从单式记账逐渐演变而来的，是指对企业发生的每项经济业务，都必须用相等的金额在两个或两个以上相互联系的账户中进行登记，全面系统地反映经济业务增减变化的一种记账方法。比如，企业购进一台电脑，既要记录电脑的增加，又要同时记录银行存款的减少。

复式记账与单式记账相比有以下优点：首先，能够反映资金的来龙去脉，并通过会计要素的增减变动全面系统地了解企业经济活动的过程和结果；其次，便于试算平衡，检查记录是否正确。由于复式记账法要求以相等的金额在两个或两个以上的账户中同时记录，因此就可以对账户记录的结果进行试算平衡，以检查账户记录的正确性。

2.复式记账的种类

复式记账按照采用记账符号的不同，分为借贷记账法、收付记账法和增减记账法。

（1）借贷记账法。借贷记账法是以“借”“贷”作为记账符号，对发生的经济业务进行记录的一种复式记账方法，是我国最早出现的借贷记账法，也是目前最科学、完善的复式记账法，世界上几乎所有国家都采用此法作为记账方法。我国会计准则规定，企业、行政单位和事业单位会计核算采用借贷记账法。

（2）收付记账法。收付记账法是以“收”“付”作为记账符号，对发生的经济业务进行记录的一种复式记账方法，是由我国会计工作者在借贷记账法的基础上，结合传统中式会计的特点所创造的记账方法。它可以分为“资金收付记账法”“财产收付记账法”和“现金收付记账法”，尤其是“资金收付记账法”，曾经在我国行政、事业单位和银行系统广泛使用。

（3）增减记账法。增减记账法是以“增”“减”作为记账符号，对发生的经济业务进行记录的复式记账方法，它也是我国会计工作者在借贷记账法的基础上改进创造的一种记账方法。用“增”和“减”代替“借”和“贷”作为记账符号更符合我国语言文化，曾经在我国商业部门广泛使用。当然，由于改革开放的需要，中国经济已融入国际经济，会计信息已成为公共的社会资源，会计信息不能因为记账方法的不同而导致信息无法比较、使用，所以“增减记账法”也被“借贷记账法”所取代。

3.借贷记账法

（1）借贷记账法的产生。借贷记账法产生于12—13世纪的意大利。当时，意大利的商品经济比较发达，一些沿海城市的海上贸易繁荣，这些都促进了当时银行业（高利贷）的快速发展。最初，意大利佛罗伦萨的“借贷资本家”从贷主处借入款项，并计入贷主（creditor）名下；将款项贷出时，计入借主（debtor）名下。贷主名下所记内容表示的是“借贷资本家”的债务，借主名下所记内容表示的是“借贷资本家”的债权，这时“借”和“贷”分别表示“放贷业务”（债权）和“存款业务”（债务），并不是记账符号。在以后的几百年里，借贷记账法又经过热那亚阶段和威尼斯阶段，“借”和“贷”逐步脱离其原意，演化为单纯的记账符号，记录的也不再是货币资金的借贷业务，而是逐渐扩展到财产物资、经营损益和经营资本的增减变化，并广泛应用于许多行业。1494年，意大利数学家卢卡·帕乔利的《算术、几何、比及比例概要》一书标志着科学的复式记账法的形成。之后，借贷记账法传入欧洲大陆，形成大陆式会计；传入英国和美国，形成英美式会计；日本自“明治维新”后，从英国学习借贷记账法，20世纪初期，借贷记账法由日本传入我国。

（2）借贷记账法的平衡原理。借贷记账法的主旨是追求结果的平衡，平衡的依据是会计恒等式，即资产=负债+所有者权益。该等式揭示了两种平衡关系：

第一，会计主体内各会计要素之间的数字平衡关系。有一定数量的资产，就必然有相应数量的负债和所有者权益与之对应；反之，有一定数量的负债和所有者权益，就一定有相应数量的资产与之对应。

第二，各会计要素增减变化的相互联系。同一会计要素内部一增一减，不同类要素之间的同时增加或同时减少都不会破坏等式的平衡关系。

（3）借贷记账法的记账规则。借贷记账法的记账规则包括记账符号、记账规则和账户结构。

1）记账符号。以“借”和“贷”作为记账符号。借贷没有实质含义，只用于会计账户前的增、减指代，至于是增加还是减少需要根据会计科目的性质来进行判断。比如，“借”在资产前面就是增加，在负债前面就是减少。

2）记账规则。以“有借必有贷，借贷必相等”为记账规则，其依据是会计恒等式中各会计要素之间的依存关系。

3）账户结构。账户结构包括资产类账户结构、负债类账户结构、所有者权益账户结构、收入类账户结构、费用类账户结构和利润类账户结构。

资产类账户是对资产要素的具体内容进行分类核算的项目，按资产的流动性分为反映流动资产的账户和反映非流动资产的账户。反映流动资产的有“库存现金”“银行存款”“原材料”“应收账款”“库存商品”等账户。反映非流动资产的有“长期股权投资”“固定资产”“无形资产”等账户。资产类账户期末余额计算公式为：

资产类账户期末借方余额=期初借方余额+本期借方发生额−本期贷方发生额

若用 T 形账户来表示，如图 2-4 所示。

借方　　　　资产类账户	贷方
期初余额	
本期增加额（1）	本期减少额（1）
本期增加额（2）	本期减少额（2）
……	……
期末余额	

图 2-4　资产类账户的结构

负债类账户是对负债要素的具体内容进行分类核算的项目，按负债的偿还期限分为反映流动负债的账户和反映非流动负债的账户。反映流动负债的有“短期借款”“应付票据”“应付账款”“应付职工薪酬”“应交税费”等账户。反映非流动负债的有“长期借款”“应付债券”“长期应付款”等账户。负债类账户期末余额的计算公式为：

负债类账户期末贷方余额=期初贷方余额+本期贷方发生额-本期借方发生额

若用T形账户来表示，如图2-5所示。

借方　　　　负债类账户	贷方
	期初余额
本期减少额（1）	本期增加额（1）
本期减少额（2）	本期增加额（2）
……	……
	期末余额

图 2-5　负债类账户的结构

所有者权益类账户是对所有者权益要素的具体内容进行分类核算的项目，按所有者权益的形成和性质可分为反映资本的账户和反映留存收益的账户。反映资本的有“实收资本”（或“股本”）、“资本公积”账户。反映留存收益的有“盈余公积”“未分配利润”等账户。所有者权益类账户期末余额的计算公式为：

所有者权益类账户期末贷方余额=期初贷方余额+本期贷方发生额-本期借方发生额

若用T形账户来表示，如图2-6所示。

借方　　　　所有者权益类账户	贷方
	期初余额
本期减少额（1）	本期增加额（1）
本期减少额（2）	本期增加额（2）
……	……
	期末余额

图 2-6　所有者权益类账户的结构

收入类账户是专门用于归集企业在某个会计期间经营过程中各项收入的账户。收入类账户主要有“主营业务收入”“其他业务收入”“营业外收入”等账户。这类账户的贷方登记一定会计期间发生的收入数额，借方登记转入“本年利润”账户的数额。由于各项收入都要在期末转入“本年利润”账户，因此，这类账户期末一般没有余额。

若用 T 形账户来表示，如图 2-7 所示。

借方　　　　　　收入类账户	贷方
发生额： 结转到“本年利润”账户的数额	发生额： 归集本期内各项收入的发生额

图 2-7　收入类账户的结构

费用类账户是专门用于归集企业在某个会计期间生产经营过程中各项费用的账户，费用类账户主要有“主营业务成本”“其他业务成本”“销售费用”“管理费用”“财务费用”“税金及附加”“营业外支出”“所得税费用”等账户。这类账户的借方登记一定会计期间发生的费用数额，贷方登记转入“本年利润”账户的数额。各费用在期末全部转入“本年利润”账户后，期末一般都没有余额。

若用 T 形账户来表示，如图 2-8 所示。

借方　　　　　　费用类账户	贷方
发生额： 归集本期内各项费用的发生额	发生额： 结转到“本年利润”账户的数额

图 2-8　费用类账户的结构

利润类账户是反映企业利润的形成过程及其分配情况的账户。核算利润形成过程的账户有“本年利润”和“利润分配——未分配利润”。

“本年利润”账户是一个暂时性账户，其贷方登记由收入类账户转入的金额，借方登记由成本、费用类账户贷方转入的金额。如果余额在贷方，表示盈利；如果余额在借方，表示亏损。最后，再将贷方余额从其借方转入“利润分配——未分配利润”账户的贷方，借方余额从其贷方转入“利润分配——未分配利润”账户的借方。

若用T形账户来表示，如图2-9所示。

借方	本年利润 贷方
本期费用转入额	本期收入转入额
余额（亏损）	余额（盈利）

图 2-9 本年利润账户的结构

“利润分配——未分配利润”账户是一个永久性账户，贷方登记由“本年利润”转入的利润额，借方登记由“本年利润”转入的亏损额和利润分配额。贷方余额表示留待以后再分配的利润。

若用T形账户来表示，如图2-10所示。

借方	利润分配——未分配利润 贷方
“本年利润”贷方转入额	“本年利润”借方转入额
本期利润分配额	本期亏损弥补额
	余额：尚未分配的利润

图 2-10 利润分配账户的结构

4.会计分录

（1）会计分录的格式和编制步骤。会计分录，简称分录，是指对每一项经济业务，按照借贷记账法的规则要求，分别列示应借应贷账户名称及其金额的一种记录方式。每一笔会计分录应包括三项要素：一是记账符号，表明记账方向，即应该记入借方还是贷方；二是会计科目，即经济业务涉及的科目名称；三是金额。

会计分录是会计特有的记录语言，实务中需要将其填写在具有一定格式的记账凭证中。为了便于理解，也逐渐形成了一些基本规范和编制方法，包括基本格式和编制步骤。

1）基本格式。

① 先写借后写贷，在借和贷的后面加冒号（：）；

② 借贷要分行写，且一般错后一格；

③ 借方和贷方的总金额要相等。

基本格式示范如下：

借：会计科目　　　　××

　　贷：会计科目　　　　××

2）编制步骤。

第一步，判断经济业务的性质（采购、生产还是销售等）；

第二步，分析该经济业务要使用的会计科目；

第三步，确定该会计科目的类别（资产、负债、所有者权益、收入、费用），分析增减变化；

第四步，确定账户的方向，是借方还是贷方；

第五步，按格式编制会计分录。

根据经济业务的复杂程度，企业编制的会计分录有简单会计分录和复合会计分录。

（2）简单会计分录。简单会计分录是由一个借方账户与一个贷方账户所组成的会计分录，即一借一贷。

【例 2-6】畅越钢铁于 2019 年 3 月份从银行提取现金 4000 元，以备日常零星之用。

【分析】这笔业务属于取款业务，涉及库存现金和银行存款账户，库存现金和银行存款都是资产类账户，借方登记增加，贷方登记减少。按上述编制分录的格式可写成:

借：库存现金　　　　4000

　　贷：银行存款　　　　4000

（3）复合会计分录。复合会计分录是由一个借方账户与多个贷方账户或一个贷方账户与多个借方账户所组成的会计分录，即一借多贷、一贷多借或者多借多贷。在编制复合分录时，相同记账符号只需写一个即可。

1）一借多贷会计分录。一借多贷会计分录是指由一个借方科目、两个或两个以上的贷方科目组成的会计分录。

【例 2-7】畅越钢铁于 2019 年 5 月份购进一台机器价值 6000 元，分别用银行存款支付 3000 元，现金支付 1000 元，剩余 2000 元承诺 1 个月内支付。

【分析】这笔业务属于购买业务。首先，已知畅越钢铁固定资产的划分标准为：单位价值 2000 元以上，使用年限超过 1 年。所以该机器属于固定资产，固定资产增加 6000 元，记入“固定资产”账户的借方；同时银行存款减少 3000 元，记入“银行存款”账户的贷方；现金减少 1000 元，记入“库存现金”账户的贷方；形成 2000 元应付账款，记入“应付账款”账户的贷方。会计分录如下：

借：固定资产——机器　　6000
　　贷：银行存款　　3000
　　　　库存现金　　1000
　　　　应付账款　　2000

2）一贷多借会计分录。一贷多借会计分录是指由一个贷方科目、两个或两个以上的借方科目组成的会计分录。

【例 2-8】畅越钢铁于 2019 年 6 月份用银行存款购入一台电脑价值 1 万元，以及一些签字笔、订书机等一些办公用品 500 元。

【分析】该笔业务属于购买业务。首先所购买的电脑属于固定资产，办公用品则记入管理费用。所以“固定资产”账户借方记 10 000 元，“管理费用”账户借方记 500 元，“银行存款”账户贷方记 10 500 元。会计分录如下：

借：固定资产——电脑　　10 000
　　管理费用——办公用品　　500
　　贷：银行存款　　10 500

5.复式记账法下的试算平衡

（1）试算平衡的意义。试算平衡，就是根据“资产=负债+所有者权益”的平衡关系，按照借贷记账法的记账规则，通过对所有账户的发生额和余额的汇总计算和比较，来检查账户记录是否正确的一种方法。

在借贷记账法下，对企业发生的每一项经济业务都按照“有借必有贷，借贷必相等”的记账规则来进行记录，借贷双方的发生额必然是相等的。当一个会计期间（月、季、年）结束时，按照所有经济业务编制的所有会计分录的借方发生额合计数与贷方发生额合计数也一定是相等的。与此相对应的所有账户的借方期初、期末余额合计数与所有账户的贷方期初、期末余额合计数也是相等的。

（2）试算平衡的种类。试算平衡可按发生额或余额进行试算平衡。

1）发生额试算平衡。发生额试算平衡是指全部账户本期借方发生额合计数与全部账户本期贷方发生额合计数保持平衡，即

全部账户借方发生额合计数=全部账户贷方发生额合计数

2）余额试算平衡。余额试算平衡是指全部账户借方期末（初）余额合计数与全部账户贷方期末（初）余额合计数保持平衡，即

全部账户借方期末（初）余额合计数=全部账户贷方期末（初）余额合计数余额

试算平衡是根据本期所有账户借方余额合计数与贷方余额合计数的恒等关系，检验本期账户记录是否正确的方法，根据余额时间的不同又分为期初余额平衡与期末余额平衡两类。

（3）试算平衡的编制。试算平衡一般通过编制试算平衡表来加以验证，可以分别编制本期发生额试算平衡表和期初(末)余额试算平衡表，也可以将前两者合并编成一张三栏式试算平衡表。三栏式试算平衡表分期初余额、本期发生额和期末余额三栏，各栏下再设借方和贷方两个小栏。各大栏中的借方合计与贷方合计应该平衡相等，否则便存在记账错误。

在编制试算平衡表之前，先按照会计分录中涉及的会计科目，逐一开设 T 形账户，并将其增减金额按照业务发生的先后顺序，逐一写入相应的 T 形账户的借方或者贷方，在各账户发生额后画道结算线，计算出本期借方发生额合计

数和贷方发生额合计数，再画一道结算线，计算本期借方期末余额或者贷方期末余额。

2.2.3 复式记账法应用举例

【例 2-9】将例 2-1 至例 2-4 的经济业务汇总如下，编制会计分录。

【分析】

（1）畅越钢铁制造企业于 2018 年年初接受投资 100 万元。

借：银行存款　　　　　　1 000 000
　　贷：实收资本　　　　　　1 000 000

（2）畅越钢铁购进铁矿石一批，花费 1 万元，全部用银行存款支付。铁矿石已经收到。

借：原材料　　　　　　10 000
　　贷：银行存款　　　　　　10 000

（3）畅越钢铁购买铁矿石花费 1. 5 万元，货款未付。

借：原材料　　　　　　15 000
　　贷：应付账款　　　　　　15 000

（4）畅越钢铁购买铁矿石以及其他原材料后，将制成的钢材出售取得 4 万元收入，货款已经存入银行。同时，销售过程中发生运费 1800 元，用银行存款支付（假定不考虑增值税）。

借：银行存款　　　　　　40 000
　　贷：主营业务收入　　　　　　40 000
借：销售费用　　　　　　1800
　　贷：银行存款　　　　　　1800

【例 2-10】按照例 2-9 中设计的会计科目开设 T 形账户，依次将会计分录中的金额写入 T 形账户的借方或者贷方，并计算出本期发生额合计数和期末余额。由于畅越钢铁是新设立的公司，因此假定所有账户的期初余额均为零。

【分析】

借方	银行存款	贷方
（1）1 000 000		（2）10 000
（4）40 000		（4）1800
本期发生额 1 040 000		本期发生额 11 800
期末余额　1 028 200		

借方	原材料	贷方
（2）10 000		
（3）15 000		
本期发生额 25 000		
期末余额　25 000		

借方	应付账款	贷方
		（3）15 000
		本期发生额 15 000
		期末余额　15 000

借方	实收资本	贷方
		（1）1 000 000
		本期发生额 1 000 000
		期末余额　1 000 000

借方	主营业务收入	贷方
		（4）40 000
		本期发生额 40 000
		期末余额　40 000

借方	销售费用 贷方
（4）1800	
本期发生额 1800	
期末余额 1800	

将 T 形账户的本期发生额、期末余额按照资产、负债、所有者权益、收入和费用的顺序列入下表中的借方和贷方栏，编制成畅越钢铁的试算平衡表，如表 2-3 所示。

表 2-3 畅越钢铁试算平衡表 **单位：元**

会计科目	期初余额		本期发生额		期末余额	
	借方	贷方	借方	贷方	借方	贷方
银行存款			1 040 000	11 800	1 028 200	
原材料			25 000		25 000	
应付账款				15 000		15 000
实收资本				1 000 000		1 000 000
主营业务收入				40 000		40 000
销售费用			1800		1800	
合计			1 066 800	1 066 800	1 055 000	1 055 000

可以看出：通过试算平衡表来检查账簿记录是否正确也不是绝对的，如果借贷不平衡，就可以肯定账户的记录或者计算有错误；如果借贷平衡，也不意味着记账一定正确无误，因为有些错误并不影响借贷双方平衡。例如，如果借贷方同时遗漏、同时重复记账或者借贷方数字同时写错，试算平衡表就很难发挥作用。

2.3 会计循环

会计循环，是指在一个持续经营的会计主体中，就某一个会计期间而言，从会计事项发生起至会计报表编制完成止的一系列会计处理程序。该程序始于期初，终于期末，并循环往复、周而复始地进行。一个完整的会计循环程序，主要由会计确认、会计计量、会计记录和会计报告四个环节组成，会计循环流程如图 2-11 所示。

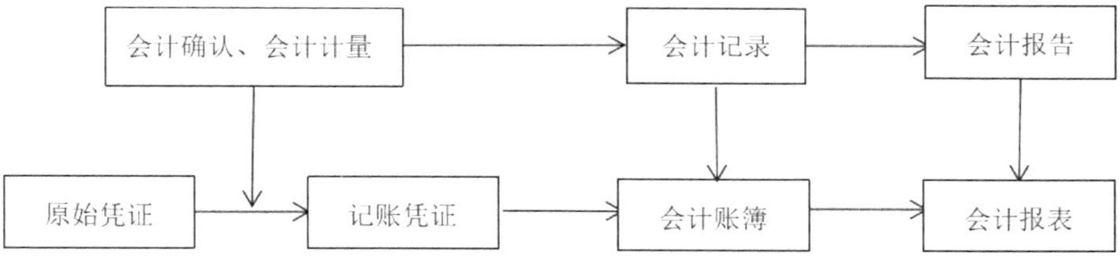

图 2-11　会计循环流程图

2.3.1 会计确认

会计确认通常是对企业经济活动及其所产生的经济数据进行分析、识别和判断，以明确是否对会计要素产生影响以及影响哪些会计要素的过程。会计确认主要解决三方面的问题：第一，确定某一经济业务是否需要确认；第二，确定该业务应在何时开始确认；第三，确定该业务应确认为哪个会计要素。

企业在生产经营过程中会产生各种各样的经济活动，这些经济活动及其产生的经济数据不一定全部属于会计核算的内容。因此，进行会计确认之前首先应明确会计核算的内容，对企业所发生的经济活动及其所产生的经济数据进行分析，把非会计核算内容排除在外。对于影响会计要素的内容，则需要判断其性质，即影响什么会计要素。例如，企业职工的构成与管理人员素质的变化等，这些无法用货币进行计量的活动就不属于会计核算的内容。再比如，企业与客户签订了下年度的购货合同，由于该事项尚未实际发生，也不属于会计核算的内容。

同时，企业会计确认要以权责发生制为前提。会计确认主要包括能否入账和能否入表的问题，此外还包括终止确认的问题，即退出会计系统的问题。因此，会计确认总体上可以分为进入会计系统时的确认和退出会计系统时的确认，前者可进一步划分为入账环节的确认和入表环节的确认。换言之，会计确认可以分为初始确认、后续确认和终止确认。

入账环节的确认需要同时考虑管理的要求和对外提供财务报告的要求，企业应当根据会计准则的规定和自身的特点及管理要求，进行会计制度设计。入表环节的确认应当严格遵守会计准则的规定。会计确认需要解决三个方面的问题：一是何时确认（确认时点）；二是确认什么（会计科目）；三是确认多少（会计计量）。会计确认基础仅解决了何时确认、确认什么的问题，并没有解决确认多少的问题，因此需要会计计量单独来进行说明。会计确认与会计计量密不可分。

2.3.2 会计计量

会计计量是确定特定的经济活动对有关会计要素的数量增减变化会产生多大影响的过程，即确定其货币金额的过程。会计计量由计量单位和计量属性两方面构成。会计计量单位主要是以货币为主导的计量单位，同时为了管理的需要辅之以各种实物量度。

1.计量属性

会计计量属性，又称为会计计量基础，是指为了将符合确认条件的会计要素登记入账并列于财务报表而确定金额的过程。根据《企业会计准则——基本准则》中关于会计计量的第四十二条规定，企业的会计计量属性主要包括历史成本、重置成本、可变现净值、现值和公允价值。

（1）历史成本。历史成本适用于资产和负债，它是指按照形成某项会计要素时所付出的实际成本进行计量。资产的历史成本是指企业取得资产时实际付出的代价，即按照购置资产时支付的现金或者现金等价物的金额，或者按照购置资产时所付出对价的公允价值计量。负债按照因承担现时义务而实际收到的款项或者资产的金额，或者承担现时义务的合同金额，或者按照日常活动中为偿还负债预期需要支付的现金或现金等价物的金额计量。采用历史成本计量有其优缺点，优点是可靠、简便、容易采集数据、符合会计核算真实性的要求；缺点是在物价剧烈波动的情况下，就不能真实地反映会计要素的实际价值，可能使得会计信息使用者作出错误的判断。

【例 2-11】甲公司在 2020 年 12 月 31 日有一批库存商品和一笔长期借款。该批商品于 2020 年 9 月 20 日以 300 万元的银行存款购入，则该批商品的历史成本为 300 万元；借款于 2018 年 12 月 31 日借入，期限 5 年，到期连本带息需偿还 2000 万元，实际收到款项 1800 万元，则该笔借款的历史成本为 1800 万元。

（2）重置成本。重置成本适用于资产和负债。它是指按照现在形成某项会计要素可能付出的成本计价，又称现行成本。资产按照现在购买相同或者相似资产所需支付的现金或者现金等价物的金额计量。负债按照现在偿付该项债务所需支付的现金或者现金等价物的金额计量。采用重置成本计量可以反映现在形成某一会计要素应付出的代价，但这种计价的可操作性比较差。

【例2-12】甲公司在2020年12月31日有一批库存商品。该批商品于2020年9月20日以300万元的银行存款购入，如果12月31日重新购入该商品需花费330万元，则该批商品的重置成本为330万元。

（3）可变现净值。可变现净值适用于资产，而且通常是针对存货而言的。它是指在出售时可能收回的金额，扣除可能发生的费用后的净值。资产按照其正常对外销售所能收到的现金或者现金等价物的金额扣减该资产至完工时估计将要发生的成本、估计的销售费用以及相关税费后的金额计量。采用可变现净值计量虽然在操作上有一定的难度，但其可以真实地反映资产的价值。

【例 2-13】2020 年年末，甲公司 A 材料的账面余额为 110 万元，数量为 10 吨，该材料专门用于生产 10 件 X 产品。2020 年年末，X 产品市场售价为 17 万元/件。将该批 A 材料加工成 X 产品尚需投入加工成本 90 万元。估计销售每件 X 产品的相关税费为 1 万元。则期末 A 材料的可变现净值为多少？

【分析】A 材料的可变现净值=X 产品的市价−加工成本费−相关税费=170−90−10=70 万元

（4）现值。现值适用于资产和负债。它指未来现金流量的折现值。资产按照预计从其持续使用和最终处置中所产生的未来现金流入量的折现金额计量。

负债按照预计期限内需要偿还的未来净现金流出量的折现金额计量。采用现值计量可以反映资产所带来经济利益的金额与偿还债务相关经济利益流出的金额，但受主观因素的影响较多。

现值计量属性的运用有两种情况：第一，合同现金流量的现值，例如金融资产中的债权投资，按实际利率法摊销利息调整金额，这意味着该投资是按照合同现金流量的现值计量的。第二，预计未来现金流量的现值，例如在讨论固定资产的减值测试时可收回金额的确定，所计算的现值是一种预计未来现金流量的现值，而不是合同现金流量的现值。显然，合同现金流量的现值比较可靠，而预计现金流量的现值带有较大的主观性。

【例 2-14】长江公司属于核电站发电企业，2020 年 1 月 1 日正式建造完成并交付使用一座核电站核设施，全部成本为 200 000 万元，预计使用寿命为 40 年。根据国家法律、行政法规和国际公约等规定，企业应承担环境保护和生态恢复等义务。2020 年 1 月 1 日，长江公司预计 40 年后该核电站核设施弃置时，将发生弃置费用 20 000 万元（金额较大）。在考虑货币的时间价值和相关期间通货膨胀等因素后确定的折现率为 5%。已知：利率为 5%，期数为 40 期的复利现值系数为 0.142 0。那么，长江公司 2020 年 1 月 1 日确认的弃置费用的现值=20 000×0.142 0=2840 万元。

（5）公允价值。公允价值适用于资产和负债。在公允价值计量下，资产和负债按照市场参与者在计量日发生的有序交易中，出售资产所能收到或者转移负债所需支付的价格计量[1]。引入公允价值是适度、谨慎和有条件的。原因是考虑到我国尚属新兴的市场经济国家，如果不加限制地引入公允价值，有可能出现公允价值计量不可靠，甚至借此人为操纵利润的现象。因此，在投资性房地产和生物资产等具体准则中规定，只有在公允价值能够取得并可靠计量的情

[1] 为了适应我国企业和资本市场发展的实际需要，实现我国企业会计准则与国际财务报告准则的持续趋同，经财政部部务会议决定，2014 年 7 月 23 日修订《企业会计准则——基本准则》，将第四十二条第五项修改为："（五）公允价值。在公允价值计量下，资产和负债按照市场参与者在计量日发生的有序交易中，出售资产所能收到或者转移负债所需支付的价格计量。"

况下，才能采用公允价值计量。

总之，计量属性的选择取决于会计信息使用者的需要，由于各种不同的会计信息使用者对会计信息的需求不同，因此计量基础的选择也就存在差别。按照我国现行会计准则的规定，企业在对会计要素进行计量时，一般应当采用历史成本，企业会计计量通常以历史成本为基础，而且会计持续经营、会计分期以及货币计量等假设都是以历史成本为基础的，但历史成本也存在一定的缺陷。如果需要采用重置成本、可变现净值、现值、公允价值计量的，应当保证所确定的会计要素金额能够取得并可靠计量。

2.审核、填制会计凭证

在会计确认和计量的过程中，会计实务工作主要为审核、填制会计凭证。会计凭证是记录经济业务、明确经济责任，作为登记会计账簿的书面证明。会计凭证可分为原始凭证和记账凭证。

（1）原始凭证。原始凭证是在经济业务发生或完成时填制或取得的，载明经济业务的具体内容、明确经济责任、具有法律效力的书面证明。

1）原始凭证的种类。

① 按原始凭证的来源不同，可以分为外来原始凭证和自制原始凭证。外来原始凭证是指企业同外单位或个人发生经济业务往来关系时，从对方单位取得的原始凭证，如购买材料时从供货单位取得的发票、支票等。自制原始凭证是指本单位内部经办业务的部门或者人员，在办理经济业务时所填制的原始凭证。如材料入库单、领料单、差旅费报销单等。领料单的一般格式，如表 2-4 所示。

表 2-4　领料单

领用部门：　　　　　　　　　　　　　　　　仓库：

用途：　　　　　　　　年　月　日　　　　　编号：

材料编号	材料名称	规格	数量（千克）		金额	
			请领	实发	单位成本（元/千克）	总金额（元）
合计						

② 按原始凭证的填制方法不同，可将原始凭证分为一次凭证、累计凭证和汇总凭证。

一次凭证是指在一项经济业务或几项同类经济业务发生时一次填制完成的一种原始凭证，如收货单、发货单、差旅费报销单等。发货单的一般格式，如表 2-5 所示。

表 2-5　发货单

购买单位：

结算方式：　　　　　　　　　年　月　日　　　　　　编号：

品名规格	单位	数量	单价	金额

会计：　　　　　　　　　复核：　　　　　　　　　制单：

累计凭证是指在一定时期内，为连续地反映同类而又不断重复发生的业务，在一张凭证中连续、累计地记载该项业务的原始凭证，主要适用于经常、重复发生的同类经济业务，如工业企业的限额领料单等。限额领料单的一般格式，如表 2-6 所示。

表 2-6　限额领料单

领料部门：　　　　　　　　　　　　　　发料仓库：

用途：　　　　　　　　　年　月　日　　　　编号：

<table>
<tr><td rowspan="2">材料编号</td><td rowspan="2">材料名称</td><td rowspan="2">规格</td><td rowspan="2">计量单位</td><td rowspan="2">计划单价</td><td rowspan="2">领用限额</td><td colspan="2">全月金额</td></tr>
<tr><td>数量</td><td>金额</td></tr>
<tr><td></td><td></td><td></td><td></td><td></td><td></td><td></td><td></td></tr>
<tr><td>领用日期</td><td>请领数量</td><td colspan="2">实发数量</td><td>领料人签章</td><td>发料人签章</td><td colspan="2">限额结余数量</td></tr>
<tr><td></td><td></td><td></td><td></td><td></td><td></td><td colspan="2"></td></tr>
<tr><td></td><td></td><td></td><td></td><td></td><td></td><td colspan="2"></td></tr>
<tr><td></td><td></td><td></td><td></td><td></td><td></td><td colspan="2"></td></tr>
</table>

供应部门负责人：　　　　　领料部门负责人：　　　　　仓库负责人：

汇总原始凭证又称原始凭证汇总表，它是将记载同类经济业务的许多原始凭证，定期汇总而编制的一种原始凭证。发料凭证汇总表是一种常用的汇总凭证，格式如表 2-7 所示。

表 2-7　发料凭证汇总表

年　　月

借方科目 材料	生产成本	制造费用	管理费用	销售费用	合计
合计					

2）原始凭证的填制。原始凭证有很多样式，不同的原始凭证其填制方法和要求是不尽相同的。为保证原始凭证反映经济业务内容的准确性，填制原始凭证时应严格按照下列要求进行。

① 填写必须及时。每一笔经济业务发生或完成后，都要按照会计制度的规定立即填制或取得原始凭证，以使原始凭证及时地送到会计部门，及时地按照原始凭证编制记账凭证。

② 填写内容必须完整、真实、准确。对每张原始凭证上规定的项目和内容必须逐项详细地填写，不能有所遗漏，而且必须是对经济业务内容的真实反映，必须与实际情况相符合；数量、单价、金额等的计算要准确无误。如果外来原始凭证遗失，必须到签发凭证单位取得证明，说明原来凭证的号码、数量、金额等内容，且凭证上必须盖有签发单位的财务章，还要经过经办单位的业务主管批准，方可代作原始凭证。

③ 经济责任明确。每张原始凭证上必须由有关经办人员和负责人签章，以明确相应的经济责任。自制原始凭证必须有经办部门指定人员和单位负责人的签名或盖章，向外单位开出的原始凭证必须加盖本单位或部门的财务章，从其他单位取得的原始凭证要盖有签发单位的财务章，个人签发的原始凭证必须有其个人的签名或盖章。

④ 书写格式规范。原始凭证必须用蓝色或黑色笔填写，字迹须清楚、规范。填写支票必须使用碳素笔，属于需要套写的凭证必须一次套写清楚。发生填写错误不能随意涂改，应采用规定的方法予以改正。对于已预先印定编号的原始凭证，在写错作废时，应当加盖“作废”戳记，要单独保管，不得撕毁。在书写阿拉伯数字时，每一个数字都要占有一个数位，逐个填写不能连笔。人民币符号“¥”和阿拉伯数字之间不能有空白，阿拉伯数字前加注人民币符号“¥”的，则数字后面无须再写“元”字。所有以“元”为单位的阿拉伯数字，一律写到角位和分位，没有角分的数字，可以填写“00”或符号“——”，有角位无分位的情况，分位上写“0”，不能用符号“—”来代替。大写金额数字只能用正楷或行书来填写，必须用“会计体”汉字，即“壹、贰、叁、肆、伍、陆、柒、捌、玖、拾、佰、仟、万、亿、元、角、分、零、整”等来填写。大写金额写到“元”或“角”的，在“元”或“角”之后要写“整”字；大写金额有“分”的，“分”字后面不写“整”字。

3）原始凭证的审核。审核无误的原始凭证，才能作为记账的依据，这也是发挥会计监督作用的重要环节。为了保证会计凭证的合法、合规、准确、完整，要求会计部门的经办人员必须严格审核各项原始凭证。原始凭证的审核内容主要包括以下几个方面：

① 审核原始凭证的真实性。记录所发生的经济业务，有无弄虚作假、名不符实的情况，有无伪造涂改、刮擦原始凭证的情况，多联的原始凭证是否复写等。

② 审核原始凭证的合理、合法性。审核原始凭证所记录的经济业务是否符合国家有关法令、制度、政策及企业间的合同、企业内部的预算、计划等规定，是否合理、合法，有无违反法律、制度的违法乱纪行为；审核经济业务是否符合审批权限以及费用开支范围和标准是否符合有关规定；审核经济活动是否符合提高经济效益的要求等。

③ 审核原始凭证的完整性和准确性。主要审核原始凭证的填制手续是否完备，项目是否填制齐全，有关经办人员是否签字或盖章，原始凭证的摘要、数字是否正确，书写是否清楚，数量、单价、金额、合计有无错误，大小写是否相符等。

（2）记账凭证。记账凭证是会计人员根据审核无误的原始凭证或汇总原始凭证，对经济业务进行归类、整理并确定会计分录，并据此登记账簿的会计凭证。

会计部门在收到经济业务的相关原始凭证后，依照会计循环各工作的先后顺序，首先对经济业务的影响进行分析，并将相关信息及据以编制的会计分录登记入记账凭证。原始凭证来源渠道繁杂，格式不统一，且只局限于经济业务内容，不便于直接登记会计账簿，因此需要根据原始凭证反映的不同经济业务加以归类和整理，并以会计分录的形式将原始凭证转换为会计信息，填制到具有统一格式的记账凭证中，并将相关的原始凭证附在后面，以供查验。

1）记账凭证的种类。按记账凭证的用途不同，可以分为专用记账凭证和通用记账凭证。

专用记账凭证是专门用来记录某一项经济业务的记账凭证，按其反映的经济业务是否与货币资金有关，分为收款凭证、付款凭证和转账凭证。

收款凭证是指根据货币资金收入业务的原始凭证填制而成的，用以反映货币资金收入业务的记账凭证。收款凭证不仅是出纳人员收款的依据，也是登记现金日记账、银行存款日记账以及其他相关总账和明细账的依据。

【例 2-15】2019 年 7 月 23 日，畅越钢铁销售甲商品一批，取得销售收入 20 000 元存入中国银行，并开具增值税专用发票，附原始凭证 2 张，为畅越钢铁 7 月第 10 笔银行存款收款业务。收款凭证的填制，如表 2-8 所示。

付款凭证是根据审核无误的库存现金和银行存款的付款业务的原始凭证填制的。付款凭证的填制方法与收款凭证基本相同，不同的是在付款凭证的左上角，应填列贷方科目，即“库存现金”或“银行存款”科目，“借方科目”栏应填写与“库存现金”或“银行存款”相对应的一级科目和明细科目。

对于涉及“库存现金”和“银行存款”之间的相互划转业务，如将现金存入银行或从银行提取现金，为了避免重复记账，一般只填制付款凭证，不再填制收款凭证。

出纳人员在办理收款或付款业务后，应在原始凭证上加盖“收讫”或“付讫”的戳记，以免重收重付。

表 2-8　收款凭证

借方科目：银行存款　　2019 年 7 月 23 日　　银收字第 10 号

摘要	贷方科目	明细科目	√	金额										
				亿	千	百	十	万	千	百	十	元	角	分
销售甲商品	主营业务收入	甲商品						2	0	0	0	0	0	0
开具增值税专用发票	应交税费	应交增值税（销项税额）							2	6	0	0	0	0
合计							¥	2	2	6	0	0	0	0

附单据 2 张

会计主管：　　记账：　　出纳：　　审核：　　填制：

【例 2-16】2019 年 8 月 15 日，畅越钢铁行政部门购买办公用品支付现金 500 元，附原始凭证 3 张，为畅越钢铁 8 月第 7 笔现金付款业务。付款凭证的填制，如表 2-9 所示。

表 2-9　付款凭证

贷方科目：库存现金　　2019 年 8 月 15 日　　银付字第 7 号

摘要	借方科目	明细科目	√	金额										
				亿	千	百	十	万	千	百	十	元	角	分
购买办公用品	管理费用	办公费								5	0	0	0	0
合计									¥	5	0	0	0	0

附单据 3 张

会计主管：　　记账：　　出纳：　　审核：　　填制：

转账凭证通常是根据有关转账业务的原始凭证填制的。转账凭证中“总账科目”和“明细科目”栏应填写应借、应贷的总账科目和明细科目，借方科目应记金额应在同一行的“借方金额”栏填列，贷方科目应记金额应在同一行的“贷方金额”栏填列，“借方金额”栏合计数与“贷方金额”栏合计数应相等。

【例2-17】2019年9月25日，畅越钢铁生产车间计提固定资产折旧1000元，附原始凭证1张，为畅越钢铁9月第37笔转账业务。转账凭证的填制，如表2-10所示。

表 2-10　转账凭证

2019 年 9 月 25 日　　　　转字第 37 号

摘要	借方科目	明细科目	√	借方金额											√	贷方金额										
				亿	千	百	十	万	千	百	十	元	角	分		亿	千	百	十	万	千	百	十	元	角	分
生产车间计提折旧	制造费用	折旧费							1	0	0	0	0	0												
生产车间计提折旧	累计折旧																				1	0	0	0	0	0
合计								¥	1	0	0	0	0	0						¥	1	0	0	0	0	0

附凭证1张

会计主管：　　记账：　　出纳：　　审核：　　填制：

通用记账凭证是指不区分收款、付款和转账业务，用以反映所有经济业务的记账凭证。

2）记账凭证的填制。填制记账凭证是记账工作的开始，记账凭证填制得正确与否，直接关系到记账是否真实和准确。这就要求会计人员把记账凭证应具备的基本内容按照一定的会计方法填写齐全，财务会计信息予以正确归类，便于进行账簿登记。在填制记账凭证时，除了要严格遵照原始凭证的填制要求外，还要遵守以下基本要求：

① 除结账和更正错账可以不附原始凭证外，其他记账凭证必须附原始凭证。

② 记账凭证可以根据每一张原始凭证填制，或根据若干张同类原始凭证汇总填制，也可根据原始凭证汇总表填制；但不得将不同内容和类别的原始凭证汇总填制在一张记账凭证上。

③ 记账凭证应连续编号。凭证应由主管该项业务的会计人员，按业务发生的顺序并按不同种类的记账凭证采用“字号编号法”连续编号，如银收字 1 号、现收字 2 号、现付字 1 号、银付字 2 号。如果一笔经济业务需要填制两张以上（含两张）记账凭证的，可以采用“分数编号法”编号，如转字 $4\frac{1}{3}$ 号、转字 $4\frac{2}{3}$ 号。为便于监督，反映付款业务的会计凭证不得由出纳人员编号。

④ 填制记账凭证时若发生错误，应当重新填制。已经登记入账的记账凭证在当年内发现填写错误时，可以用红字填写一张与原内容相同的记账凭证，在摘要栏注明“注销某月某日某号凭证”字样，同时再用蓝字重新填制一张正确的记账凭证，注明“订正某月某日某号凭证”字样。如果会计科目没有错误，只是金额错误，也可以将正确数字与错误数字之间的差额另编一张调整的记账凭证，调增金额用蓝字，调减金额用红字。发现以前年度记账凭证有错误的，应当用蓝字填制一张更正的记账凭证。

⑤ 记账凭证填制完成后，如有空行，应当自金额栏最后一笔金额数字下的空行处至合计数上的空行处划线注销。

3）记账凭证的审核。记账凭证是登记账簿的依据，为了保证会计信息的质量，除了要严格按填制记账凭证的要求进行填制之外，还要由专人对记账凭证进行审核，只有经过审核无误的记账凭证，才能据以登记。审核的主要内容如下：

① 记账凭证的会计分录是否准确核算，内容是否符合会计制度的规定，对应关系是否明晰。

② 记账凭证是否附有审核无误的原始凭证，所附原始凭证的张数以及经济内容、金额合计等是否与记账凭证一致。

③ 记账凭证的有关项目是否填列完整，有关人员是否签名或盖章。在记账凭证的审核过程中，如果发现错误应立即查找原因并重新填制正确的凭证或予以更正，更正人员要在更正处签章，以示负责。只有审核无误的记账凭证才能据以收付款项，并作为登记账簿的依据。

2.3.3 会计记录

1.会计记录的概念

会计记录是指各项经济业务经过确认、计量后，采用一定方法在账户中加以记录的过程。在具体的会计循环程序中，会计记录表现为登记会计账簿。

2.会计账簿

会计账簿是以会计凭证为依据，对全部经济业务进行全面、系统、连续、分类的记录和核算的簿籍，是由专门格式并以一定形式联结在一起的账页所组成的簿记。

会计账簿按照用途可以分为序时账、分类账和备查账。

（1）序时账。序时账，也称日记账，是以业务发生的时间顺序为依据逐笔、连续记录会计信息的账簿。我国企业一般仅设置现金日记账和银行存款日记账，其目的是加强对货币资金收付结存的管理和控制。因此，凡是涉及库存现金和银行存款变动的会计分录必须单独记入现金日记账和银行存款日记账中。库存现金日记账一般格式，如表 2-11 所示。

表 2-11　库存现金日记账

2019 年		记账凭证		对方科目	摘要	收入	支出	结余
月	日	字	号					
4	1				月初余额			1000
	2	银付	略	银行存款	从银行提现	500		
	2	现付	略	管理费用	购买办公用品		200	
	2				本日合计			1300

（2）分类账。分类账是指能以会计科目为分类依据对会计信息进行分类记录的账簿。进一步，对应于总分类科目和明细科目，分类账又可以按其反映指标的详细程度划分为总分类账（简称总账）和明细分类账（简称明细账）。以总分类科目开设的账户即为总分类账，以明细分类科目开设的账簿即为明细分类账。总账账户的发生额和余额等于其下属所有明细账的发生额和余额之和。应收账款总账和应付账款明细账的一般格式，如表 2-12 和表 2-13 所示。

表 2-12　应收账款总账

账户名称：应收账款　　　　　　　　　　　　　　　　　　　单位：元

2019 年		凭证号码	摘要	借方	贷方	借或贷	余额
月	日						
3	1		期初余额			借	50 000
	3	转 008	应收 Z 公司销货款	32 000		借	82 000
	6	收 009	收回 M 公司欠款		2000	借	80 000
			……				
	31		本期发生额及余额	64 000	32 000	借	82 000

表 2-13　应付账款明细账

单位名称：××公司　　　　　　　　　　　　　　　　　　　单位：元

2019 年		凭证		摘要	借方	贷方	借或贷	余额
月	日	种类	编号					
3	1			期初余额			贷	128 000
	2	付	003	偿付欠款	28 000		贷	100 000
	5	转	018	购买材料		11 000	贷	111 000
				……				
	31			本期发生额及余额	48 000	120 000	贷	200 000

（3）备查账。与序时账和分类账不同，会计凭证中所载信息并不需要登记备查账。备查账也称备查簿，是一种辅助和补充性质的账簿，它只是被用来记录不能进入账户和报表体系的必要信息，作为管理者决策的参考。由于这些信息主要是方便管理，而不需要对外报告，因此这些信息的记录无强制性要求，会计部门可视管理需要而定。例如，当企业采用权益法核算长期股权投资时，如果被投资单位发生亏损，则投资企业的股权投资账面价值应相应减记，但最多减记至零。若被投资单位以后继续发生亏损，则未确认的亏损额只能在备查簿上登记，而不再反映到账面或报表之中。再如，企业发行债券对外融资时，除在账簿上记录必要的会计信息之外，还需将发行债券的票面金额、票面利率、还本期限与方式、发行总额、发行日期和编号、委托代售部门、转换股份等情况在备查簿中登记。

2.3.4 会计报告

会计的目的是通过向外部会计信息使用者提供有用的信息，帮助使用者作出相关决策，承担这一信息载体和功能的是企业财务报告。

1.财务报告的概念与编制

财务报告是企业对外提供的反映企业某一特定日期的财务状况和某一会计期间的经营成果、现金流量等会计信息的文件[1]。财务报告是企业财务会计确认、计量和记录的最终结果的体现。投资者等财务报告使用者主要是通过财务报告来了解企业当前的财务状况、经营成果和现金流量等情况，从而预测未来的发展趋势。因此，财务报告是向投资者等财务报告使用者提供决策有用信息的媒介和渠道，是沟通投资者、债权人等使用者与企业管理层之间信息的桥梁和纽带。

根据财务报告的定义，财务报告编制需要满足以下要求：一是财务报告应当是对外报告，其服务对象主要是投资者、债权人等外部使用者，专门为了内部管理需要的、特定目的的报告不属于财务报告的范畴；二是财务报告应当综合反映企业的生产经营状况，包括某一时点的财务状况和某一时期的经营成果与现金流量等信息，以勾画出企业财务的整体和全貌；三是财务报告必须形成一个完整的文件，不应是零星的或者不完整的信息。企业应当定期编报财务报告。

2.财务报告的构成

财务报告包括财务报表和其他应当在财务报告中披露的相关信息和资料。其中，财务报表由报表本身及其附注两部分构成，附注是财务报表的有机组成部分，而报表至少应当包括资产负债表、利润表和现金流量表等报表。考虑到小企业规模较小，外部信息需求相对较低。因此，小企业编制的报表可以不包括现金流量表。全面执行企业会计准则体系的企业所编制的财务报表，还应当包括所有者权益（股东权益）变动表。

资产负债表是反映企业在某一特定日期的财务状况的会计报表[2]。企业编

[1] 我国于 2006 年 2 月 15 日颁布的《企业会计准则——基本准则》第四十四条对财务会计报告作了如下规定：“财务会计报告是指企业对外提供的反映企业某一特定日期的财务状况和某一会计期间的经营成果、现金流量等会计信息的文件。”

[2] 《企业会计准则——基本准则》第四十五条的规定。

制资产负债表的目的是通过如实反映企业的资产、负债和所有者权益金额及其结构情况，从而有助于使用者评价企业资产的质量以及短期偿债能力、长期偿债能力和利润分配能力等。

利润表是反映企业在一定会计期间的经营成果的会计报表[1]。企业编制利润表的目的是通过如实反映企业实现的收入、发生的费用、应当计入当期利润的利得和损失以及其他综合收益等金额及其结构情况，从而有助于使用者分析评价企业的盈利能力及其构成与质量。

现金流量表是反映企业在一定会计期间的现金和现金等价物流入和流出的会计报表[2]。企业编制现金流量表的目的是通过如实反映企业各项活动的现金流入、流出情况，从而有助于使用者评价企业的现金流和资金周转情况。

附注是对在会计报表中列示项目所作的进一步说明，以及对未能在这些报表中列示项目的说明等[3]。企业编制附注的目的是通过对财务报表本身作补充说明，以更加全面、系统地反映企业财务状况、经营成果和现金流量的全貌，向使用者提供更为有用的信息，作出更加科学合理的决策。

财务报表是财务报告的核心内容，但是除了财务报表之外，财务报告还应当包括其他相关信息，具体可以根据有关法律法规的规定和外部使用者的信息需求而定。如企业可以在财务报告中披露其承担的社会责任、对社区的贡献、可持续发展能力等信息，这些信息对于使用者的决策也是相关的，尽管属于非财务信息，无法包括在财务报表中，但是如果有规定或者使用者有需求的，企业应当在财务报告中予以披露，有时企业也可以自愿在财务报告中披露相关信息。

3.财务报告的分类

财务报告可以按照不同的标准进行分类。

财务会计报告按编报期间的不同，可以分为中期财务会计报告和年度财务会计报告。中期财务会计报告是以短于一个完整会计年度的报告期间为基础编制的财务会计报告，包括月报、季报和半年报等。中期财务会计报告至少应当包括资产负债表、利润表、现金流量表和附注。中期资产负债表、利润表和现

[1] 《企业会计准则——基本准则》第四十六条的规定。

[2] 《企业会计准则——基本准则》第四十七条的规定。

[3] 《企业会计准则——基本准则》第四十八条的规定。

金流量表应当是完整报表，其格式和内容应当与年度会计报表相一致。年度财务会计报告是以一个完整会计年度的报告期间为基础编制的财务会计报告。与年度财务会计报告相比，中期财务会计报告中的附注披露可适当简略。

按财务会计报告编报主体的不同，可以分为个别财务会计报告和合并财务会计报告。个别财务会计报告是由企业在自身会计核算的基础上对账簿记录进行加工而编制的财务会计报告。它主要用以反映企业自身的财务状况、经营成果和现金流量情况。合并财务会计报告是以母公司和子公司组成的企业集团为会计主体，根据母公司和所属子公司的财务会计报告，由母公司编制的综合反映企业集团财务状况、经营成果及现金流量的财务会计报告。

一、复习思考题

1.简述会计科目和会计账户的关系。

2.简述会计循环的基本程序。

3.简述原始凭证和记账凭证的种类。

二、业务处理题

1.经济业务对会计等式的影响。

于先生在 2019 年 3 月创办了一家企业，发生了下列的经济业务：

（1）对企业投入 10 万元的存款；

（2）租用一间办公室，花费租金 3600 元；

（3）支付办公费用 6000 元；

（4）用银行存款购入 8 万元商品；

（5）商品全部用于出售，收到货款 99 000 元，货款已经存入银行，同时结转商品成本 8 万元。

问：于先生的公司在经过上述这些经济活动后，会计恒等式是否保持平衡？请列出会计等式的每一步变化。

2.会计分录的编制。

（1）向银行借入 2 年期银行存款 100 万元；

（2）从银行取走现金 1 万元；

（3）向禾苏钢铁购入铁矿石200万元，货款未付；

（4）将应付禾苏钢铁的货款100万元转作投资款；

（5）用银行存款支付禾苏钢铁欠款50万元；

（6）将出售商品取得的收入300万元存入银行，同时结转已售产品成本200万元；

（7）用现金支付罚款1000元。

要求：编制每一笔经济业务的会计分录。

3. T形账户的登记方法。

题干：根据【练习题2】的内容。

要求：将【练习题2】的经济业务编写T形账户，并计算本期发生额和期末余额。已知各账户的期初余额如下：

期初余额：银行存款 30 000

库存商品 28 500

库存现金 1500

应付账款 20 000

短期借款 10 000

实收资本 30 000

4.三栏式试算平衡表的编制。

要求：根据【练习题3】计算出的本期发生额和期末余额编制三栏式试算平衡表。

第 3 章　企业日常经济业务核算（上）

学习目标：

（1）了解企业的筹资环节、采购环节、生产环节业务内容及其需要设置的相应账户。

（2）熟练掌握每一类账户的性质、用途和结构。

（3）掌握企业资金筹集环节经济业务的核算。

（4）掌握企业采购环节经济业务的核算。

（5）掌握企业生产环节经济业务的核算。

制造业企业是产品的生产单位，其完整的生产经营过程由供应过程、生产过程和销售过程构成。企业为了进行生产经营活动，生产适销对路的产品，必须拥有一定数量的经营资金，而这些经营资金都是从一定的渠道取得的。经营资金在生产经营过程中被具体运用时表现为不同的占用形态，一般可以分为货币资金、固定资金、储备资金、生产资金、成品资金等形态，而且随着生产经营过程不断进行，这些资金形态不断转化，形成经营资金的循环与周转。企业在经营过程中发生的主要经济业务内容包括：（1）资金筹集业务；（2）原料采购业务；（3）生产过程业务；（4）销售过程业务；（5）财务成果形成与分配业务。

3.1 筹资环节

3.1.1 企业类型

企业，是指依法设立的从事商品的生产、流通或服务等活动，自主经营、自负盈亏、承担风险、独立核算的经济组织，它是市场经济活动的主体。企业的组织形式按投资主体不同主要可分为三种：独资企业、合伙企业与公司制企业。

1.独资企业

独资企业又称为个体企业，它是由企业主个人出资兴办、由企业主自己直接经营、企业主对企业的债务承担无限责任的企业。独资企业结构简单，投资少，开办容易，企业所得利润归业主独享，生产经营的积极性高，决策灵活、迅速，能够适应消费者的各种分散的小量需求，业主对企业经营具有绝对的控制权。另外，独资企业受政府的管制少，无须向社会公布财务报表，易于保密，只需缴纳个人所得税而免缴公司所得税。

但是，独资企业也有明显的缺陷，主要表现在以下几个方面：

（1）独资企业的资本来源单一，规模一般较小，很难取得大量的资金，也难以承担大规模的经营项目。

（2）独资企业在法律上不具有法人资格，不能对外独立承担民事责任，其所有人对该企业的债务承担无限责任。当企业资产不足以偿还债务时，业主的个人资产将被迫索赔。

（3）独资企业的寿命往往较短，如发生创办人患重病、坐牢、死亡等意外情况，其生产经营往往就会终止。

基于上述原因，独资企业通常限于做小生意，但许多公司是以它作为起点的。

2.合伙企业

合伙企业，是指由两个或两个以上的自然人按照口头或书面协议共同出资经营、共同拥有的非法人组织。它同独资企业一样都是自然人企业。创办合伙企业可以通过非正式协议或者口头协议，确定合伙人之间的权利和义务关系。

合伙企业的优点与独资企业相类似，创立和营业成本很低，政府限制较少，税收较低，同时由于合伙人共同偿还债务，降低了风险，提高了其筹资能力。它的主要缺点是：

（1）合伙人对企业债务负无限责任。

（2）合伙企业是依据合伙人之间的合约或协议建立的，每当一个合伙人退出或死亡，或一个新的合伙人被接纳，都必须重新建立合伙企业，这就限制了它的发展能力；而且由于重大决策都需要得到所有合伙人的同意，容易造成决策延误。此外，合伙企业寿命也有限，转换所有权困难，难以得到大量投资。

3.公司制企业

公司是依照《公司法》组建并登记的以营利为目的的企业法人。公司的产权分属于股东，股东有权分享公司的盈利，一般对公司债务承担有限责任。股东一般不能退股，而只能转让其所持股份。公司的最高权力机关是股东大会。股东大会的例会一般每年举行一次。董事会作为股东大会的常设机构，代表股东大会行使经营管理权，并聘请总经理。总经理是公司的行政首脑，是股东大会和董事会决议的执行者。

同合伙企业相比，公司制企业的突出优点是股东一般只对企业债务承担有限责任，且只在其出资范围内对公司债务负责。公司的另一个优点是具有独立生命，除非破产或歇业，它的生命是永远延续的。公司一旦建立，其业务不会因股东死亡或股权转让而终止。同时，公司设立董事会和监事会，聘请总经理，可以实现专家管理，保证决策的及时性、连续性和科学性。

公司制企业的主要缺点有：

（1）公司的设立程序复杂，公司在成立条件、设立程序等方面有严格要求。

（2）由于所有权与经营权分离，公司的经营者往往不是公司的所有者，二者的目标并不一致，因此产生了委托人（出资者）和代理人（经营者）之间的委托-代理关系。

（3）作为法人，公司必须缴纳企业所得税，而股东也要为股利缴纳个人所得税，因此有双重税负。

公司制企业有以下两种基本形式：

（1）有限责任公司。有限责任公司，又称有限公司，是指根据《中华人民共和国公司登记管理条例》规定登记注册，由两个以上、五十个以下的股东共同出资，每个股东以其所认缴的出资额对公司承担有限责任，公司以其全部资产对其债务承担责任的经济组织。有限责任公司包括国有独资公司以及其他有限责任公司。

（2）股份有限公司。股份有限公司是指公司全部注册资本由等额股份构成并通过发行股票（或股权证）等方式筹集资本，公司以其全部资产对公司债务承担有限责任的企业法人。其主要特征是：公司的资本总额平分为金额相等的股份；股东以其所认购股份对公司承担有限责任，公司以其全部资产对公司债务承担责任；每一股份有一表决权，股东以其持有的股份享受权利，承担义务。

有限责任公司与股份有限公司的主要区别是：有限责任公司的股本不必分成等额股份，股东人数较少，不能公开募集股份，股东出资不能随意转让，不必公开财务状况；而股份有限公司的资本划分为等额股份，股东人数只有下限而无上限，可以通过公开发行股票方式筹集资本，股份可以自由转让，必须公开财务状况等。

3.1.2 股权筹资

1.实收资本业务的核算

（1）实收资本的含义

实收资本，是指企业的投资者按照企业章程或合同、协议的约定，实际投入企业的资本金以及按照有关规定由资本公积、盈余公积转为资本的资金。实收资本代表着一个企业的实力，是创办企业的“本钱”，也是一个企业维持正常的经营活动、以本求利、以本负亏最基本的条件和保障，是企业独立承担民事责任的资金保证。实收资本的额度、构成比例通常是确定每位所有者在企业所有者权益中所占的份额和参与企业财务经营决策的基础，也是企业进行利润分配或股利分配的依据，同时还是企业清算时确定所有者对净资产的要求权的依据。

需要注意的是，注册资本和实收资本是两个不同的概念。注册资本是公司的法定资本，应与股本总额相等；实收资本是指公司已收缴入账的股本，只有足额缴入后，实收资本才能等于注册资本。如果法律规定注册资本可以分次缴足，则注册资本在缴足前就不等于实收资本。

（2）实收资本的分类

所有者向企业投入资本，即形成企业的资本金。企业的资本金按照投资主体的不同可以分为：国家资本金——企业接受国家投资而形成的资本金；法人资本金——企业接受其他企业或单位的投资而形成的资本金；个人资本金——企业接受个人包括企业内部职工的投资而形成的资本金；外商资本金——企业接受外国及中国香港、澳门、台湾地区企业的投资而形成的资本金。企业的资本金按照投资者投入资本的不同物质形态又分为货币资金出资以及实物、知识产权、土地使用权等可以用货币估价并可以依法转让的非货币财产作价出资等。

（3）实收资本入账价值的确定

总体来说，投入资本是按照实际收到的投资额入账。对于收到的货币资金投资，应以实际收到的货币资金额入账；对于收到的实物等其他形式投资，应以投资各方确认的价值入账；对于实际收到的货币资金额或投资各方确认的资产价值超过其在注册资本中所占的份额的部分，应作为超面额缴入资本，计入资本公积。

为了反映实收资本的形成及其以后的变化情况，在会计核算上应设置“实收资本”账户。“实收资本”账户的性质是所有者权益类，用来核算所有者投入企业的资本金变化过程及其结果。其贷方登记所有者投入企业资本金的增加，其借方登记所有者投入企业资本金的减少，期末余额在贷方，表示所有者投入企业资本金的结余额。企业应按照投资者的不同设置明细账户，进行明细分类核算。

“实收资本”账户的结构如下：

实收资本

实收资本的减少额	实收资本的增加额
	期末余额：实收资本的实有额

下面举例说明实收资本的核算过程：

【例 3-1】茂业有限责任公司接受某单位的投资 2 000 000 元，款项通过银行划转。

这项经济业务的发生，一方面使得公司的银行存款增加 2 000 000 元，另一方面使得公司所有者对公司的投资增加 2 000 000 元。因此，该项经济业务涉及“银行存款”和“实收资本”两个账户。银行存款的增加是资产的增加，应记入“银行存款”账户的借方；所有者对公司投资的增加是所有者权益的增加，应记入“实收资本”账户的贷方。这项经济业务应编制的会计分录如下：

借：银行存款　　　　　　　　　　2 000 000

　　贷：实收资本　　　　　　　　　　2 000 000

【例3-2】茂业有限责任公司接受某投资方投入的一台全新设备，确定的价值为100 000元，设备投入使用（假设该设备不涉及增值税）。

这项经济业务的发生，一方面使得公司的设备增加 100 000 元，另一方面使得公司所有者对公司的投资增加 100 000 元。因此，该项业务涉及“固定资产”和“实收资本”两个账户。设备的增加属于资产的增加，应记入“固定资产”账户的借方；所有者对公司的投资增加是所有者权益的增加，应记入“实收资本”账户的贷方。编制的会计分录如下：

借：固定资产　　　　　　　　　　100 000

　　贷：实收资本　　　　　　　　　　100 000

【例3-3】茂业有限责任公司接受某单位以一块土地使用权作为投资，经投资双方共同确认价值为3 600 000元，已办完各种手续。

首先应明确，土地使用权属于无形资产。这项经济业务的发生，一方面使得公司的无形资产（土地使用权）增加 3 600 000 元，另一方面使得公司的所有者对公司的投资增加 3 600 000 元。因此，该项业务涉及“无形资产”和“实收资本”两个账户。土地使用权的增加属于资产的增加，应记入“无形资产”账户的借方；所有者对公司投资的增加是所有者权益的增加，应记入“实收资本”账户的贷方。这项经济业务应编制的会计分录如下：

借：无形资产　　　　　　　　　　3 600 000

　　贷：实收资本　　　　　　　　　　3 600 000

2.资本公积业务的核算

（1）资本公积的含义

资本公积是投资者或者他人投入企业、所有权归属投资者并且金额上超过法定资本部分的资本，是企业所有者权益的重要组成部分。资本公积从本质上讲属于投入资本的范畴，其形成的主要原因是由于我国采用注册资本制度，限于法律的规定而无法将资本公积直接以实收资本（或股本）的名义入账。所以，资本公积从其实质上看是一种准资本，它是资本的一种储备形式。但是，资本公积与实收资本（或股本）又有一定的区别，实收资本（或股本）是公司所有者（股东）为谋求价值增值而对公司的一种原始投入，从法律上讲属于公司的法定资本，而资本公积可以来源于投资者的额外投入，也可以来源于除投资者之外的其他企业或个人等的投入。可以说，实收资本无论是在来源上还是在金额上，都有着比较严格的限制，而不同来源形成的资本公积却归所有投资者共同享有。

（2）资本公积的来源

由于资本公积是所有者权益的重要组成部分，而且它通常会直接导致企业净资产的增加，因此，资本公积信息对于投资者、债权人等会计信息使用者作出正确的决策十分重要。企业的资本公积的主要来源是所有者投入资本中的超过法定资本份额的部分和直接计入资本公积的各种利得或损失等。

（3）资本公积的用途

公司在经营过程中出于种种考虑，诸如增加资本的流动性，改变公司所有者投入资本的结构，体现公司稳健、持续发展的潜力等，对于形成的资本公积可以按照规定的用途予以使用。资本公积的主要用途就在于转增资本，即在办理增资手续后用资本公积转增实收资本，按所有者原有投资比例增加投资者的实收资本。按照《公司法》的规定，资本公积金转增资本时，留存的资本公积金不得少于转增前公司注册资本的25%。

（4）资本公积的核算

公司的资本公积一般都有其特定的来源。不同来源形成的资本公积，其核算的方法不同。为了反映和监督资本公积的增减变动及其结余情况，会计上应设置“资本公积”账户，并设置“资本（或股本）溢价”“其他资本公积”等明细账户。“资本公积”属于所有者权益类账户，其贷方登记从不同渠道取得的资本公积即资本公积的增加数，借方登记用资本公积转增资本等资本公积的减少数，期末余额在贷方，表示资本公积的期末结余数。

“资本公积”账户的结构如下：

资本公积

资本公积的减少数（使用数）	资本公积的增加数
	期末余额：资本公积的结余数

下面举例说明资本公积的核算过程：

【例 3-4】茂业有限责任公司接受某投资者的投资 5 000 000 元，其中 4 000 000 元作为实收资本，另 1 000 000 元作为资本公积，公司收到该投资者的投资后存入银行，其他手续已办妥。

这是一项接受投资而又涉及超过法定份额资本的业务。其中属于法定份额部分应计入实收资本，超过部分作为资本公积。该项业务涉及“银行存款”“实收资本”和“资本公积”三个账户。银行存款的增加是资产的增加，应记入“银行存款”账户的借方；实收资本和资本公积的增加是所有者权益的增加，应分别记入“实收资本”“资本公积”账户的贷方。这项经济业务应编制的会计分录如下：

借：银行存款　　　　　　　　　　5 000 000
　　贷：实收资本　　　　　　　　　　4 000 000
　　　　资本公积——资本溢价　　　　1 000 000

【例 3-5】茂业有限责任公司经股东大会批准，将公司的资本公积 200 000 元转增资本。

这是一项所有者权益内部转化的业务。这项经济业务的发生，一方面使得公司的实收资本增加 200 000 元，另一方面使得公司的资本公积减少 200 000 元，因此，该项业务涉及“资本公积”和“实收资本”两个账户。资本公积的减少是所有者权益的减少，应记入“资本公积”账户的借方；实收资本的增加是所有者权益的增加，应记入“实收资本”账户的贷方。该项经济业务应编制的会计分录如下：

借：资本公积——资本溢价　　　　　200 000

　　贷：实收资本　　　　　　　　　　200 000

3.1.3 债务筹资

1.短期借款的含义

短期借款，是指企业为了满足其生产经营活动对资金的临时需要而向银行或其他金融机构等借入的偿还期限在 1 年以内（含 1 年）的各种借款。一般情况下，企业取得短期借款是为了维持正常的生产经营活动，或者是为了抵偿某项债务。企业取得各种短期借款时，根据企业的借款计划及确定的担保形式，经贷款单位审核批准并订立借款合同后方可取得借款。每笔借款在取得时可根据借款合同上的金额来确认和计量。

2.短期借款利息的确认与计量

短期借款必须按期归还本金并按时支付利息。短期借款的利息支出属于企业在理财活动过程中为筹集资金而发生的一项耗费。在会计核算中，企业应将其作为期间费用（财务费用）加以确认。由于短期借款利息的支付方式和支付时间不同，会计处理的方法也有一定的区别。如果银行对企业的短期借款按月计收利息，或者虽在借款到期收回本金时一并收回利息，但利息数额不大，企业可以在收到银行的计息通知或在实际支付利息时，直接将发生的利息费用计入当期损益（财务费用）；如果银行对企业的短期借款按季或半年等较长期间计收利息，或者是在借款到期收回本金时一并计收利息且利息数额较大，为了正确地计算各期损益额，保持各个期间损益额的均衡性，企业通常按权责发生制核算基础的要求，采取预提的方法按月预提借款利息，计入预提期间损益（财务费用），待季度或半年等结息期终了或到期支付利息时，再冲销应付利息这项负债。短期借款利息的计算公式为：

$$短期借款利息=借款本金\times利率\times时间$$

3.短期借款的会计处理

为了核算短期借款本金和利息，需要设置“短期借款”“财务费用”和“应付利息”等账户。

（1）“短期借款”账户。该账户的性质是负债类，用来核算企业向银行或其他金融机构借入的期限在 1 年以内（含 1 年）的各种借款（本金）的增减变动及其结余情况。该账户的贷方登记取得的短期借款，即短期借款本金的增加，借方登记短期借款的偿还，即短期借款本金的减少，期末余额在贷方，表示企业尚未偿还的短期借款的本金结余额。短期借款应按照债权人的不同设置明细账户，并按照借款种类进行明细分类核算。

"短期借款"账户的结构如下：

短期借款

短期借款的偿还（减少）	短期借款的取得（增加）
	期末余额：短期借款结余额

（2）"财务费用"账户。该账户的性质是损益类，用来核算企业为筹集生产经营所需资金等而发生的各种筹资费用，包括利息支出（减利息收入）、佣金、汇兑损失（减汇兑收益）以及相关的手续费、企业发生的现金折扣或收到的现金折扣等。财务费用账户的借方登记发生的财务费用，贷方登记发生的应冲减财务费用的利息收入、汇兑收益以及期末转入"本年利润"账户的财务费用净额（即财务费用支出大于收入的差额，如果收入大于支出则进行反方向的结转）。经过结转之后，该账户期末没有余额。"财务费用"账户应按照费用项目设置明细账户，进行明细分类核算。这里需要指出的是，为购建固定资产而筹集长期资金所发生的诸如借款利息支出等费用，在固定资产尚未完工交付使用之前发生的，应对其予以资本化，计入有关固定资产的购建成本，不在该账户核算；在固定资产建造工程完工投入使用之后发生的利息支出，则应计入当期损益，记入该账户。

"财务费用"账户的结构如下：

财务费用

发生的费用	利息收入、汇兑收益等
利息支出、手续费、汇兑损失等	期末转入"本年利润"账户的财务费用额

（3）“应付利息”账户。该账户的性质属于负债类，用来核算企业已经发生但尚未实际支付的利息费用。其贷方登记预先按照一定的标准提取的应由本期负担的利息费用，借方登记实际支付的利息费用。期末余额在贷方，表示已经预提但尚未支付的利息费用。该账户应按照费用种类设置明细账户，进行明细分类核算。

“应付利息”账户的结构如下：

应付利息

以后实际支付的利息费用	预先提取计入损益的利息费用
	期末余额：已预提未支付的利息费用

企业取得短期借款时，借记“银行存款”账户，贷记“短期借款”账户；期末计算借款利息时，借记“财务费用”账户，贷记“银行存款”或“应付利息”账户；偿还借款本金、支付利息时，借记“短期借款”“应付利息”账户，贷记“银行存款”账户。

下面举例说明短期借款的借入、计息和归还的核算过程：

【例3-6】茂业有限责任公司因生产经营的临时性需要，于2018年4月15日向银行申请取得期限为6个月的借款1 000 000元，存入银行。

这项经济业务的发生，一方面使得公司的银行存款增加1 000 000元，另一方面使得公司的短期借款增加1 000 000元，因此，这项经济业务涉及“银行存款”和“短期借款”两个账户。银行存款的增加是资产的增加，应记入“银行存款”账户的借方；短期借款的增加是负债的增加，应记入“短期借款”账户的贷方。这项经济业务应编制的会计分录如下：

借：银行存款　　　　　　　　1 000 000

　　贷：短期借款　　　　　　　　1 000 000

【例3-7】承例3-6，假如上述茂业有限责任公司取得的借款年利率为6%，利息按季度结算，经计算其4月份应负担的利息为2500元。

这项经济业务的发生，首先应按照权责发生制核算基础的要求，计算本月应负担的利息额，本月应负担的借款利息为 2500 元（1 000 000×6%÷360×15）。借款利息属于企业的一项财务费用，由于利息是按季度结算的，所以本月的利息虽然在本月计算并由本月来负担，但却不在本月实际支付，因而一方面形成企业本月的一项费用（财务费用），另一方面形成企业的一项负债，这项负债属于企业的应付利息。因此，这项经济业务涉及“财务费用”和“应付利息”两个账户。财务费用的增加属于费用的增加，应记入“财务费用”账户的借方；应付利息的增加属于负债的增加，应记入“应付利息”账户的贷方。这项经济业务应编制的会计分录如下：

借：财务费用　　　　　　　　　　　　2500
　　贷：应付利息　　　　　　　　　　　　2500

【例 3-8】承例 3-7，茂业有限责任公司在 6 月末用银行存款 12 500 元支付本季度的银行借款利息（5、6 月份的利息计算和处理方法基本同于 4 月份，只是时间为 1 个月，故这里略）。

该项经济业务实际上是偿还银行借款利息这项负债的业务。该项业务的发生，一方面使得公司的银行存款减少 12 500 元，另一方面使得公司的应付利息减少 12 500 元，因此，这项经济业务涉及“银行存款”和“应付利息”两个账户。银行存款的减少是资产的减少，应记入“银行存款”账户的贷方；应付利息的减少是负债的减少，应记入“应付利息”账户的借方。这项经济业务应编制的会计分录如下：

借：应付利息　　　　　　　　　　　　12 500
　　贷：银行存款　　　　　　　　　　　　12 500

【例 3-9】茂业有限责任公司在 10 月 16 日用银行存款 1 000 000 元偿还到期的银行临时借款本金（假如利息另外处理）。

这项经济业务的发生，一方面使得公司的银行存款减少 1 000 000 元，另一方面又使得公司的短期借款减少 1 000 000 元，因此，这项经济业务涉及“银行存款”和“短期借款”两个账户。银行存款的减少是资产的减少，应记入“银行存款”账户的贷方；短期借款的减少是负债的减少，应记入“短期借款”账户的借方。这项经济业务应编制的会计分录如下：

借：短期借款　　　　　　　　　　1 000 000

　　贷：银行存款　　　　　　　　　　1 000 000

3.2 采购环节

3.2.1 原材料

企业储存备用的材料，通常都是向外单位采购而得的。在材料采购过程中，一方面是企业从供应单位购进各种材料，计算购进材料的采购成本，另一方面企业要按照经济合同和约定的结算办法支付材料的买价和各种采购费用，并与供应单位发生货款结算关系。在材料采购业务的核算过程中，还涉及增值税进项税额的计算与处理的问题。

按照《企业会计准则第 1 号——存货》中的规定，存货应当按照成本进行初始计量，存货的成本包括采购成本、加工成本和其他成本。其中，存货的采购成本是指在采购过程中所发生的支出，包括购买价款、相关税费、运输费、装卸费、保险费以及其他可归属于存货采购成本的费用。对于企业原材料的核算，其中一个非常重要的问题就是原材料成本的确定，包括取得原材料成本的确定和发出原材料成本的确定。不同方式取得的原材料，其成本确定的方法不同，成本构成的内容也不同。其中购入的原材料，其实际采购成本由以下几项内容组成：（1）购买价款，是指购货发票所注明的货款金额；（2）采购过程中发生的运杂费（包括运输费、包装费、装卸费、保险费、仓储费等，不包括按规定根据一定比例计算的可抵扣的增值税税额）；（3）材料在运输途中发生的合理损耗；（4）材料入库之前发生的整理挑选费用（包括整理挑选中发生的人工费支出和必要的损耗，并减去回收的下脚废料价值）；（5）按规定应计入材料采购成本中的各种税金，如为国外进口材料支付的关税、购买材料发生的消费税以及不能从增值税销项税额中抵扣的进项税额等；（6）其他费用，如大宗物资的市内运杂费等（但这里需要注意的是，市内零星运杂费、采购人员的差旅费以及采购机构的经费等不构成材料的采购成本，而应计入期间费用）。以上第（1）项应当直接计入所购材料的采购成本，第（2）、（3）、（4）、（5）、（6）项，凡能分清是某种材料直接负担的，可以直接计入材料的采购成本，不能分清的，应按一定标准分配计入，材料采购成本。

对于材料采购过程中发生的物资毁损、短缺等，合理损耗部分应当作为材料采购费用计入材料的采购成本，其他损耗不得计入材料采购成本，如从供应单位、外部运输机构等收回的物资短缺、毁损赔款，则应冲减材料采购成本。

1.原材料按实际成本计价的核算

企业可以按照实际成本计价方法组织原材料的收、发核算。原材料按照实际成本计价方法进行日常的收、发核算，其特点是从材料的收、发凭证到材料明细分类账和总分类账的记录全部按实际成本计价。

购入材料的实际采购成本=实际买价+采购费用

原材料按实际成本计价，组织收、发核算时应设置以下几个账户：

（1）“在途物资”账户。该账户的性质属于资产类，用来核算企业采用实际成本进行材料物资日常核算时外购材料的买价和各种采购费用，据以计算、确定购入材料的实际采购成本。其借方登记购入材料的买价和采购费用（实际采购成本），贷方登记结转完成采购过程、验收入库材料的实际采购成本，期末余额在借方，表示尚未运达企业或者已经运达企业但尚未验收入库的在途材料的成本。“在途物资”账户应按照供应单位和购入材料的品种或种类设置明细账户，进行明细分类核算。

“在途物资”账户的结构如下：

在途物资

购入材料： 买价 采购费用	结转验收入库材料的实际采购成本
期末余额：在途材料成本	

对于“在途物资”账户，在具体使用时，要注意以下两个问题：

其一，企业对于购入的材料，不论是否已经付款，一般都应该先记入该账户，在材料验收入库结转成本时，再将其成本转入“原材料”账户。

其二，购入材料过程中发生的除买价之外的采购费用，如果能够分清是某种材料直接负担的，可直接计入该材料的采购成本，否则就应进行分配。分配时，首先根据材料的特点确定分配的标准，一般来说可以选择的分配标准有材料的重量、体积、买价等，然后计算材料采购费用分配率，最后计算各种材料的采购费用负担额，即

材料采购费用分配率=共同性采购费用额÷分配标准的合计数

某材料应负担的采购费用额=该材料的分配标准×材料采购费用分配率

（2）“原材料”账户。该账户的性质属于资产类，用来核算企业库存材料实际成本的增减变动及其结存情况。其借方登记已验收入库材料实际成本的增加，贷方登记发出材料的实际成本（即库存材料实际成本的减少），期末余额在借方，表示库存材料实际成本的期末结余额。“原材料”账户应按照材料的保管地点、材料的种类或类别设置明细账户，进行明细分类核算。

“原材料”账户的结构如下：

原材料

验收入库材料实际成本的增加	库存材料实际成本的减少
期末余额：库存材料实际成本	

（3）“应付账款”账户。该账户的性质属于负债类，用来核算企业因购买原材料、商品和接受劳务供应等经营活动应支付的款项。其贷方登记应付供应单位款项（买价、税金和代垫运杂费等）的增加，借方登记应付供应单位款项的减少（即偿还）。期末余额一般在贷方，表示尚未偿还的应付款的结余额。该账户应按照供应单位的名称设置明细账户，进行明细分类核算。

“应付账款”账户的结构如下：

应付账款

应付供应单位款项的减少	应付供应单位款项的增加
	期末余额：尚未偿还的应付款

（4）“预付账款”账户。该账户的性质属于资产类，用来核算企业按照合同规定向供应单位预付购料款而与供应单位发生的结算债权的增减变动及其结余情况（企业进行在建工程预付的工程价款，也在该账户核算）。其借方登记结算债权的增加，即预付款的增加，贷方登记收到供应单位提供的材料物资而应冲销的预付款债权，即预付款的减少。期末余额一般在借方，表示尚未结算的预付款的结余额，如果该账户期末余额出现在贷方，则表示企业尚未补付的款项。该账户应按照供应单位的名称设置明细账户，进行明细分类核算。

“预付账款”账户的结构如下：

预付账款

预付供应单位款项的增加	冲销预付供应单位的款项
期末余额：尚未结算的预付款	

如果企业预付款项的情况不多时，也可以不设置本科目，将预付的款项直接记入“应付账款”账户。

（5）“应付票据”账户。该账户的性质属于负债类，用来核算企业采用商业汇票结算方式购买材料物资等而开出、承兑商业汇票的增减变动及其结余情况。其贷方登记企业开出、承兑商业汇票的增加，借方登记到期商业汇票的减少。期末余额在贷方，表示尚未到期的商业汇票的期末结余额。该账户应按照债权人设置明细账户，进行明细分类核算，同时设置“应付票据备查簿”，详细登记商业汇票的种类、号数、出票日期、到期日、票面金额、交易合同号和收款人姓名或收款单位名称以及付款日期和金额等资料。应付票据到期结清时，在备查簿中注销。

“应付票据”账户的结构如下：

应付票据

到期应付票据的减少（不论是否已经付款）	开出、承兑商业汇票的增加
	期末余额：尚未到期商业汇票的结余额

（6）“应交税费”账户。该账户的性质属于负债类，用来核算企业按税法规定应缴纳的各种税费（印花税除外）的计算与实际的缴纳情况。其贷方登记计算出的各种应交而未交税费的增加，包括计算出的增值税、消费税、城市维护建设税、所得税、资源税、房产税、城镇土地使用税、车船税、教育费附加等；借方登记实际缴纳的各种税费，包括支付的增值税进项税额等。期末余额方向不固定，如果在贷方，表示未交税费的结余额；如果在借方，表示多交的税费。“应交税费”账户应按照税费品种设置明细账户，进行明细分类核算。

在材料采购业务中设置“应交税费”账户主要是为了核算增值税。增值税是对在中华人民共和国境内销售货物或者提供加工、修理修配劳务以及进口货物的单位和个人，就其取得的货物或应税劳务销售额计算税款，并实行税款抵扣制的一种流转税。由于增值税是对商品生产或流通各个环节的新增价值或商品附加值进行征税，所以称之为增值税，是一种价外税。当期应纳税额=当期销项税额-当期进项税额。其中销项税额是指纳税人销售货物或提供应税劳务，按照销售额和规定的税率计算并向购买方收取的增值税税额，销项税额=销售货物或提供应税劳务价款×增值税税率。进项税额是指纳税人购进货物或接受应税劳务所支付或负担的增值税税额，进项税额=购进货物或接受应税劳务价款×增值税税率。增值税的进项税额与销项税额是相对应的，销售方的销项税额就是购买方的进项税额。

“应交税费”账户的结构如下：

应交税费

实际缴纳的各种税费（包括增值税进项税额）	计算出的应交而未交的税费（包括增值税销项税额）
期末余额：多交的税费	期末余额：未交的税费

下面举例说明原材料按实际成本计价业务的总分类核算：

【例 3-10】茂业有限责任公司从友谊公司购入下列材料：甲材料 5000 千克，单价 24 元；乙材料 2000 千克，单价 19 元；增值税税率 13%，全部款项用银行存款付清。

对于这项经济业务，首先要计算购入材料的买价和增值税进项税额。甲材料的买价为 120 000 元（24×5000），乙材料的买价为 38 000 元（19×2000），甲、乙两种材料的买价共计为 158 000 元，增值税进项税额为 20 540 元（158 000×13%）。这项经济业务的发生，一方面使得公司购入甲材料的买价增加 120 000 元，乙材料的买价增加 38 000 元，增值税进项税额增加 20 540 元，另一方面使得公司的银行存款减少 178 540 元（120 000+38 000+20 540），因此，该项经济业务涉及“在途物资”“应交税费——应交增值税”“银行存款”三个账户。材料买价的增加是资产的增加，应记入“在途物资”账户的借方；增值税进项税额的增加是负债的减少，应记入“应交税费——应交增值税”明细账户的借方；银行存款的减少是资产的减少，应记入“银行存款”账户的贷方。这项经济业务应编制的会计分录如下：

借：在途物资——甲材料	120 000	
——乙材料	38 000	
应交税费——应交增值税（进项税额）	20 540	
贷：银行存款		178 540

【例 3-11】茂业有限责任公司用银行存款 7000 元支付上述购入甲、乙材料的外地运杂费，按照材料的重量比例进行分配。

首先需要对甲、乙材料应共同负担的 7000 元外地运杂费进行分配：

分配率=7000÷（5000+2000）=1（元/千克）

甲材料负担的采购费用=5000×1=5000（元）

乙材料负担的采购费用=2000×1=2000（元）

这项经济业务的发生，一方面使得公司的材料采购成本增加 7000 元，其中甲材料采购成本增加 5000 元，乙材料采购成本增加 2000 元，另一方面使得公司的银行存款减少 7000 元，因此，该项经济业务涉及“在途物资”和“银行存款”两个账户。材料采购成本的增加是资产的增加，应记入“在途物资”账户的借方；银行存款的减少是资产的减少，应记入“银行存款”账户的贷方。这项经济业务应编制的会计分录如下：

借：在途物资——甲材料　　　　5000
　　　　　　——乙材料　　　　2000
　　贷：银行存款　　　　　　　　　7000

【例 3-12】茂业有限责任公司从红星公司购进丙材料 7200 千克，发票注明价款 216 000 元，增值税进项税额 28 080 元（216 000×13%），红星公司代茂业有限责任公司垫付材料的运杂费 4000 元。账单、发票已到，但材料价款、税金及运杂费尚未支付。

这项经济业务的发生，一方面使得公司的材料采购成本增加 220 000 元，其中材料买价 216 000 元、运杂费 4000 元，增值税进项税额增加 28 080 元，另一方面使得公司应付供应单位款项增加 248 080 元（220 000+28 080），因此，该项经济业务涉及“在途物资”“应交税费——应交增值税”和“应付账款”三个账户。材料采购成本的增加是资产的增加，应记入“在途物资”账户的借方；增值税进项税额的增加是负债的减少，应记入“应交税费——应交增值税”账户的借方；应付账款的增加是负债的增加，应记入“应付账款”账户的贷方。这项经济业务应编制的会计分录如下：

借：在途物资——丙材料　　　　　　　　220 000
　　应交税费——应交增值税（进项税额）　28 080
　　贷：应付账款——红星公司　　　　　　　248 080

【例 3-13】茂业有限责任公司按照合同规定用银行存款预付给胜利公司订货款 180 000 元。

这项经济业务的发生，一方面使得公司预付的订货款增加 180 000 元，另一方面使得公司的银行存款减少 180 000 元，因此，该项经济业务涉及“预付账款”和“银行存款”两个账户。预付订货款的增加是资产（债权）的增加，应记入“预付账款”账户的借方；银行存款的减少是资产的减少，应记入“银行存款”账户的贷方。这项经济业务应编制的会计分录如下：

借：预付账款——胜利公司	180 000	
贷：银行存款		180 000

【例 3-14】茂业有限责任公司收到胜利公司发运来的前已预付货款的丙材料，随货物附来的发票注明该批丙材料的价款为 420 000 元，增值税进项税额为 54 600 元，除冲销原预付款 180 000 元外，不足款项立即用银行存款支付。另发生运杂费 5000 元，用现金支付。

这项经济业务的发生，一方面使得公司的材料采购支出（丙材料的买价和采购费用）增加共计 425 000 元（420 000+5000），增值税进项税额增加 54 600 元，另一方面使得公司的预付款减少 180 000 元，银行存款减少 294 600 元（420 000+54 600−180 000），库存现金减少 5000 元，因此，该项经济业务涉及“在途物资”“应交税费——应交增值税”“预付账款”“银行存款”和“库存现金”五个账户。材料采购支出的增加是资产的增加，应记入“在途物资”账户的借方；增值税进项税额的增加是负债的减少，应记入“应交税费——应交增值税”账户的借方；预付款的减少是资产的减少，应记入“预付账款”账户的贷方；银行存款的减少是资产的减少，应记入“银行存款”账户的贷方；现金的减少是资产的减少，应记入“库存现金”账户的贷方。这项经济业务应编制的会计分录如下：

借：在途物资——丙材料	425 000	
应交税费——应交增值税（进项税额）	54 600	
贷：预付账款——胜利公司		180 000
银行存款		294 600
库存现金		5000

应该注意，这项经济业务所编制的会计分录是多借多贷的会计分录，要结合经济业务内容理解所涉及的各个账户之间的对应关系。

【例 3-15】茂业有限责任公司签发并承兑一张商业汇票购入丁材料，该批材料的含税总价款 404 540 元，增值税税率 13%。

这笔业务中出现的是含税总价款 404 540 元，应将其分解为不含税价款和税额两部分：

不含税价款=含税价款÷（1+税率）=404 540÷（1+13%）=358 000（元）

增值税税额=404 540−358 000=46 540（元）

这项经济业务的发生，一方面使得公司的材料采购支出增加 358 000 元，增值税进项税额增加 46 540 元，另一方面使得公司的应付票据增加 404 540 元，因此，该项经济业务涉及“在途物资”“应交税费——应交增值税”“应付票据”三个账户。材料采购支出的增加是资产的增加，应记入“在途物资”账户的借方；增值税进项税额的增加是负债的减少，应记入“应交税费——应交增值税”账户的借方；应付票据的增加是负债的增加，应记入“应付票据”账户的贷方。这项经济业务应编制的会计分录如下：

借：在途物资——丁材料	358 000	
应交税费——应交增值税（进项税额）	46 540	
贷：应付票据		404 540

【例 3-16】承例 3-12，茂业有限责任公司签发并承兑一张商业汇票，用以抵付本月从红星公司购入丙材料的价税款和代垫的运杂费。

本月从红星公司购入的丙材料的价款为 216 000 元，增值税进项税额为 28 080 元，代垫运杂费为 4000 元，合计为 248 080 元。这项经济业务的发生，一方面使得公司的应付账款减少 248 080 元，另一方面使得公司的应付票据增加 248 080 元。因此，该项经济业务涉及“应付账款”和“应付票据”两个账户。应付账款的减少是负债的减少，应记入“应付账款”账户的借方；应付票据的增加是负债的增加，应记入“应付票据”账户的贷方。这项经济业务应编制的会计分录如下：

借：应付账款——红星公司　　248 080

　　贷：应付票据　　248 080

【例 3-17】本月购入的甲、乙、丙、丁材料已经验收入库，结转各种材料的实际采购成本。首先计算本月购入的各种材料的实际采购成本：

甲材料实际采购成本=120 000+5000=125 000（元）

乙材料实际采购成本=38 000+2000=40 000（元）

丙材料实际采购成本=216 000+4000+420 000+5000=645 000（元）

丁材料实际采购成本=358 000 元

这项经济业务的发生，一方面使得公司已验收入库材料的实际采购成本增加 1 168 000 元，另一方面使得公司的材料采购支出结转 1 168 000 元，因此，该项经济业务涉及“原材料”和“在途物资”两个账户。库存材料实际成本的增加是资产的增加，应记“原材料”账户的借方；材料采购支出的结转是资产的减少，应记入“在途物资”账户的贷方。这项经济业务应编制的会计分录如下：

借：原材料——甲材料　　125 000

　　　　　——乙材料　　40 000

　　　　　——丙材料　　645 000

　　　　　——丁材料　　358 000

　　贷：在途物资——甲材料　　125 000

　　　　　　　　——乙材料　　40 000

　　　　　　　　——丙材料　　645 000

　　　　　　　　——丁材料　　358 000

2.原材料按计划成本计价的核算

材料按照实际成本进行计价核算，能够比较全面、完整地反映材料资金的实际占用情况，可以准确地计算出所生产产品的成本中的材料费用额。但是，在企业材料的种类比较多、收发次数又比较频繁的情况下，其核算的工作量就比较大，而且也不便于考核材料采购业务成果，分析材料采购计划的完成情况。一些企业采取按照计划成本计价组织收、发核算材料。按计划成本计价进行核算，就是材料的收、发凭证按计划成本计价，材料总账及明细账均按计划成本登记，通过增设“材料成本差异”账户来核算材料实际成本与计划成本之间的差异额，并在会计期末对计划成本进行调整，以确定库存材料的实际成本和发出材料应负担的差异额，进而确定发出材料的实际成本。

具体地说，材料按计划成本组织收、发核算的基本程序如下：

首先，企业应结合各种原材料的特点、实际采购成本等资料，确定原材料的计划单位成本，计划单位成本一经确定，在年度内一般不进行调整。

其次，平时购入或通过其他方式取得的原材料，按其计划成本和计划成本与实际成本之间的差异额分别在有关账户中进行分类登记。

最后，平时发出的材料按计划成本核算，月末再将本月发出材料应负担的差异额进行分摊，随同本月发出材料的计划成本记入有关账户。其目的就在于将不同用途消耗的原材料的计划成本调整为实际成本。

发出材料应负担的差异额必须按月分摊，不得在季末或年末一次分摊。另外，企业会计准则规定，对于发出材料应负担的成本差异，除委托外部加工物资而发出的材料可按上月（即月初）差异率计算外，其余都应使用当月的差异率，除非当月差异率与上月差异率相差不大。计算方法一经确定，不得随意变更。

原材料按计划成本组织收、发核算时，应设置以下几个账户：

（1）“原材料”账户。原材料按计划成本核算所设置的“原材料”账户与按实际成本核算设置的“原材料”账户基本相同，只是将其实际成本改为计划成本，即“原材料”账户的借方、贷方和期末余额均表示材料的计划成本。

（2）“材料采购”账户。该账户的性质是资产类，用来核算企业购入材料的实际成本和结转入库材料的计划成本，并据以计算、确定购入材料的成本差异额。其借方登记购入材料的实际成本和结转入库材料实际成本小于计划成本的节约差异，贷方登记入库材料的计划成本和结转入库材料的实际成本大于计划成本的超支差异。期末余额在借方，表示在途材料的实际采购成本。该账户应按照供应单位和材料的种类设置明细账户，进行明细分类核算。

“材料采购”账户的结构如下：

材料采购	
购入材料的实际采购成本 结转入库材料的节约差异额	结转入库材料的计划成本 结转入库材料的超支差异额
期末余额：在途材料的实际采购成本	

（3）“材料成本差异”账户。该账户的性质是资产类（比较特殊，注意理解），用来核算企业库存材料实际成本与计划成本之间的超支或节约差异额的增减变动及其结余情况。其借方登记结转入库材料的超支差异额和结转发出材料应负担的节约差异额（实际成本小于计划成本的差异），贷方登记结转入库材料的节约差异额和发出材料应负担的超支差异额（实际成本大于计划成本的差异额）。期末余额如果在借方，表示库存材料实际成本大于计划成本的超支差异额；如果在贷方，表示库存材料实际成本小于计划成本的节约差异额。

“材料成本差异”账户的结构如下：

材料成本差异	
结转入库材料的超支差异额 结转发出材料应负担的节约差异额	结转入库材料的节约差异额 结转发出材料负担的超支差异额
期末余额：库存材料的超支差异额	期末余额：库存材料的节约差异额

材料按计划成本计价核算，除上述三个账户外，其他的账户与材料按实际成本计价核算，所涉及的相关账户相同。

下面举例说明原材料按计划成本计价的总分类核算：

【例 3-18】茂业有限责任公司用银行存款购入甲材料 3000 千克，发票注明其价款 120 000 元，增值税进项税额 15 600 元。另用现金 3000 元支付该批甲材料的运杂费。

这项经济业务的发生，一方面使得公司的材料采购支出增加 123 000 元，其中买价 120 000 元、采购费用 3000 元，增值税进项税额增加 15 600 元，另一方面使得公司的银行存款减少 135 600 元，现金减少 3000 元，因此，该项经济业务涉及“材料采购”“应交税费——应交增值税”“银行存款”“库存现金”四个账户。材料采购支出的增加是资产的增加，应记入“材料采购”账户的借方；增值税进项税额的增加是负债的减少，应记入“应交税费——应交增值税”账户的借方；银行存款的减少是资产的减少，应记入“银行存款”账户的贷方；现金的减少是资产的减少，应记入“库存现金”账户的贷方。这项经济业务应编制的会计分录如下：

借：材料采购——甲材料	123 000	
应交税费——应交增值税（进项税额）	15 600	
贷：银行存款		135 600
库存现金		3000

【例 3-19】承例 3-18，上述甲材料验收入库，其计划成本为 120 000 元，结转该批甲材料的计划成本和差异额。

由于该批甲材料的实际成本为 123 000 元，计划成本为 120 000 元，因而可以确定甲材料成本的超支差异额为 3000 元（123 000−120 000）。结转验收入库材料的计划成本时，使得公司的材料采购支出（计划成本）减少 120 000 元，库存材料计划成本增加 120 000 元；结转入库材料成本超支差异额，使得库存材料成本超支差异额增加 3000 元，材料采购支出减少 3000 元，因此，该项经济业务涉及“原材料”“材料采购”和“材料成本差异”三个账户。库存材料成本的增加是资产的增加，应记入“原材料”账户的借方；材料采购成本的结转是资产的减少，应记入“材料采购”账户的贷方。这项经济业务应编制的会计分录如下：

（1）借：原材料——甲材料	120 000	
贷：材料采购——甲材料		120 000
（2）借：材料成本差异	3000	
贷：材料采购——甲材料		3000

假如本例中甲材料的计划成本为125 000元，则可以确定甲材料成本的节约差异额为2000元（125 000−123 000），其会计分录为：

借：原材料——甲材料　　125 000

　　贷：材料采购——甲材料　　125 000

借：材料采购——甲材料　　2000

　　贷：材料成本差异　　2000

或者将上述两笔分录合并为：

借：原材料——甲材料　　125 000

　　贷：材料采购——甲材料　　123 000

　　　　材料成本差异　　2000

【例3-20】茂业有限责任公司本月生产产品领用甲材料计划成本总额为150 000元（领用材料的会计分录略）。月末计算确定发出甲材料应负担的差异额，并予以结转。假设期初库存甲材料计划成本为300 000元，成本差异额为超支差异5400元。

为了计算产品的实际生产成本，在会计期末需要将计划成本调整为实际成本，其方法是运用差异率对计划成本进行调整，以求得实际成本。材料成本差异率的计算方法有两种，即

$$月初材料成本差异率=\frac{月初库存材料成本差异额}{月初库存材料的计划成本}\times 100\%$$

$$本月材料成本差异率=\frac{月初库存材料差异额+本月购入材料差异额}{月初库存材料计划成本+本月入库材料计划成本}\times 100\%$$

发出材料应负担的差异额=本月材料成本差异率×发出材料的计划成本

根据本例资料，采用本月差异率，计算如下：

$$本月材料成本差异率=\frac{5400+3000}{300\,000+120\,000}\times 100\%=2\%$$

发出材料应负担的差异额=150 000×2%=3000（元）

结转发出材料应负担的差异额时，一方面应记入“生产成本”等账户的借

方（超支用蓝字，节约用红字），另一方面应记入“材料成本差异”账户的贷方（超支用蓝字，节约用红字）。本例编制的会计分录如下：

借：生产成本　　3000

　　贷：材料成本差异　　3000

3.2.2 固定资产

1.固定资产的含义

固定资产是企业经营过程中使用的长期资产，包括房屋建筑物、机器设备、运输车辆以及工具、器具等。我国的《企业会计准则第 4 号——固定资产》中对固定资产的定义是，固定资产是指同时具有下列两个特征的有形资产：（1）为生产商品、提供劳务、出租或经营管理而持有；（2）使用寿命超过一个会计年度。从固定资产的定义可以看出，固定资产具有以下三个特征：第一，固定资产是为生产商品、提供劳务、出租或经营管理而持有；第二，固定资产的使用寿命超过一个会计年度；第三，固定资产为有形资产。

固定资产是企业资产中比较重要的一部分内容，从一定程度上说，它代表着企业的生产能力和生产规模。固定资产是企业的劳动资料，从其经济用途来看，固定资产是用于生产经营活动的而不是为了出售，这一特征是区别固定资产与商品、产品等流动资产的重要标志。由于固定资产要长期地参加企业的生产经营活动，因而其价值周转与其实物补偿并不同步，固定资产的这一特点显然也不同于流动资产。固定资产的价值一部分随其磨损，脱离其实物形态，而另一部分仍束缚在使用价值形态上这一特点，使得固定资产的计价可以按取得时的实际成本和经磨损之后的净值同时表现。

2.企业取得固定资产时入账价值的确定

《企业会计准则第 4 号——固定资产》规定，固定资产应当按照成本进行初始计量。固定资产取得时的实际成本，是指企业购建固定资产达到预定可使用状态前所发生的一切合理的、必要的支出，它反映的是固定资产处于预定可使用状态时的实际成本。对于建造的固定资产已达到预定可使用状态，但尚未办理竣工决算的，会计准则规定应自达到预定可使用状态之日起，根据工程决算、造价或工程实际成本等相关资料，按估计的价值转入固定资产，并计提折旧。这就意味着是否达到“预定可使用状态”是衡量可否作为固定资产进行核算和管理的标志，而不再拘泥于“竣工决算”这个标准，这也是实质重于形式原则的一个具体应用。一般来说，构成固定资产取得时实际成本的具体内容包括买价、运输费、保险费、包装费、安装成本等。

由于企业可以从各种渠道取得固定资产，不同的渠道形成的固定资产，其价值构成的具体内容可能不同，因而固定资产取得时的入账价值应根据具体情况和涉及的具体内容分别确定。其中，外购固定资产的成本，包括购买价款、进口关税和其他税费（购买机器设备涉及的增值税应作为进项税额记入“应交税费”账户），使固定资产达到预定可使用状态前所发生的可归属于该项资产的场地整理费、运输费、装卸费、安装费和专业人员服务费等（以一笔款项购入多项没有单独标价的固定资产，应当按照各项固定资产公允价值比例对总成本进行分配，分别确定各项固定资产的成本）。购买固定资产的价款超过正常信用条件而延期支付，实质上具有融资性质的，固定资产的成本以购买价款的现值为基础确定，实际支付的价款与购买价款之间的差额除应资本化的以外，应当在信用期间内计入当期损益。自行建造完成的固定资产，按照建造该项固定资产达到预定可使用状态前所发生的一切合理的、必要的支出作为其入账价值。至于其他途径诸如接受投资取得固定资产、接受抵债取得固定资产等的入账价值的确定不在本章的介绍范围内。

3.固定资产的核算

为了核算企业购买和自行建造完成的固定资产价值变动过程及其结果，需要设置以下账户：

（1）“固定资产”账户。该账户的性质属于资产类，用来核算企业拥有或控制的固定资产原价的增减变动及其结余情况。该账户的借方登记固定资产原价的增加，贷方登记固定资产原价的减少，期末余额在借方，表示固定资产原价的结余额。该账户应按照固定资产的种类设置明细账户，进行明细分类核算。在使用该账户时，必须注意只有固定资产达到预定可使用状态时，其原价已经形成，才可以记入“固定资产”账户。

“固定资产”账户的结构如下：

固定资产

固定资产取得成本的增加	固定资产取得成本的减少
期末余额：原价的结余	

（2）“在建工程”账户。该账户的性质属于资产类，用来核算企业为进行固定资产基建、安装、技术改造以及大修理等工程而发生的全部支出（包括安装设备的支出），并据以计算确定该工程成本的账户。该账户的借方登记工程支出的增加，贷方登记结转完工工程的成本。期末余额在借方，表示未完工工程的成本。“在建工程”账户应按工程内容，如建筑工程、安装工程、在安装设备、待摊支出以及单项工程等设置明细账户，进行明细核算。

“在建工程”账户的结构如下：

在建工程

工程发生的全部支出	结转完工工程成本
期末余额：未完工工程成本	

企业购置的固定资产，对于其中需要安装的部分，在交付使用之前，也就是达到预定可使用状态之前，由于没有形成完整的取得成本（原始价值），因而必须通过“在建工程”账户进行核算。在购建过程中所发生的全部支出，都应归集在“在建工程”账户，待工程达到预定可使用状态形成固定资产之后，方可将该工程成本从“在建工程”账户转入“固定资产”账户。

企业购买的固定资产，有的购买完成之后当即可以投入使用，也就是当即达到预定可使用状态，因而可以立即形成固定资产；而有的固定资产，在购买之后，还需要经过安装过程，安装之后方可投入使用。这两种情况在核算上是有区别的，所以在对固定资产进行核算时，一般将其区分为不需要安装的固定资产和需要安装的固定资产分别进行处理。

以下分别举例说明企业购买的不需要安装和需要安装的固定资产的核算内容：

【例3-21】茂业有限责任公司购入一台不需要安装的生产用设备，该设备的买价为125 000元，增值税为16 250元，包装运杂费等2000元，全部款项使用银行存款支付，设备当即投入使用。

这是一台不需要安装的设备，购买完成之后就意味着达到了预定可使用状态，在购买过程中发生的货款和包装运杂费支出，即 127 000 元（125 000+2000）形成固定资产的取得成本，增值税应作为进项税额记入应交税费账户。这项经济业务的发生，一方面使得公司固定资产取得成本增加 127 000 元，增值税进项税额增加 16 250 元，另一方面使得公司的银行存款减少 147 000 元，因此，该项经济业务涉及"固定资产""应交税费"和"银行存款"三个账户。固定资产的增加是资产的增加，应记入"固定资产"账户的借方；增值税进项税额的增加是负债的减少，应记入"应交税费"账户的借方；银行存款的减少是资产的减少，应记入"银行存款"账户的贷方。这项经济业务应编制的会计分录如下：

借：固定资产	127 000	
应交税费——应交增值税（进项税额）	16 250	
贷：银行存款		143 250

【例 3-22】茂业有限责任公司用银行存款购入一台需要安装的设备，有关发票等凭证显示其买价为 480 000 元，增值税为 62 400 元，包装运杂费等 5000 元，设备投入安装。

由于这是一台需要安装的设备，因而购买过程中发生的货款和包装运杂费支出构成购置固定资产的安装工程成本，在设备达到预定可使用状态前的这些支出应先在"在建工程"账户中进行归集。这项经济业务的发生，一方面使得公司的在建工程支出增加 485 000 元（480 000+5000），增值税进项税额增加 62 400 元，另一方面使得公司的银行存款减少 547 400 元（480 000+62 400+5000），因此，该项经济业务涉及"在建工程""应交税费"和"银行存款"三个账户。在建工程支出的增加是资产的增加，应记入"在建工程"账户的借方；增值税进项税额的增加是负债的减少，应记入"应交税费"账户的借方；银行存款的减少是资产的减少，应记入“银行存款”账户的贷方。这项经济业务应编制的会计分录如下：

借：在建工程　　485 000
　　应交税费——应交增值税（进项税额）　　62 400
　　贷：银行存款　　547 400

【例 3-23】承例 3-22，茂业有限责任公司的上述设备在安装过程中发生的安装费如下：领用本企业的原材料价值 12 000 元，应付本企业安装工人的薪酬 22 800 元。

设备在安装过程中发生的安装费也构成固定资产的安装工程支出。这项经济业务的发生，一方面使得公司固定资产安装工程支出（安装费）增加 34 800 元（12 000+22 800），另一方面使得公司的原材料成本减少 12 000 元，应付职工薪酬增加 22 800 元，因此，该项经济业务涉及“在建工程”“原材料”“应付职工薪酬”三个账户。在建工程支出的增加是资产的增加，应记入“在建工程”账户的借方；原材料的减少是资产的减少，应记入“原材料”账户的贷方；应付职工薪酬的增加是负债的增加，应记入“应付职工薪酬”账户的贷方。这项经济业务应编制的会计分录如下：

借：在建工程　　34 800
　　贷：原材料　　12 000
　　　　应付职工薪酬　　22 800

【例 3-24】承例 3-22 和例 3-23，上述设备安装完毕，达到预定可使用状态，并经验收合格办理竣工决算手续，现已交付使用，结转工程成本。

工程安装完毕，交付使用，意味着固定资产的取得成本已经形成，于是就可以将该工程全部支出转入“固定资产”账户，工程的全部成本为 519 800 元（485 000+34 800）。这项经济业务的发生，一方面使得公司固定资产取得成本增加 519 800 元，另一方面使得公司的在建工程成本减少 519 800 元，因此，该项经济业务涉及“固定资产”和“在建工程”两个账户。固定资产取得成本的增加是资产的增加，应记入“固定资产”账户的借方；在建工程成本的结转是资产的减少，应记入“在建工程”账户的贷方。这项经济业务应编制的会计分录如下：

借：固定资产　　519 800
　　贷：在建工程　　519 800

【例 3-25】茂业有限责任公司 2018 年 5 月 1 日购入一台不需要安装的设备，其购买价款 1 200 000 元，增值税进项税额 156 000 元，款项尚未支付。

这是一项赊购设备的业务，一方面企业的固定资产增加，增值税进项税额增加，另一方面企业的应付账款增加。固定资产的增加是资产的增加，应记入“固定资产”账户的借方；增值税进项税额的增加是负债的减少，应记入“应交税费”账户的借方；应付账款的增加是负债的增加，应记入“应付账款”账户的贷方。这项经济业务应编制的会计分录如下：

借：固定资产　　1 200 000
　　应交税费——应交增值税（进项税额）　　156 000
　　贷：应付账款　　1 356 000

3.3 生产环节

在介绍生产过程核算内容之前，有必要对费用的含义及其确认的有关内容进行介绍。

费用是经济利益的总流出，其实质就是资产的耗费或债务的形成。从理论上说，企业之所以要发生各种资产的耗费，其内在的动因就是要取得各种收入，所以费用的确认就应该与收入的确认保持一致。在会计上，有关收入和费用的确认基础包括划分收益性支出和资本性支出、权责发生制和配比等。

按照划分收益性支出和资本性支出的要求，当某项支出的受益期长于一个会计年度时，应将该项支出计入其所获得资产的价值，即将该项支出予以资本化，反之则予以费用化，确认为该期间的费用。这个要求为费用的确认界定了一个总体的时间界限，但时间跨度太大，无法确定会计上的最基本时间单位（月）的费用界限，因此，就需要一个更为具体的确认基础——权责发生制核算基础。权责发生制就是按照支出的义务实际发生，即支出的效用真正发挥时进行确认，而不管其款项的具体支付时间。在实际工作中，义务的发生和款项的实际支付存在三种可能，即义务产生时支付款项、义务产生在先而款项的支付在后和义务产生在后而款项的支付在先，其中对于后两种情况，就需要运用权责发生制的要求按照发挥效用的具体时间进行确认。

权责发生制核算基础解决了费用（收入也是如此）归属的具体会计期间的问题。在此基础上，还要依据配比的要求将已经有了期间归属的收入和费用彼此结合，即所谓的“收入应与其相关的成本、费用相互配比”，以正确地确定该期间内各项业务的具体结果。

企业在生产经营过程中发生的各项耗费，是企业为获得收入而预先垫支并需要得到补偿的资金耗费，也是收入形成、实现的必要条件。企业在生产过程中发生的、用货币形式表现的生产耗费称作生产费用。这些费用最终都要归集、分配到一定种类的产品上去，从而形成各种产品的成本。

换言之，企业为生产一定种类、一定数量产品所支出的各种生产费用的总和对象化于产品就形成了这些产品的成本。由此可见，费用与成本有着密切的联系，费用的发生过程也就是成本的形成过程，费用是产品成本形成的基础。但是，费用与成本也有一定的区别，费用是在一定期间为了进行生产经营活动而发生的各项耗费，费用与发生的期间直接相关，即费用强调“期间”，而成本则是为生产某一产品或提供某一劳务所消耗的费用，成本与负担者直接相关，即成本强调“对象”。

生产费用按其计入产品成本的方式不同，可以分为直接费用和间接费用。直接费用是指企业生产产品过程中实际消耗的直接材料和直接人工。间接费用是指企业为生产产品和提供劳务而发生的各项间接支出，通常称为制造费用。上述各个项目是生产费用按其经济用途所进行的分类，在会计上我们一般将其称为成本项目。各个产品成本项目的具体构成内容可以分述如下：

直接材料，是指企业在生产产品和提供劳务的过程中所消耗的、直接用于产品生产，构成产品实体的各种原材料、主要材料、外购半成品以及有助于产品形成的辅助材料等。

直接人工，是指企业在生产产品和提供劳务过程中，直接从事产品生产的工人工资、津贴、补贴和福利费等薪酬内容。

制造费用，是指企业为生产产品和提供劳务而发生的各项间接费用，其构成内容比较复杂，包括间接的职工薪酬、折旧费、修理费、办公费、水电费、机物料消耗、季节性停工损失等。

在会计核算过程中，必须按照划分收益性支出和资本性支出、配比和权责发生制核算基础的要求对各项费用的发生额及其应归属的期间加以确认与计量，并按照各项费用的构成内容和经济用途正确地进行反映。因此，在产品生产过程中费用的发生、归集和分配以及产品成本的形成，就构成了产品生产业务核算的主要内容。

3.3.1 直接材料

在确定材料费用时，应在根据领料凭证区分车间、部门和不同用途后，按照确定的结果将发出材料的成本分别记入“生产成本”“制造费用”“管理费用”等账户和产品生产成本明细账。对于直接用于某种产品生产的材料费，应直接计入该产品生产成本明细账中的直接材料项目；对于由几种产品共同耗用、应由这些产品共同负担的材料费，应选择适当的标准在各种产品之间进行分配之后，计入各有关成本计算对象；对于为创造生产条件等需要而间接消耗的各种材料费，应先在“制造费用”账户中进行归集，然后再同其他间接费用一起分配计入有关产品成本中。总而言之，材料是构成产品实体的一个重要组成部分，对材料费的归集与分配的核算是生产过程核算的一部分非常重要的内容。

为了反映和监督产品在生产过程中各项材料费用的发生、归集和分配情况，正确地计算产品生产成本中的材料费用，应设置以下的账户：

（1）“生产成本”账户。该账户的性质属于成本类，用来归集和分配企业进行工业性生产所发生的各项生产费用，进而根据该账户可以正确地计算产品的生产成本。其借方登记应计入产品生产成本的各项费用，包括直接计入产品生产成本的直接材料、直接人工和期末按照一定的方法分配计入产品生产成本的制造费用；贷方登记结转完工验收入库产成品的生产成本。期末如有余额在借方，表示尚未完工产品（在产品）的成本，即生产资金的占用额。该账户应按产品种类或类别设置明细账户，进行明细分类核算。

“生产成本”账户的结构如下：

生产成本

发生的生产费用： 直接材料 直接人工 制造费用	结转完工验收入库产成品成本
期末余额：在产品成本	

（2）“制造费用”账户。该账户的性质属于成本类，用来归集和分配企业生产车间（基本生产车间和辅助生产车间）范围内为组织和管理产品的生产活动而发生的各项间接生产费用，包括车间范围内发生的管理人员的薪酬、折旧费、修理费、办公费、水电费、机物料消耗、季节性停工损失等。其借方登记实际发生的各项制造费用，贷方登记期末经分配转入“生产成本”账户借方（应计入产品制造成本）的制造费用额。期末在费用结转后，该账户一般没有余额（季节性生产企业除外）。该账户应按不同车间设置明细账户，按照费用项目设置专栏进行明细分类核算。

“制造费用”账户的结构如下：

制造费用

归集车间范围内发生的各项间接费用	期末分配转入“生产成本”账户的制造费用

产品制造企业采购到的材料，经验收入库，形成生产的物资储备。生产部门在领用时，应填制领料单，向仓库办理领料手续，领取所需材料。仓库发出材料后，要将领料凭证传递到会计部门。会计部门将领料单汇总，编制“发出材料汇总表”，据以将本月发生的材料费用按其用途分配计入生产费用和其他

有关费用。

以下举例说明材料费用归集与分配的总分类核算过程：

【例 3-26】茂业有限责任公司本月仓库发出材料，其用途如表 3-1 所示。

表 3-1　发出材料汇总表　　　　**金额单位：元**

用途	甲材料		乙材料		材料耗用合计
制造产品领用：	数量（千克）	金额	数量（千克）	金额	
A 产品耗用	8000	200 000	6000	120 000	320 000
B 产品耗用	10 000	250 000	4000	80 000	330 000
小计	18 000	450 000	10 000	200 000	650 000
车间一般耗用	5000	125 000	2000	40 000	165 000
合计	23 000	575 000	12 000	240 000	815 000

从表 3-1 所列资料可以看出，该企业的材料费用可以分为两个部分：一部分为直接用于产品生产的直接材料费用，A、B 两种产品共耗用 650 000 元，其中 A 产品耗用 320 000 元，B 产品耗用 330 000 元；另一部分为车间一般性消耗的材料费 165 000 元。这项经济业务的发生，一方面使得公司生产产品的直接材料费增加 650 000 元，间接材料费增加 165 000 元，另一方面使得公司的库存材料减少 815 000 元，因此，该项经济业务涉及“生产成本”“制造费用”“原材料”三个账户。生产产品的直接材料费和间接材料费的增加是费用的增加，应分别记入“生产成本”和“制造费用”账户的借方；库存材料的减少是资产的减少，应记入“原材料”账户的贷方。这项经济业务应编制的会计分录如下：

借：生产成本——A 产品　　　　320 000

　　　　　　——B 产品　　　　330 000

　　制造费用　　　　　　　　165 000

　　贷：原材料——甲材料　　　　575 000

　　　　　　　——乙材料　　　　240 000

3.3.2 直接人工

职工为企业劳动，理应从企业获得一定的报酬，也就是企业应向职工支付一定的薪酬。《企业会计准则第 9 号——职工薪酬》（以下简称职工薪酬准则）将职工薪酬界定为："企业为获得职工提供的服务或解除劳动关系而给予的各种形式的报酬或补偿。企业提供给职工配偶、子女、受赡养人、已故员工遗属及其他受益人等的福利，也属于职工薪酬。"也就是说，从性质上讲，凡是企业为获得职工提供的服务给予或付出的各种形式的对价，都构成职工薪酬，作为一种耗费构成人工成本，与这些服务产生的经济利益相匹配。与此同时，企业与职工之间因职工提供服务形成的关系，大多数构成企业的现时义务，将导致企业未来经济利益的流出，从而形成企业的一项负债。

职工薪酬准则所称的"职工"与《中华人民共和国劳动法》中所指的职工相比，既有重合，又有拓展，具体包括以下三类人员：①与企业订立劳动合同的所有人员，含全职、兼职和临时工。按照《中华人民共和国劳动法》和《中华人民共和国劳动合同法》的规定，企业作为用人单位与劳动者应订立劳动合同，职工首先包括这部分人员，即与企业订立了固定期限、无固定期限和以完成一定的工作量作为期限的劳动合同的所有人员。②未与企业订立劳动合同、但由企业正式任命的人员，如董事会成员、监事会成员等。按照《公司法》规定，公司应当设立董事会和监事会，董事会和监事会成员为企业的战略发展提出建议、进行相关监督等，目的是提高企业的整体经营管理水平，对其支付的津贴、补贴等报酬从性质上看属于职工薪酬。③在企业的计划和控制下，虽未与企业订立劳动合同或未由企业正式任命，但为企业提供与职工类似服务的人员，也属于职工薪酬准则所称的"职工"。如企业与有关中介机构签订劳务用工合同所涉及的相关务工人员。

职工薪酬准则所确定的职工薪酬主要包括以下几项内容：

（1）短期薪酬，是指企业预期在职工提供相关服务的年度报告期间结束后 12 个月内将全部予以支付的职工薪酬，因解除与职工的劳动关系给予的补偿除外。短期薪酬具体包括：①职工工资、奖金、津贴和补贴，是指企业按照构成职工工资总额的计时工资、计件工资、支付给职工的超额劳动报酬和增收节支的劳动报酬、为补偿职工特殊或额外的劳动消耗和因其他特殊原因支付给职工的津贴，以及为保证职工工资水平不受物价影响，支付给职工的物价补贴等。其中，企业按照短期奖金计划向职工发放的奖金属于短期薪酬，按照中长期奖金计划向职工发放的奖金属于其他长期职工福利。②职工福利费，是指企业向职工提供的除职工工资、奖金、津贴和补贴、社会保险费、住房公积金以及职工教育经费等以外的福利待遇。职工福利费可以分为三个具体部分：一是为职工卫生保健、生活等发放的各种现金补贴和非货币性福利，如职工因公外地就医费用、职工疗养费用、防暑降温费等；二是企业尚未分离的内设计提福利部门所发生的设备、设施和人员费用；三是发放给在职职工的生活困难补助以及按规定发生的其他福利支出，如丧葬补助费、抚恤费、职工异地安家费、独生子女费等职工福利支出。③医疗保险费、工伤保险费和生育保险费等社会保险费，是指企业按照国家规定的基准和比例计算，向社会保险经办机构缴纳的医疗保险费、工伤保险费和生育保险费等。④住房公积金，是指企业按照国家规定的基准和比例计算，向住房公积金管理机构缴存的住房公积金。⑤工会经费和职工教育经费，是指企业为了改善职工文化生活，为职工学习先进技术与提高文化水平和业务素质，开展工会活动和职工教育及职业技能培训等的相关支出。⑥短期带薪缺勤，是指职工虽然缺勤但企业仍向其支付报酬的安排，包括年休假、病假、婚假、产假、丧假、探亲假等。⑦短期利润分享计划，是指因职工提供服务而与职工达成的基于利润或其他经营成果提供薪酬的协议。⑧其他短期薪酬，是指除上述薪酬以外的其他为获得职工提供的服务而给予的短期薪酬。

上述③、④项内容，应当在职工为其提供服务的会计期间，按照国务院、所在地政府或企业年金计划规定的标准，计量应付职工薪酬义务（确认为负债）和应相应计入成本费用的薪酬金额；上述⑤项内容，企业应当分别按照职工工资总额的2%和1.5%的计提标准，计量应付职工薪酬义务金额和应相应计入成本费用的薪酬金额。其中对于从业人员技术要求高、培训任务重、经济效益好的企业，职工教育经费也可按照职工工资总额的2.5%计量。

（2）离职后福利，是指企业为获得职工提供的服务而在职工退休或与企业解除劳动关系后，提供的各种形式的报酬和福利，短期薪酬和辞退福利除外。

（3）辞退福利，是指企业在职工劳动合同到期之前解除与职工的劳动关系，或者为鼓励职工自愿接受裁减而给予职工的补偿。

（4）其他长期职工福利，是指除短期薪酬、离职后福利、辞退福利之外所有的职工薪酬，包括长期带薪缺勤、长期残疾福利、长期利润分享计划等。

在对企业职工的薪酬进行核算时，应根据工资结算汇总表或按月编制的“职工薪酬分配表”的内容登记有关的总分类账户和明细分类账户，进行相关的账务处理。应由生产产品、提供劳务负担的职工薪酬，计入产品成本或劳务成本。应由在建工程、无形资产负担的职工薪酬，计入固定资产或无形资产成本；除直接生产人员、直接提供劳务人员、建造固定资产人员、开发无形资产人员以外的职工，包括公司总部管理人员、董事会成员、监事会成员等人员相关的职工薪酬，因难以确定直接对应的受益对象，所以均应在发生时确认为当期损益。下面仅以短期薪酬中的工资、福利费为例说明短期薪酬的确认与计量。

为了核算职工薪酬的发生和分配的内容，需要设置“应付职工薪酬”账户。“应付职工薪酬”账户的性质是负债类，用来核算企业职工薪酬的确认与实际发放情况，并反映和监督企业职工薪酬的结算情况。该账户贷方登记本月计算的应付职工薪酬总额，包括各种工资、奖金、津贴和福利费等，同时应付的职工薪酬应作为一项费用按其经济用途分配记入有关的成本、费用账户；借方登记本月实际支付的职工薪酬数。月末如为贷方余额，表示本月应付职工薪酬大于实付职工薪酬的数额，即应付未付的职工薪酬。“应付职工薪酬”账户可以按照“工资”“职工福利”“社会保险费”“住房公积金”等进行明细分类核算。

“应付职工薪酬”账户的结构如下：

应付职工薪酬

实际支付的职工薪酬	月末计算分配的职工薪酬
期末余额：应付未付的职工薪酬	

以下举例说明生产过程中发生的工资等职工薪酬的归集与分配业务的总分类核算：

【例 3-27】茂业有限责任公司开出现金支票，从银行提取现金 3 600 000 元，准备发放工资。

这项经济业务的发生，一方面使得公司的库存现金增加 3 600 000 元，另一方面使得公司的银行存款减少 3 600 000 元，因此，该项经济业务涉及“库存现金”和“银行存款”两个账户。现金的增加是资产的增加，应记入“库存现金”账户的借方；银行存款的减少是资产的减少，应记入“银行存款”账户的贷方。这项经济业务应编制的会计分录如下：

借：库存现金	3 600 000	
贷：银行存款		3 600 000

【例 3-28】茂业有限责任公司用现金 3 600 000 元发放工资。

这项经济业务的发生，一方面使得公司的现金减少 3 600 000 元，另一方面使得公司的应付职工薪酬减少 3 600 000 元，因此，该项经济业务涉及“库存现金”和“应付职工薪酬”两个账户。现金的减少是资产的减少，应记入“库存现金”账户的贷方；应付职工薪酬的减少是负债的减少，应记入“应付职工薪酬”账户的借方。这项经济业务应编制的会计分录如下：

借：应付职工薪酬——工资	3 600 000	
贷：库存现金		3 600 000

【例 3-29】茂业有限责任公司根据当月的考勤记录和产量记录等，计算确定本月职工的工资如下：

A 产品生产工人工资	1 640 000 元
B 产品生产工人工资	1 430 000 元
车间管理人员工资	320 000 元
厂部管理人员工资	210 000 元

这项经济业务的发生，一方面使得公司应付职工薪酬增加了 3 600 000元，

另一方面使得公司的生产费用和期间费用增加了 3 600 000 元。其中 A 产品生产工人的工资为 1 640 000 元，B 产品生产工人的工资为 1 430 000 元，车间管理人员的工资为 320 000 元，厂部管理人员的工资为 210 000 元。车间生产工人和管理人员的工资作为一种生产费用应分别记入产品的生产成本（直接计入）和制造费用，厂部管理人员的工资应记入期间费用，因此，该项经济业务涉及“生产成本”“制造费用”“管理费用”“应付职工薪酬”四个账户。生产工人的工资作为直接生产费用应记入“生产成本”账户的借方，车间管理人员的工资作为间接生产费用应记入“制造费用”账户的借方，厂部管理人员的工资作为期间费用应记入“管理费用”账户的借方，上述职工工资尚未支付形成企业负债的增加，应记入“应付职工薪酬”账户的贷方。这项经济业务应编制的会计分录如下：

借：生产成本——A 产品	1 640 000	
——B 产品	1 430 000	
制造费用	320 000	
管理费用	210 000	
贷：应付职工薪酬——工资		3 600 000

【例3-30】茂业有限责任公司本月以银行存款支付职工福利费504 000元，其中生产工人的福利费429 800元（A产品生产工人229 600元，B产品生产工人200 200元），车间管理人员的福利费44 800元，厂部管理人员的福利费29 400元。

支付职工福利费时，一方面使得银行存款等资产减少，另一方面使得应付职工薪酬这项负债减少，所以这笔业务首先应记入“应付职工薪酬”账户的借方和“银行存款”账户的贷方。列支职工福利费时，一方面使得公司当期的费用成本增加，另一方面使得公司的应付职工薪酬增加。对于费用成本的增加应区分不同人员的福利费，分别在不同的账户中列支。其中 A 产品生产工人的福利费为 229 600 元，B 产品生产工人的福利费为 200 200 元，属于产品生产成本的增加，应记入“生产成本”账户的借方；车间管理人员的福利费为 44 800 元，属于生产产品所发生的间接费用的增加，应记入“制造费用”账户的借方；

厂部管理人员的福利费为 29 400 元，属于期间费用的增加，应记入“管理费用”账户的借方。同时，应记入“应付职工薪酬”账户的贷方。这项经济业务应编制的会计分录如下：

（1）支付福利费时：

借：应付职工薪酬——职工福利费　　504 000

　　贷：银行存款　　504 000

（2）列支福利费时：

借：生产成本——A 产品　　229 600

　　　　　　——B 产品　　200 200

　　制造费用　　44 800

　　管理费用　　29 400

　　贷：应付职工薪酬——职工福利费　　504 000

3.3.3 制造费用

1.制造费用的归集与分配

制造费用是产品制造企业为了生产产品和提供劳务而发生的各种间接费用。其主要内容是企业的生产部门（包括基本生产车间和辅助生产车间）为组织和管理生产活动以及为生产活动服务而发生的费用，如车间管理人员的工资及福利费，车间生产使用的照明费、取暖费、运输费、劳动保护费等。在生产多种产品的企业里，制造费用在发生时一般无法直接判定其应归属的成本核算对象，因而不能直接计入所生产的产品成本中，必须将上述各种费用按照发生的不同空间范围在“制造费用”账户中予以归集、汇总，然后选用一定的标准（如生产工人工资、生产工时等）在各种产品之间进行合理的分配，以便准确地确定各种产品应负担的制造费用额。在制造费用的归集过程中，要按照权责发生制核算基础的要求，正确地处理跨期间的各种费用，使其分摊于应归属的会计期间。

制造费用包括的具体内容又可以分为三部分：

第一部分是间接用于产品生产的费用，如机物料消耗费用，车间生产用固定资产的折旧费、修理费、保险费，车间生产用的照明费、劳动保护费等。

第二部分是直接用于产品生产，但管理上不要求或者不便于单独核算，因而没有单独设置成本项目进行核算的某些费用，如生产工具的摊销费、设计制图费、试验费以及生产工艺用的动力费等。

第三部分是车间用于组织和管理生产的费用，如车间管理人员的工资及福利费，车间管理用的固定资产折旧费、修理费，车间管理用具的摊销费，车间管理用的水电费、办公费、差旅费等。

下面举例说明制造费用的归集（部分业务）与分配的总分类核算：

【例3-31】茂业有限责任公司用现金1000元购买车间的办公用品。

这项经济业务的发生，使得公司车间的办公用品费增加1000元，同时现金减少1000元，因此，该项经济业务涉及“制造费用”和“库存现金”两个账户。其中，车间办公用品费的增加是费用的增加，应记入“制造费用”账户的借方，现金的减少是资产的减少，应记入“库存现金”账户的贷方。所以这项经济业务应编制的会计分录如下：

借：制造费用　　　　　　　　1000

　　贷：库存现金　　　　　　　　1000

【例3-32】茂业有限责任公司在月末将本月发生的制造费用按照生产工时比例分配计入A、B产品生产成本。其中A产品生产工时6000个，B产品生产工时4000个。

企业发生的制造费用属于间接费用，所以需要采用一定的标准在各种产品之间进行合理的分配。制造费用可以采用不同的分配标准，具体分配方法有：按生产工人工资比例分配，按生产工时比例分配，按机器设备运转台时分配，按耗用原材料的数量或成本分配，按产品产量分配等。企业可以根据自身管理的需要、产品的特点等选择采用某种标准，但是标准一经确定，应按照可比性的要求，不得随意变更。

对于这项经济业务，首先归集本月发生的制造费用额，即根据材料费用归集、人工费用归集、制造费用归集等业务内容可以确定公司本月发生的制造费用为486 000元（165 000+320 000+1000），然后按照生产工时比例进行分配，即

$$制造费用分配率=\frac{制造费用总额}{生产工时总和}=\frac{486000}{6000+4000}=48.6(元/工时)$$

A产品负担的制造费用额=6000×48.6=291 600（元）

B产品负担的制造费用额=4000×48.6=194 400（元）

将分配的结果计入产品成本时，一方面使得产品的生产费用增加486 000元，另一方面使得公司的制造费用减少486 000元，因此，该项经济业务涉及“生产成本”和“制造费用”两个账户。产品生产费用的增加作为间接费用应记入“生产成本”账户的借方，制造费用的减少是费用的结转，应记入“制造费用”账户的贷方。这项经济业务应编制的会计分录如下：

借：生产成本——A产品　　291 600
　　　　　　——B产品　　194 400
　贷：制造费用　　486 000

2.完工产品生产成本的计算与结转

在将制造费用分配由各种产品成本负担之后，“生产成本”账户的借方归集了各种产品所发生的直接材料、直接人工和制造费用的全部内容。进行产品生产成本的计算就是将企业生产过程中为制造产品所发生的各种费用按照生产产品的品种、类别等（即成本计算对象）进行归集和分配，以便计算各种产品的总成本和单位成本。

企业应设置产品生产成本明细账，用来归集应计入各种产品的生产费用。如果生产的产品不止一种，就应按照产品品种分别开设产品生产成本明细账。生产过程中发生的费用凡能分得清被哪种产品所消耗的，应根据有关凭证直接计入该种产品成本明细账；凡分不清的，如制造费用或几种产品共同耗用的某种原材料费用、生产工人的计时工资等，则应采取适当的分配方法在各成本计算对象之间进行分配，然后记入各产品成本明细账。产品生产成本的计算应在生产成本明细账中进行。如果月末某种产品全部完工，该种产品生产成本明细账所归集的费用总额，就是该种完工产品的总成本，用完工产品总成本除以该种产品的完工总产量即可计算出该种产品的单位成本。如果月末某种产品全部

末完工，该种产品生产成本明细账所归集的费用总额就是该种产品在产品的总成本。如果月末某种产品一部分完工，一部分未完工，这时归集在产品成本明细账中的费用总额还要采取适当的分配方法在完工产品和在产品之间进行分配。完工产品成本的简单计算公式为：

完工产品生产成本=期初在产品成本+本期发生的生产费用－期末在产品成本

为了核算完工产品成本结转及其库存商品的成本情况，需要设置“库存商品”账户。该账户的性质是资产类账户，用来核算企业库存的外购商品、自制产品即产成品、自制半成品、存放在门市部准备出售的商品、发出展览的商品以及寄存在外的商品等的实际成本（或计划成本）的增减变动及其结余情况。其借方登记验收入库商品成本的增加，包括外购、自产、委外加工等；贷方登记库存商品成本的减少（发出）。期末余额在借方，表示库存商品成本的期末结余额。“库存商品”账户应按照商品的种类、品种和规格等设置明细账，进行明细分类核算。

“库存商品”账户的结构如下：

库存商品

验收入库商品成本的增加	库存商品成本的减少
期末余额：结存的商品成本	

下面举例说明完工入库产品成本结转的总分类核算：

【例3-33】茂业有限责任公司生产车间本月生产完工A、B两种产品，其中A产品完工总成本为2 481 200（320 000−1 640 000+229 600+291 600）元，B产品完工总成本为2 154 600（330 000+1 430 000+200 200+194 400）元。A、B产品现已验收入库，结转成本。

产品完工入库结转成本时，一方面使得公司的库存商品成本增加，其中A产品成本增加2 481 200元，B产品成本增加2 154 600元，另一方面由于结转入库商品实际成本而使生产过程中占用的资金减少4 635 800元（2 481 200+

2 154 600），因此，该项经济业务涉及“生产成本”和“库存商品”两个账户。库存商品成本的增加是资产的增加，应记入“库存商品”账户的借方；结转入库产品成本使生产成本减少，应记入“生产成本”账户的贷方。这项经济业务应编制的会计分录如下：

借：库存商品——A 产品　　2 481 200
　　　　　　——B 产品　　2 154 600
　贷：生产成本——A 产品　　2 481 200
　　　　　　　——B 产品　　2 154 600

一、复习思考题

1.制造业企业的主要经济业务内容包括哪些？

2.资本公积的主要用途是什么？

3.材料采购成本由哪些项目构成？如何计算、结转材料采购成本？

4.产品生产成本由哪些成本项目所组成？

5.如何计算、结转完工产品的生产成本？

二、业务处理题

请将该企业发生的经济业务进行相应的账务处理。

（1）企业办理注册登记手续，投资者 A 投入资金 100 万元，投资者 B 投入设备一台，评估作价 50 万（不考虑增值税）。

（2）向中国工商银行申请取得长期借款，本金 80 万元，期限 3 年，按年支付利息，利率为 8%。

（3）采购原材料，取得增值税专用发票，注明价款 30 万元，增值税 3.9 万元，款项尚未支付。

（4）生产领用材料一批，出库单注明金额 5 万元。

（5）发放本月的工资，其中生产工人工资 3 万元，车间主任工资 1 万元，其他行政管理人员工资 2 万元。

（6）本月完工产品入库一批，成本为 4 万元。

第 4 章　企业日常经济业务核算（下）

学习目标：

（1）了解企业销售、投资、利润形成与分配环节业务内容及其需要设置的相应账户。

（2）熟练掌握每一类账户的性质、用途和结构。

（3）掌握企业销售环节经济业务的核算。

（4）掌握企业利润形成与分配环节业务的核算。

4.1 销售环节

企业经过了产品生产过程，生产出符合要求、可供对外销售的产品，形成了商品存货，接下来就要进入销售过程。通过销售过程，将生产出来的产品销售出去，实现它们的价值。销售过程是企业经营过程的最后一个阶段。产品制造企业在销售过程中，通过销售产品，按照销售价格收取产品价款，形成商品销售收入，在销售过程中结转商品销售成本，以及发生的运输、包装、广告等销售费用，按照国家税法的规定计算缴纳的各种销售税金等都应该从销售收入中得到补偿，补偿之后的差额即为企业销售商品的业务成果即利润或亏损。企业在销售过程中除了发生销售商品、自制半成品以及提供工业性劳务等业务即主营业务外，还可能发生一些其他业务，如销售材料、出租包装物、出租固定资产等。

企业的主营业务范围包括销售商品、自制半成品、代制品、代修品以及提供劳务等。主营业务核算的主要内容就是主营业务收入的确认与计量、主营业务成本的计算与结转、销售费用的发生与归集、税金的计算与缴纳以及货款的收回等。这一部分主要介绍主营业务中商品销售业务的核算内容，包括商品销售收入的确认与计量、商品销售成本的计算与结转以及销售税金的计算和缴纳等内容。

销售商品业务属于企业的主营业务，为了核算这种主营业务收入的实现、销售成本的结转、销售税金的计算等内容，在会计上，一般需要设置“主营业务收入”“主营业务成本”“税金及附加”等账户，分别核算收入的实现及其结转、成本的发生及其转销、税金的计算及其转销的具体内容。对于货款的结算，还应设置“应收账款”“应收票据”“预收账款”等往来账户。

企业在经营过程中，除了要发生主营业务之外，还会发生一些非经常性的、具有兼营性的其他业务。其他业务（也称附营业务）是指企业在经营过程中发生的除主营业务以外的其他销售业务，包括销售材料、出租包装物、出租固定资产、出租无形资产、出租商品、用材料进行非货币性资产交换或债务重组等活动。对于不同的企业而言，主营业务和其他业务的内容划分并不是绝对的，一个企业的主营业务可能是另一个企业的其他业务，即便在一个企业里，不同期间的主营业务和其他业务的内容也不是固定不变的。由于其他业务不属于企业主要的经营业务范围，按照重要性的要求，对其他业务的核算采取比较简单的方法。其他业务收入和支出的确认原则和计量方法与主营业务基本相同，但相对而言，没有主营业务的要求严格。

4.1.1 收入

销售过程的核算首先需要解决的就是销售收入的确认与计量的问题。收入的确认实际上就是解决收入在什么时间入账，而收入的计量就是收入以多少金额入账的问题。企业生产经营活动所获得的收入应当按照权责发生制的要求，根据收入实现原则加以确认与计量。

按照《企业会计准则第 14 号——收入》（财会〔2017〕22 号）的要求，企业应当在履行了合同中的履约义务，即在客户取得相关商品的控制权时确认收入。这里的合同是指双方或多方之间订立有法律约束力的权利义务的协议。合同有书面形式、口头形式以及其他形式。这里的客户是指与企业订立合同以向该企业购买日常活动产出的商品或服务并支付对价的一方。取得相关商品控制权是指能够主导该商品的使用并从中获得几乎全部的经济利益，也包括有能力阻止其他方主导该商品的使用并从中获得经济利益。

企业在确认和计量收入时需要遵循一定的判断依据与流程。根据收入准则第九条的要求，合同开始日，企业应当对合同进行评估，识别该合同所包含的各单项履约义务，并确定各单项履约义务是在某一时段内履行，还是在某一时点履行，然后，在履行了各单项履约义务时分别确认收入。具体分为以下五个步骤：第一步，识别与客户订立的合同。第二步，识别合同中的单项履约义务。第三步，确定交易价格。第四步，将交易价格分摊至各单项履约义务。第五步，履行每一单项履约义务时确认收入。

对于在某一时段内履行的履约义务，企业应当在该段时间内按照履约进度确认收入，企业在确定履约进度时应当考虑商品的性质，采用产出法或投入法确定恰当的履约进度。产出法是根据已转移给客户的商品对于客户的价值确定履约进度。投入法是根据企业为履行履约义务的投入确定履约进度。当履约进度不能合理确定时，企业已经发生的成本预计能够得到补偿的，应当按照已经发生的成本金额确认收入，直到履约进度能够合理确定为止。

对于在某一时点履行的履约义务，企业应当综合分析控制权转移的迹象，判断其转移时点：（1）企业就该商品享有现时收款权利；（2）企业已将该商品的法定所有权转移给客户；（3）企业已将该商品实物转移给客户；（4）企业已将该商品所有权上的主要风险和报酬转移给客户；（5）客户已接受该商品；（6）其他表明客户已取得商品控制权的迹象。

1.主营业务收入的核算

为了反映和监督企业销售商品和提供劳务所实现的收入以及因销售商品而与购买单位之间发生的货款结算业务，应设置下列账户：

（1）“主营业务收入”账户。该账户的性质是损益类，用来核算企业销售商品和提供劳务所实现的收入。其贷方登记企业实现的主营业务收入（即主营业务收入的增加），借方登记发生销售退回和销售折让时应冲减本期的主营业务收入和期末转入“本年利润”账户的主营业务收入额（按净额结转），结转后该账户期末应没有余额。“主营业务收入”账户应按照主营业务的种类设置明细账户，进行明细分类核算。

“主营业务收入”账户的结构如下：

主营业务收入

销售退回等	实现的主营业务收入（增加）
期末转入“本年利润”账户的净收入	

（2）“应收账款”账户。该账户的性质是资产类，用来核算因销售商品和提供劳务等而应向购货单位或接受劳务单位收取货款的结算情况（结算债权）的账户，代购货单位垫付的各种款项也在该账户中核算。其借方登记由于销售商品以及提供劳务等而发生的应收账款（即应收账款的增加），包括应收取的价款、税款和代垫款等，贷方登记已经收回的应收账款（即应收账款的减少）。期末余额如在借方，表示尚未收回的应收账款；期末余额如在贷方，表示预收的账款。该账户应按不同的购货单位或接受劳务单位设置明细账户，进行明细分类核算。

“应收账款”账户的结构如下：

应收账款

发生的应收账款（增加）	收回的应收账款（减少）
期末余额：应收未收款	

（3）“预收账款”账户。该账户的性质是负债类，用来核算企业按照合同的规定预收购货单位订货款的增减变动及其结余情况。其贷方登记预收购买单位订货款的增加，借方登记销售实现时冲减的预收货款。期末余额如在贷方，表示企业预收款的结余额；期末余额如在借方，表示购货单位应补付给本企业的款项。本账户应按照购货单位设置明细账户，进行明细分类核算。

“预收账款”账户的结构如下：

预收账款

预收货款的减少	预收货款的增加
期末余额：购货单位应补付的款项	期末余额：预收款的结余

应注意，对于预收账款业务不多的企业，可以不单独设置“预收账款”账户，而将预收的款项直接记入“应收账款”账户，此时，“应收账款”账户就成为双重性质的账户。

（4）“应收票据”账户。该账户的性质是资产类，用来核算企业销售商品而收到购货单位开出并承兑商业承兑汇票或银行承兑汇票的增减变动及其结余情况。企业收到购货单位开出并承兑的商业汇票，表明企业票据应收款的增加，应记入“应收票据”账户的借方；票据到期收回购货单位货款，表明企业应收票据款的减少，应记入“应收票据”账户的贷方。期末该账户如有余额应在借方，表示尚未到期的票据应收款项的结余额。该账户不设置明细账户。为了了解每张应收票据的结算情况，企业应设置“应收票据备查簿”逐笔登记每张商业汇票的种类，号数和出票日，票面金额，交易合同号和付款人、承兑人、背书人的姓名或单位名称，到期日，背书转让日，贴现日，贴现率和贴现净额以及收款日和收回金额，退票情况等资料。商业汇票到期结清票款或退票后在备查簿中注销。

“应收票据”账户的结构如下：

应收票据

本期收到的商业汇票（增加）	到期（或提前贴现）票据（减少）
期末余额：尚未收回的票据应收款	

在此对商业汇票的有关内容进行简单的介绍。商业汇票是由收款人或付款人（或承兑申请人）签发，由承兑人承兑，并于到期日向收款人或持票人无条件支付款项的票据。商业汇票结算方式适用于企业先发货后收款或者双方约定延期付款的具有真实的交易关系或债权债务关系等款项的结算，同城结算和异地结算均可使用。商业汇票的付款期限由交易双方共同商定，但根据《商业汇票结算办法》规定，其最长期限不超过6个月。持票人如果急需资金，可以持未到期的票据到银行办理贴现。

采用商业汇票结算方式，可以使企业之间的债权债务关系表现为外在的票据，使商业信用票据化，具有较强的约束力，有利于维护和发展社会主义市场经济。对于购货企业来说，由于可以延期付款，可以在资金暂时不足的情况下及时购进材料物资，保证生产经营顺利进行。对于销货企业来说，可以疏通商品渠道，扩大销售，促进生产。

商业汇票按照承兑人的不同可以分为商业承兑汇票和银行承兑汇票两种。

对于正常的销售商品活动，应按照收入确认的条件进行确认和计量，然后对计量的结果进行会计处理。按确认的收入金额与应收取的增值税税额，借记“银行存款”“应收账款”或“应收票据”等账户，按确定的收入金额，贷记“主营业务收入”账户，按应收取的增值税税额，贷记“应交税费——应交增值税”账户。

关于增值税销项税额在前面已经作过说明，它是指企业销售应税货物或提供应税劳务而收取的增值税税额，应按照增值税专用发票记载的货物售价和规定的税率进行计算，即

增值税销项税额=销售货物的不含税售价×增值税税率

增值税的销项税额计算出来之后，应在“应交税费——应交增值税”账户的贷方反映，以便用以抵扣其借方的增值税进项税额，确定增值税的应交额。为了核算增值税的进、销项税额以及增值税的已交和未交情况，需要在应交增值税明细账中设置“进项税额”“已交税金”“销项税额”“出口退税”“进项税额转出”“转出未交增值税”“转出多交增值税”等专栏对其进行明细核算。应交税费——应交增值税明细账的格式如表 4-1 所示。

表 4-1　应交税费——应交增值税明细账

<table>
<tr><th colspan="2">年</th><th rowspan="2">凭证号数</th><th rowspan="2">内容摘要</th><th colspan="4">借方</th><th colspan="4">贷方</th><th rowspan="2">借或贷</th><th rowspan="2">余额</th></tr>
<tr><th>月</th><th>日</th><th>进项税额</th><th>已交税额</th><th>……</th><th>合计</th><th>销项税额</th><th>进项税额转出</th><th>……</th><th>合计</th></tr>
<tr><td></td><td></td><td></td><td></td><td></td><td></td><td></td><td></td><td></td><td></td><td></td><td></td><td></td><td></td></tr>
</table>

下面举例说明主营业务收入的实现及其有关款项结算的核算过程：

【例4-1】燕宏有限责任公司向东方集团销售A产品50台，每台售价4800元，发票注明该批A产品的价款为240 000元，增值税销项税额为31 200元，收到一张买方签发并已承兑的含全部款项的商业汇票。

这项经济业务的发生，一方面使得公司的应收票据款增加 271 200 元（240 000+31 200），另一方面使得公司的商品销售收入增加 240 000 元，应交增值税销项税额增加 31 200 元，因此，该项经济业务涉及“应收票据”“主营业务收入”“应交税费——应交增值税”三个账户。应收票据款的增加是资产的增加，应记入“应收票据”账户的借方；商品销售收入的增加是收入的增加，应记入“主营业务收入”账户的贷方；增值税销项税额的增加是负债的增加，应记入“应交税费——应交增值税”账户的贷方。这项经济业务应编制的会计分录如下：

借：应收票据	271 200	
贷：主营业务收入	240 000	
应交税费——应交增值税（销项税额）		31 200

【例 4-2】燕宏有限责任公司按照合同规定预收正大集团订购 B 产品的货款 500 000 元，存入银行。

这项经济业务的发生，一方面使得公司的银行存款增加 500 000 元，另一方面使得公司的预收款增加 500 000 元，因此，该项经济业务涉及“银行存款”和“预收账款”两个账户。银行存款的增加是资产的增加，应记入“银行存款”账户的借方；预收款的增加是负债的增加，应记入“预收账款”账户的贷方。这项经济业务应编制的会计分录如下：

借：银行存款	500 000	
贷：预收账款——正大集团		500 000

【例 4-3】燕宏有限责任公司赊销给机车集团 A 产品 120 台，发票注明的价款为 576 000 元，增值税销项税额为 74 880 元。

这项经济业务的发生，一方面使得公司的应收款增加650 880元（576 000 + 74 880），另一方面使得公司的商品销售收入增加576 000元，增值税销项税额增加74 880元。因此，该项经济业务涉及“应收账款”“主营业务收入”和“应交税费——应交增值税”三个账户。应收款的增加是资产的增加，应记入“应收账款”账户的借方；商品销售收入的增加是收入的增加，应记入“主营业务收入”账户的贷方；增值税销项税额的增加是负债的增加，应记入“应交税费——应交增值税”账户的贷方。这项经济业务应编制的会计分录如下：

借：应收账款——机车集团　　650 880
　　贷：主营业务收入　　576 000
　　　　应交税费——应交增值税（销项税额）　　74 880

【例 4-4】承例 4-3，燕宏有限责任公司向正大集团发出 B 产品 70 台，发票注明的价款为 1 400 000 元，增值税销项税额为 182 000 元。原预收款不足，其差额部分当即收到并存入银行。

公司原预收正大集团的货款 500 000 元，而现在发货的价税款为 1 582 000 元（1 400 000+182 000），不足款项的差额为 1 082 000 元（1 582 000−500 000）。这项经济业务的发生，一方面使得公司的预收款减少 500 000 元，银行存款增加 1 082 000 元，另一方面使得公司的商品销售收入增加 1 400 000 元，增值税销项税额增加 182 000 元，因此，该项经济业务涉及“预收账款”“银行存款”“主营业务收入”和“应交税费——应交增值税”四个账户。预收款的减少是负债的减少，应记入“预收账款”账户的借方；银行存款的增加是资产的增加，应记入“银行存款”账户的借方；商品销售收入的增加是收入的增加，应记入“主营业务收入”账户的贷方；增值税销项税额的增加是负债的增加，应记入“应交税费——应交增值税”账户的贷方。这项经济业务应编制的会计分录如下：

借：预收账款——正大集团　　500 000
　　银行存款　　1 082 000
　　贷：主营业务收入　　1 400 000
　　　　应交税费——应交增值税（销项税额）　　182 000

【例 4-5】承例 4-4，燕宏有限责任公司收到机车集团开出并承兑的商业汇票 668 160 元，用以抵偿其前欠本企业的货款。

这项经济业务的发生，一方面使得公司的应收票据款增加 668 160 元，另一方面使得公司的应收款减少 668 160 元，因此，该项经济业务涉及“应收票据”和“应收账款”两个账户。应收票据款的增加是资产的增加，应记入“应收票据”账户的借方；应收款的减少是资产的减少，应记入“应收账款”账户的贷方。这项经济业务应编制的会计分录如下:

借：应收票据	668 160	
贷：应收账款——机车集团		668 160

对于收到的机车集团的商业汇票，应在“应收票据备查簿”中进行备查登记。

【例 4-6】燕宏有限责任公司赊销给大明集团 52 台 A 产品，发票注明的货款为 258 000 元，增值税销项税额为 33 540 元。另外，公司用银行存款为大明集团垫付 A 商品运费 1500 元。

这项经济业务的发生，一方面使得公司的应收款增加 293 040 元（258 000+33 540+1500），另一方面使得公司的商品销售收入增加 258 000 元，增值税销项税额增加 33 540 元，银行存款减少 1500 元，因此，该项经济业务涉及“应收账款”“主营业务收入”“应交税费——应交增值税”“银行存款”四个账户。应收款的增加是资产的增加，应记入“应收账款”账户的借方；商品销售收入的增加是收入的增加，应记入“主营业务收入”账户的贷方；增值税销项税额的增加是负债的增加，应记入“应交税费——应交增值税”账户的贷方；银行存款的减少是资产的减少，应记入“银行存款”账户的贷方。这项业务应编制的会计分录如下：

借：应收账款——大明集团	293 040	
贷：主营业务收入		258 000
应交税费——应交增值税（销项税额）		33 540
银行存款		1500

【例 4-7】燕宏有限责任公司上个月销售给创业集团的 B 产品由于质量问题本月被退回 10 台，按照规定应冲减本月的收入 200 000 元和增值税销项税额 26 000 元，有关款项通过银行付清。假设该批 B 产品的单位销售成本与本月相同。

由于上个月销售给创业集团的 B 产品在本月被退回，这批产品虽然在上个月确认了收入和增值税销项税额，但按照规定应冲减退回月份的有关账项，因此，应在退货时冲减本月的商品销售收入和增值税销项税额。这项经济业务的发生，一方面使得公司的商品销售收入减少 200 000 元，增值税销项税额减少 26 000 元，另一方面使得公司的银行存款减少 226 000 元，因此，该项经济业务涉及“主营业务收入”“应交税费——应交增值税”和“银行存款”三个账户。商品销售收入的减少是收入的减少，应记入“主营业务收入”账户的借方；增值税销项税额的减少是负债的减少，应记入“应交税费——应交增值税”账户的借方，银行存款的减少是资产的减少，应记入“银行存款”账户的贷方。这项经济业务应编制的会计分录如下：

借：主营业务收入　　200 000
　　应交税费——应交增值税（销项税额）　　26 000
　　贷：银行存款　　226 000

2.其他业务收入的核算

关于其他业务的范围前已述及，由于发生其他业务而实现的收入称为其他业务收入。在会计核算过程中，对于其他业务实现的收入是通过“其他业务收入”账户进行核算的。“其他业务收入”账户的性质是损益类，用来核算企业除主营业务以外的其他业务收入的实现及其结转情况。其贷方登记实现的其他业务收入，即增加，借方登记期末转入“本年利润”账户的其他业务收入额，经过结转之后，期末没有余额。本账户应按照其他业务的种类设置明细账户，进行明细分类核算。

“其他业务收入”账户的结构如下：

其他业务收入

期末转入“本年利润”账户的其他业务收入	本期实现的其他业务收入（增加）

下面举例说明其他业务收入的核算：

【例 4-8】燕宏有限责任公司销售一批原材料，价款为 28 000 元，增值税销项税额为 3640 元，价税款收到存入银行。

按照规定，销售材料的收入属于其他业务收入。这项经济业务的发生，一方面使得公司的银行存款增加 31 640 元（28 000+3640），另一方面使得公司的其他业务收入增加 28 000 元，增值税销项税额增加 3640 元，因此，该项经济业务涉及“银行存款”“其他业务收入”和“应交税费——应交增值税”三个账户。银行存款的增加是资产的增加，应记入“银行存款”账户的借方；其他业务收入的增加是收入的增加，应记入“其他业务收入”账户的贷方；增值税销项税额的增加是负债的增加，应记入“应交税费——应交增值税”账户的贷方。这项经济业务应编制的会计分录如下：

借：银行存款　　31 640
　　贷：其他业务收入　　28 000
　　　　应交税费——应交增值税（销项税额）　　3640

【例 4-9】燕宏有限责任公司向某单位转让专有技术的使用权，获得收入 100 000 元，增值税销项税 6000，存入银行。

转让专有技术的使用权，实质上就是让渡资产的使用权，这与处置无形资产的账务处理是不同的。转让无形资产使用权的收入属于其他业务收入的范围。这项经济业务的发生，一方面使得公司的银行存款增加 100 000 元，另一方面使得公司的其他业务收入增加 100 000 元，因此，该项经济业务涉及“银行存款”和“其他业务收入”两个账户。银行存款的增加是资产的增加，应记入“银行存款”账户的借方；其他业务收入的增加是收入的增加，应记入“其他业务收入”账户的贷方；增值税销项税额的增加是负债的增加，应记入“应交税费——应交增值税”账户的贷方。这项经济业务应编制的会计分录如下：

借：银行存款　　106 000
　贷：其他业务收入　　100 000
　　应交税费——应交增值税（销项税额）　　6000

【例 4-10】燕宏有限责任公司出租一批包装物，收到含税租金 6780 元，存入银行。

出租包装物的租金收入同样属于让渡资产的使用权收入，应列入其他业务收入。由于租金中包括增值税销项税额，故应进行价税分离。经计算，不含税租金为 6000 元〔6780÷（1+13%）〕，增值税销项税额为 780 元。这项经济业务的发生，一方面使得公司的其他业务收入增加 6000 元，增值税销项税额增加 780 元，另一方面使得公司的银行存款增加 6780 元，因此，该项经济业务涉及“银行存款”“其他业务收入”和“应交税费——应交增值税”三个账户。银行存款的增加是资产的增加，应记入“银行存款”账户的借方；其他业务收入的增加是收入的增加，应记入“其他业务收入”账户的贷方；增值税销项税额的增加是负债的增加，应记入“应交税费——应交增值税”账户的贷方。这项经济业务应编制的会计分录如下：

借：银行存款　　6780
　贷：其他业务收入　　6000
　　应交税费——应交增值税（销项税额）　　780

4.1.2 成本

1.主营业务成本的核算

企业在销售商品的过程中，一方面减少了库存的存货，另一方面作为取得主营业务收入而垫支的资金，表明企业发生了费用，我们把这项费用称为主营业务成本（亦称商品销售成本）。将销售发出的商品成本转为主营业务成本，应遵循配比的要求，也就是说，不仅主营业务成本的结转应与主营业务收入在同一会计期间加以确认，而且应与主营业务收入在数量上保持一致。主营业务成本的计算公式如下：

本期应结转的主营业务成本=本期销售商品的数量×单位商品的生产成本

上式中单位商品生产成本的确定，应考虑期初库存的商品成本和本期入库的商品成本情况，可以分别采用先进先出法、月末一次加权平均法和个别计价法等来确定，方法一经确定，不得随意变动。

为了核算主营业务成本的发生和结转情况，需要设置“主营业务成本”账户，该账户的性质是损益类，用来核算企业经营主营业务而发生的实际成本及其结转情况。其借方登记主营业务发生的实际成本，贷方登记期末转入“本年利润”账户的主营业务成本。经过结转之后，该账户期末没有余额。“主营业务成本”账户应按照主营业务的种类设置明细账户，进行明细分类核算。

“主营业务成本”账户的结构如下：

主营业务成本

本期发生的主营业务成本	期末转入“本年利润”账户的主营业务成本

下面举例说明主营业务成本的总分类核算：

【例 4-11】燕宏有限责任公司在月末结转本月已销售的 A、B 产品的销售成本。其中 A 产品的单位成本为 3200 元，B 产品的单位成本为 13 600 元。

首先需要计算确定已销售的 A、B 产品的销售成本。由于本期销售 A 产品计 222 台（52+120+50），其销售总成本为 710 400 元（3 200×222）；本期销售 B 产品 70 台，其销售成本为 952 000 元（13 600×70）。另外，本月还发生 B 产品退货 10 台，应冲减本月的销售成本 136 000 元（13 600×10），因而本月应结转的 B 产品销售成本为 816 000 元（952 000−136 000）。这项经济业务的发生，一方面使得公司的商品销售成本增加 1 526 400 元（710 400+952 000−

136 000），另一方面使得公司的库存商品成本减少 1 526 400 元，因此，该项经济业务涉及“主营业务成本”和“库存商品”两个账户。商品销售成本的增加是费用成本的增加，应记入“主营业务成本”账户的借方；库存商品成本的减少是资产的减少，应记入“库存商品”账户的贷方。这项经济业务应编制的会计分录如下：

借：主营业务成本　　　　　　　　　　　　　1 526 400
　　贷：库存商品——A 商品　　　　　　　　　　710 400
　　　　　　　——B 商品　　　　　　　　　　　816 000

2.其他业务成本的核算

企业在实现其他业务收入的同时，往往还要发生一些其他业务的支出，即与其他业务有关的成本和费用，包括销售材料的成本、出租固定资产的折旧额、出租无形资产的摊销额、出租包装物的成本或摊销额等。为了核算这些支出，需要设置“其他业务成本”账户。该账户的性质属于损益类，用来核算企业除主营业务以外的其他业务成本的发生及其转销情况。其借方登记其他业务成本包括材料销售成本、提供劳务的成本费用的发生，即其他业务成本的增加，贷方登记期末转入“本年利润”账户的其他业务成本额，经过结转后，期末没有余额。本账户应按照其他业务的种类设置明细账户，进行明细分类核算。

“其他业务成本”账户的结构如下：

其他业务成本

本期发生的其他业务成本（增加）	期末转入“本年利润”账户的其他业务成本

下面举例说明其他业务成本的总分类核算过程：

【例 4-12】燕宏有限责任公司月末结转本月销售材料的成本为 16 000 元。

这项经济业务的发生，一方面使得公司的其他业务成本增加 16 000 元，另一方面使得公司的库存材料成本减少 16 000 元，因此，该项经济业务涉及“其他业务成本”和“原材料”两个账户。其他业务成本的增加是费用成本的增加，应记入“其他业务成本”账户的借方；库存材料成本的减少是资产的减少，应记入“原材料”账户的贷方。这项经济业务应编制的会计分录如下：

借：其他业务成本　　16 000

　贷：原材料　　16 000

【例 4-13】燕宏有限责任公司结转本月出租包装物的成本 4680 元。

企业出租包装物的成本属于其他业务成本的内容。这项经济业务的发生，一方面使得公司的其他业务成本增加 4680 元，另一方面使得公司的库存包装物成本减少 4680 元，因此，该项经济业务涉及“其他业务成本”和“周转材料”两个账户。包装物成本的摊销是费用支出的增加，应记入“其他业务成本”账户的借方；库存包装物成本的减少是资产的减少，应记入“周转材料”账户的贷方。这项业务应编制的会计分录如下：

借：其他业务成本　　4680

　贷：周转材料　　4680

4.1.3 **税费**

企业销售商品、持有特定财产或发生特定行为，就应该向国家税务机关缴纳相应的税金，包括消费税、城市维护建设税（简称城建税）、资源税、教育费附加，以及车船税、房产税、城镇土地使用税和印花税等。这些税金及附加一般是根据有关计税基数，按照规定的税率计算缴纳。其中：

应交消费税=应税消费品的销售额×消费税税率

应交城建税=（应交消费税+应交增值税）×城建税税率

教育费附加的计算方法与城建税相同，只是比例不同。由于这些税金及附加大多是在当月计算而在下个月缴纳的，因而计算税金及附加时，一方面作为企业发生的一项费用支出，另一方面形成企业的一项负债。

为了核算企业销售商品、持有财产以及特定行为应负担的税金及附加，需要设置“税金及附加”账户。该账户的性质是损益类，用来反映企业负担的各种税金及附加的计算及其结转情况。其借方登记按照有关的计税依据计算出的各种税金及附加额，贷方登记期末转入“本年利润”账户的税金及附加额。经过结转之后，该账户期末没有余额。

“税金及附加”账户的结构如下：

税金及附加

本期应负担的税金及附加	期末转入“本年利润”账户的税金及附加

下面举例说明税金及附加业务的总分类核算：

【例 4-14】燕宏有限责任公司经计算，本月应缴纳：消费税 35 000 元，城建税 14 000 元，教育费附加 6000 元，车船税 1500 元，房产税 3000 元。

这项经济业务的发生，一方面使得公司的税金及附加增加 59 500 元(35 000+14 000+6000+1500+3000)，另一方面使得公司的应交税费增加 59 500 元，因此，该项经济业务涉及“税金及附加”“应交税费”两个账户。税金及附加的增加是费用支出的增加，应记入“税金及附加”账户的借方；应交税费的增加是负债的增加，应记入“应交税费”账户的贷方。这项经济业务应编制的会计分录如下：

借：税金及附加	59 500	
贷：应交税费——应交消费税		35 000
——应交城建税		14 000
——应交教育费附加		6000
——应交车船税		1500
——应交房产税		3000

【例 4-15】燕宏有限责任公司以银行存款支付印花税 500 元。

印花税是对经营活动中书立、领受凭证行为征收的一种税。由于印花税的计算和完税在同一时点，故不需要通过“应交税费”账户核算。这项经济业务的发生，一方面使得公司应负担的税金增加 500 元，另一方面使得公司银行存款减少 500 元。税金的增加是费用的增加，应记入“税金及附加”账户的借方；银行存款的减少是资产的减少，应记入“银行存款”账户的贷方。这项经济业务应编制的会计分录如下：

借：税金及附加　　500

　　贷：银行存款　　500

企业在销售过程中，为了销售产品，还要发生各种销售费用，如广告费等。按照企业会计准则的规定，销售费用不作为销售收入的抵减项目，而是作为期间费用直接计入当期损益。

4.2 投资环节

企业除了开展正常的生产经营活动外，还会利用剩余资金进行金融资产投资以及基于企业战略布局和安排开展长期投资活动。

4.2.1 金融资产投资

金融资产分类的依据是企业管理金融资产的业务模式，具体是指企业如何管理其金融资产以产生现金流量。业务管理模式决定了企业所管理金融资产现金流量的来源是收取合同现金流量、出售金融资产还是两者兼而有之。如果金融资产是以收取合同现金流量为主要特征的管理模式，该金融资产属于以摊余成本计量的金融资产；如果金融资产是以出售为主要特征的管理模式，该金融资产属于以公允价值计量且其变动计入公允价值变动损益的金融资产；如果金融资产是两者兼有的管理模式，该金融资产属于以公允价值计量且其变动计入其他综合收益的金融资产。取得以公允价值计量且其变动计入公允价值变动损益的金融资产的主要目的是近期内出售。例如，企业以赚取差价为目的在二级市场购入的股票、债券和基金等。在此，仅对以公允价值计量且其变动计入公允价值变动损益的金融资产加以介绍。

为了核算以公允价值计量且其变动计入公允价值变动损益的金融资产的情况，企业需要设置“交易性金融资产”账户。

“交易性金融资产”账户。该账户的性质是资产类，用来核算企业的交易性金融资产的账面价值。其借方登记交易性金融资产的增加额，贷方登记期末交易性金融资产的减少额，本账户期末有余额，余额在借方。交易性金融资产账户应按照“成本”和“公允价值变动”设置明细账户，进行明细分类核算。在购买过程中，发生的交易费、佣金等直接计入当期损益——“投资收益”中。

“交易性金融资产”账户的结构如下：

交易性金融资产

本期增加的交易性金融资产	本期减少的交易性金融资产
期末余额：交易性金融资产的实有额	

交易性金融资产期末计价。按照该金融资产在资产负债表日的公允价值计价。

出售交易性金融资产，指将出售交易性金融资产所获得的款项与交易性金融资产账面价值之间的差额计入投资收益。

4.2.2 长期股权投资

基于投资合同、协议等约定，会形成投资方的金融资产，而对被投资单位而言，其所接受的来自投资方的出资会形成所有者权益。按照《企业会计准则第22号——金融工具的确认和计量》的界定，股权投资一方面形成投资方的金融资产，另一方面形成被投资单位的权益工具。企业会计准则将股权投资分为按照金融工具确认和计量准则进行核算和按照长期股权投资准则进行核算两种情况。其中属于长期股权投资准则规范的股权投资，根据投资方在投资后对被投资单位能够施加影响的程度，分为投资方持有的联营企业、合营企业以及子公司的投资。

联营企业投资，是指投资方能够对被投资单位施加重大影响的股权投资。重大影响，是指投资方对被投资单位的财务和生产经营决策有参与决策的权力，但不能控制或与其他方一起共同控制这些政策的制定。

合营企业投资，是指投资方持有的对构成合营企业的合营安排的投资。投资方通过与其他方共同出资设立被投资单位或是通过购买等方式取得对被投资单位的投资，能够与其他方一并对被投资单位实施共同控制的，构成典型的合营企业投资。

对子公司投资，是投资方持有的能够对被投资单位施加控制的股权投资。

为了核算长期股权投资的情况，企业需要设置“长期股权投资”账户。

“长期股权投资”账户。该账户的性质是资产类，用来核算企业的长期股权投资的账面价值。其借方登记长期股权投资的增加额，贷方登记长期股权投资的减少额，本账户期末有余额，余额在借方。长期股权投资账户应按照“成本”“损益调整”“其他资本公积”和“公允价值变动”等设置明细账户，进行明细分类核算。

“长期股权投资”账户的结构如下：

长期股权投资

本期增加的长期股权投资	本期减少的长期股权投资
期末余额：长期股权投资的实有额	

长期股权投资的初始计量以及后续持有的会计核算是会计实务处理中的难点，在此不再进行详细介绍。但是需要明确的是，长期股权投资的后续计量核算方式有两种：成本法和权益法。对子公司的长期股权投资后续采用成本法核算；对联营企业、合营企业的长期股权投资后续采用权益法进行核算。在后续持有长期股权投资过程中，投资方取得的被投资单位分配股利部分应作为“投资收益”核算。

4.3 期末结账

4.3.1 账项调整

企业作为一个独立的经济实体，其经营活动的主要目的就是不断地提高企业的盈利水平，增强企业的获利能力。利润就是一个反映企业获利能力的综合指标。

利润水平的高低不仅反映企业的盈利水平，而且还反映企业向整个社会所作贡献的大小，同时还是各有关方面对本企业进行财务预测和投资决策的重要依据。

财务成果是指企业在一定会计期间所实现的最终经营成果，也就是企业所实现的利润或亏损总额。利润是按照配比的要求，将一定时期内存在因果关系的收入与费用进行配比而产生的结果。收入大于费用支出的差额部分为利润，反之则为亏损。利润是综合反映企业在一定时期生产经营成果的重要指标。企业各方面的情况，诸如劳动生产率的高低、产品是否适销对路、产品成本和期间费用的节约与否，都会通过利润指标得到综合反映。

由于利润是一个综合指标，它综合了企业在经营过程中的所费与所得，因而对于利润的确认与计量，是以企业生产经营活动过程中所实现的收入和发生的费用的确认与计量为基础的，同时还要包括通过投资活动而获得的投资收益，以及与生产经营活动没有直接关系的营业外收支等。由此可见，反映企业财务成果的利润，就其构成内容来看，既有通过生产经营活动而获得的，也有通过投资活动而获得的，还有那些与生产经营活动没有直接关系的各项收支等。按照我国会计准则及会计制度的规定，制造业企业的利润一般包括营业利润和营业外收支等内容。也就是说，企业在生产经营过程中通过销售活动将商品卖给购买方，实现收入，扣除当初的投入成本以及其他一系列费用，再加减非经营性质的收支等，就形成了企业的利润或亏损总额。有关利润指标各个层次的计算公式表达如下：

利润（或亏损）总额=营业利润+营业外收入-营业外支出

上式中的营业利润是企业利润的主要来源，营业利润这一指标能够比较恰当地反映企业管理者的经营业绩。营业利润等于营业收入（包括主营业务收入和其他业务收入）减去营业成本（包括主营业务成本和其他业务成本）、税金及附加、期间费用、资产减值损失，再加上（或减去）公允价值变动净损益、投资净损益、资产处置净损益等，用公式表示，即

营业利润=营业收入-营业成本-税金及附加-销售费用-管理费用-财务费用-资产减值损失±公允价值变动净损益±投资净损益±资产处置净损益

营业外收入，是指与企业正常的生产经营活动没有直接关系的各项收入，包括报废毁损固定资产利得、报废毁损无形资产利得、债务重组利得等。营业

外收入是企业的一种纯收入，不需要也不可能与有关费用进行配比，事实上企业为此并没有付出代价，因此，在会计核算中应严格区分营业外收入与营业收入的界限。发生营业外收入时，应按其实际发生数进行核算，并直接增加企业的利润总额。

营业外支出，是指与企业正常生产经营活动没有直接关系的各项支出，包括固定资产盘亏支出、报废毁损固定资产损失、报废毁损无形资产损失、非常损失、债务重组损失、公益性捐赠支出等。营业外收入与营业外支出应当分别核算，不能以营业外支出直接冲减营业外收入，同样，也不能以营业外收入直接冲减营业外支出。在实际发生营业外支出时，直接冲减企业当期的利润总额。

企业实现了利润总额之后，首先应向国家缴纳所得税费用，扣除所得税费用后的利润即为净利润，净利润的计算公式为：

净利润=利润总额-所得税费用

利润总额和净利润的构成式中的营业利润的内容，我们在销售过程核算中已经作了部分介绍，接下来我们要对营业利润构成项目中的期间费用、投资收益以及净利润构成中的营业外收支、所得税费用的核算内容进行阐述，以便说明企业在一定时期内的净利润的形成过程，并在此基础上，进一步讨论净利润分配的核算内容。

4.3.2 利润形成

1.营业利润形成过程的核算

（1）期间费用的核算

期间费用，是指不能直接归属于某个特定的产品成本，而应直接计入当期损益的各种费用。它是企业在经营过程中随着时间的推移而不断发生的与产品生产活动的管理和销售有一定的关系，但与产品的制造过程没有直接关系的各种费用。一般来说，能够很容易地确定期间费用应归属的会计期间，但难以确定其应归属的产品。也就是说，难以确定其直接的负担者，所以期间费用不计入产品制造成本，而是从当期损益中予以扣除。

期间费用包括为管理企业的生产经营活动而发生的管理费用，为筹集资金而发生的财务费用，为销售商品而发生的销售费用等。这些费用的发生对企业取得收入有很大的作用，但很难与各类收入直接配比，所以将其视为与某一期间的营业收入相关的期间费用按其实际发生额予以确认。有关期间费用中的财务费用的具体内容在 3.1.3 即债务筹资业务中已经作了详细的阐述，这里只对期间费用中的管理费用和销售费用的内容进行介绍。

管理费用，是指企业行政管理部门为组织和管理企业的生产经营活动而发生的各种费用，包括企业在筹建期间内发生的开办费、董事会和行政管理部门在企业的经营管理中发生的或者应由企业统一负担的公司经费（包括行政管理部门的职工薪酬、物料消耗、低值易耗品摊销、办公费和差旅费等）、工会经费、董事会费（包括董事会成员津贴、会议费和差旅费等）、聘请中介机构费、咨询费（含顾问费）、诉讼费、业务招待费、技术转让费、研究费用、排污费以及行政管理部门发生的固定资产折旧费、修理费等。

销售费用是指企业在销售商品和材料、提供劳务等日常经营过程中发生的各项费用，包括保险费、包装费、展览费和广告费、商品维修费、预计产品质量保证损失、运输费、装卸费以及为销售本企业的商品而专设的销售机构（含销售网点、售后服务网点等）的职工薪酬、业务费、折旧费等经营费用。

为了核算期间费用的发生情况，除“财务费用”账户外，企业还需要设置以下账户：

1）“管理费用”账户。该账户的性质是损益类，用来核算企业行政管理部门为组织和管理企业的生产经营活动而发生的各项费用。其借方登记发生的各项管理费用，贷方登记期末转入“本年利润”账户的管理费用额，经过结转之后，本账户期末没有余额。管理费用账户应按照费用项目设置明细账户，进行明细分类核算。

“管理费用”账户的结构如下：

管理费用

本期发生的管理费用	期末转入“本年利润”账户的管理费用

2）“销售费用”账户。该账户的性质是损益类，用来核算企业在销售商品过程中发生的各项销售费用及其结转情况。其借方登记发生的各项销售费用，贷方登记期末转入“本年利润”账户的销售费用额，经结转后，该账户期末没有余额。“销售费用”账户应按照费用项目设置明细账户，进行明细分类核算。“销售费用”账户的结构如下：

销售费用	
本期发生的销售费用	期末转入“本年利润”账户的销售费用

以下举例说明期间费用的总分类核算：

【例 4-16】 燕宏有限责任公司的公出人员李好出差归来报销差旅费 2460 元，原借款 3000 元，余额退回现金。

差旅费属于企业的期间费用，在“管理费用”账户核算。这项经济业务的发生，一方面使得公司的管理费用增加 2460 元，库存现金增加 540 元（3000−2460），另一方面使得公司的其他应收款这项债权减少 3000 元，因此，该项经济业务涉及“管理费用”“库存现金”和“其他应收款”三个账户。管理费用的增加是费用的增加，应记入“管理费用”账户的借方；现金的增加是资产的增加，应记入“库存现金”账户的借方；其他应收款的减少是资产（债权）的减少，应记入“其他应收款”账户的贷方。这项经济业务应编制的会计分录如下：

借：管理费用	2460	
库存现金	540	
贷：其他应收款——李好		3000

【例4-17】燕宏有限责任公司用现金支付董事会成员津贴及咨询费126 320元。

这项经济业务的发生，一方面使得公司的管理费用增加 126 320 元，另一方面使得公司的现金减少 126 320 元，因此，该项经济业务涉及“管理费用”和“库存现金”两个账户。管理费用的增加是费用的增加，应记入“管理费用”账户的借方；现金的减少是资产的减少，应记入“库存现金”账户的贷方。这项经济业务应编制的会计分录如下：

借：管理费用　　126 320
　贷：库存现金　　126 320

【例4-18】燕宏有限责任公司用银行存款5200元支付销售产品的运输费。

这项经济业务的发生，一方面使得公司的销售费用增加 5200 元，另一方面使得公司的银行存款减少 5200 元，因此，该项经济业务涉及“销售费用”和“银行存款”两个账户。销售费用的增加是费用的增加，应记入“销售费用”账户的借方；银行存款的减少是资产的减少，应记入“银行存款”账户的贷方。这项经济业务应编制的会计分录如下：

借：销售费用　　5200
　贷：银行存款　　5200

【例4-19】燕宏有限责任公司下设一个销售网点，经计算确定该网点销售人员的工资为41 610元。

销售机构人员的工资属于销售费用。这项经济业务的发生，一方面使得公司的销售费用增加 41 610 元，另一方面使得公司的应付职工薪酬增加 41 610 元，因此，该项经济业务涉及“销售费用”和“应付职工薪酬”两个账户。销售费用的增加是费用的增加，应记入“销售费用”账户的借方；应付职工薪酬的增加是负债的增加，应记入“应付职工薪酬”账户的贷方。这项经济业务应编制的会计分录如下：

借：销售费用　　41 610
　贷：应付职工薪酬用　　41 610

【例 4-20】燕宏有限责任公司以银行存款支付行政管理部门办公费 21 000 元。

根据管理费用所包括的具体内容可知，这项经济业务的发生，一方面使得公司的管理费用增加 21 000 元，另一方面使得公司银行存款减少 21 000 元，因此，该项经济业务涉及“管理费用”和“银行存款”两个账户。管理费用的增加是费用的增加，应记入“管理费用”账户的借方；银行存款的减少是资产的减少，应记入“银行存款”账户的贷方。这项经济业务应编制的会计分录如下：

借：管理费用　　21 000

　　贷：银行存款　　21 000

综合上述业务可以确定，本月发生的期间费用共计 438 490 元。其中：管理费用 389 180 元（210 000+29 400+2460+126 320+21 000），财务费用 2500 元，销售费用 46 810 元（5200+41 610）。

通过前述各项经营业务内容的核算，就可以计算确定企业的营业利润。在销售过程的核算中，燕宏有限责任公司通过销售商品，实现的主营业务收入为 2 274 000 元（240 000+576 000+258 000+1 400 000−200 000），结转的主营业务成本为 1 526 400 元，发生的税金及附加为 60 000 元（59 500+500）；另外，公司在其他业务活动中实现的其他业务收入为 134 000 元（28 000+100 000+6 000），发生其他业务的成本为 20 680 元（16 000+4 680）；公司的期间费用共计 438 490 元，其中管理费用为 389 180 元，财务费用为 2500 元，销售费用为 46 810 元。将上述主营业务收支、其他业务收支、期间费用以及投资收益的内容综合起来，就可以计算出燕宏有限责任公司的营业利润：

营业利润=2 274 000+134 000−1 526 400−20 680−60 000−46 810−389 180−2500

=362 430（元）

2.净利润形成过程的核算

（1）营业外收支的核算

企业的营业外收支是指与企业正常的生产经营业务没有直接关系的各项收入和支出，包括营业外收入和营业外支出。营业外收支虽然与企业正常的生产经营活动没有直接关系，但从企业主体考虑，营业外收支同样能够增加或减少企业的利润，对利润或亏损总额乃至净利润会产生一定的影响。在会计核算过程中，一般按照营业外收支具体项目发生的时间，按其实际数额在当期作为利润的加项或减项分别予以确认和计量。

为了核算营业外收支的具体内容，需要设置以下账户：

1）“营业外收入”账户。该账户的性质是损益类，用来核算企业各项营业外收入的实现及其结转情况。其贷方登记营业外收入的实现（即营业外收入的增加），借方登记期末转入“本年利润”账户的营业外收入额，经过结转之后，该账户期末没有余额。营业外收入账户应按照收入的具体项目设置明细账户，进行明细分类核算。

“营业外收入”账户的结构如下：

营业外收入	
期末转入“本年利润”账户的营业外收入	本期实现的营业外收入（增加）

2）“营业外支出”账户，该账户的性质是损益类，用来核算企业各项营业外支出的发生及其转销情况。其借方登记营业外支出的发生（即营业外支出的增加），贷方登记期末转入“本年利润”账户的营业外支出额，经过结转之后，该账户期末没有余额。营业外支出账户应按照支出的具体项目设置明细账户，进行明细分类核算。

“营业外支出”账户的结构如下：

营业外支出	
本期发生的营业外支出（增加）	期末转入“本年利润”账户的营业外支出

下面举例说明营业外收支的总分类核算：

【例4-21】燕宏有限责任公司收到与其日常活动无关的政府补助资金157 570元，存入银行。

与企业日常活动无关的政府补助资金属于企业的营业外收入。这项经济业务的发生，一方面使得公司的银行存款增加157 570元，另一方面使得公司的营业外收入增加157 570元，因此，该项经济业务涉及“银行存款”和“营业外收入”两个账户。银行存款的增加是资产的增加，应记入“银行存款”账户的借方；营业外收入的增加是收益的增加，应记入“营业外收入”账户的贷方。这项经济业务应编制的会计分录如下：

借：银行存款　　157 570

　　贷：营业外收入　　157 570

【例 4-22】燕宏有限责任公司用银行存款 20 000 元支付一项公益性捐赠。

企业的公益性捐赠属于营业外支出。这项经济业务的发生，一方面使得公司的银行存款减少 20 000 元，另一方面使得公司的营业外支出增加 20 000 元，因此，该项经济业务涉及“银行存款”和“营业外支出”两个账户。营业外支出的增加是费用支出的增加，应记入“营业外支出”账户的借方；银行存款的减少是资产的减少，应记入“银行存款”账户的贷方。这项经济业务应编制的会计分录如下：

借：营业外支出　　20 000

　　贷：银行存款　　20 000

根据上述业务内容可知，公司实现的营业外收入为 157 570 元，发生的营业外支出为 20 000 元，因而营业外收支净额为 137 570 元（157 570−20 000）。

（2）所得税费用的核算

企业的净利润是由利润总额减去所得税费用计算而得的。利润总额的各个构成项目我们已在前面作了全面的阐述，在利润总额的基础上，进行适当的纳税调整，依据所得税税率就可以计算所得税费用，进而计算确定净利润。

1）利润总额的计算

前已述及，企业在一定时期内所实现的经营成果即利润或亏损总额是由营业利润、营业外收入和营业外支出等几项内容所组成，而对于这几项构成内容，我们已在前面通过具体经济业务的实例作了说明，把这些具体经济业务综合起来，就可以计算确定燕宏有限责任公司在本期所实现的利润总额。

燕宏有限责任公司本期实现的营业利润为362 430元，营业外收入为157 570元，营业外支出为20 000元。其利润总额为：

利润总额=362 430+157 570−20 000=500 000（元）

利润总额计算出来之后，形成了企业在一定会计期间的所得，针对这个所得要按照税法的规定计算缴纳所得税费用。

2）所得税费用的核算

所得税费用是企业按照国家税法的有关规定，对企业某一经营年度实现的经营所得和其他所得，按照相应的所得税税率计算缴纳的一种税款。所得税费用是企业使用政府所提供的各种服务而向政府支付的报酬。缴纳企业所得税是每一个盈利企业应尽的义务。

所得税费用从本质上说是以在分配领域内产生的各项收益额为课征对象的一个通行税种，也就是说，不论是企业还是个人，只要有收益就应该缴纳所得税。由于税收具有自动改变和累进的功能，它随着课征客体的收益的大小而随时作出调整，所以这种累进的所得税（其他税种也是如此）对国家经济起着自动调节的作用，是国家经济的内在稳定器。从另外一个角度来考察，对于一个经营实体而言，向国家缴纳了所得税，意味着其资源的流出、经济利益的减少，而且税收又具有强制性和无偿性，所以应将所得税作为经营实体的一种费用看待，这不仅符合费用要素的定义，也符合配比原则的要求。

所得税是根据企业的所得额征收的，而企业的所得额又可以依据不同的标准分别计算确定，即所谓的会计所得和纳税所得。会计所得是由企业根据会计准则、制度等的要求确认的收入与费用进行配比计算得出的税前会计利润，纳税所得是根据税收法规规定的收入和准予扣除的费用计算得出的企业纳税所得，即应税利润。由于会计法规和税收法规是两个不同的经济范畴，两者的适度分离被认为是允许的，实际上它们分别遵循着不同的原则和方法，规范着不同的对象。会计的最终目标是提供财务报告，全面、真实、完整地反映企业的财务状况和经营成果，为会计信息的使用者提供有用的会计信息；税法的目的是确保税收收入。两者目标上的不同导致了收益确定上的差异。因此，按照会计法规计算确定的会计利润与按照税收法规计算确定的应税利润对同一个企业的同一个会计期间来说，其计算的结果往往不一致，在计算口径和确认时间方面存在一定的差异，即计税差异，我们一般将这个差异称为纳税调整项目。

企业所得税通常是按年计算、分期预交、年末汇算清缴的，其计算公式为：

应交所得税=应纳税所得额×所得税税率

应纳税所得额=利润总额±所得税前利润中予以调整的项目

公式中的所得税前利润中的调整项目包括纳税调整增加项目和纳税调整减少项目两部分。纳税调整增加项目主要包括税法规定不允许扣除项目，企业已计入当期费用但超过税法规定扣除标准的金额，如超过税法规定标准的工资支出、业务招待费支出、税收罚款滞纳金、非公益性捐赠支出等；纳税调整减少项目主要包括按税法规定允许弥补的亏损和准予免税的项目，如 5 年内未弥补完的亏损、国债的利息收入等。由于纳税调整项目的内容比较复杂，在本教材中，为了简化核算，我们一般假设纳税调整项目为零，因而就可以以会计上的利润总额为基础计算所得税税额。企业的所得税税率通常为 25%，各期预交所得税的计算公式为：

当前期累计应交所得税=当前期累计应纳税所得额×所得税税率

当前期应交所得税=当前期累计应交所得税-上期累计已交所得税

为了核算所得税费用的发生情况，在会计上需要设置“所得税费用”账户。该账户的性质是损益类，用来核算企业按照有关规定应在当期损益中扣除的所得税费用的计算及其结转情况。其借方登记按照应纳税所得额计算出的所得税费用额，贷方登记期末转入“本年利润”账户的所得税费用额，经过结转之后，该账户期末没有余额。

“所得税费用”账户的结构如下：

所得税费用

计算出的所得税费用额	期末转入“本年利润”账户的所得税费用额

下面举例说明所得税费用的总分类核算：

【例 4-23】根据前述内容，我们已经确定燕宏有限责任公司本期实现的利润总额为 500 000 元，假设没有纳税调整项目，按照 25%的税率计算本期的所得税费用为 125 000 元（500 000×25%）。

本期应交所得税计算出来之后，一般在当期并不实际缴纳，所以在形成所得税费用的同时也产生了企业的一项负债。这项经济业务的发生，一方面使得公司的所得税费用增加 125 000 元，另一方面使得公司的应交税费增加 125 000 元，因此，该项经济业务涉及“所得税费用”和“应交税费——应交所得税”两个账户。所得税费用的增加是费用的增加，应记入“所得税费用”账户的借方；应交税费的增加是负债的增加，应记入“应交税费——应交所得税”账户的贷方。这项经济业务应编制的会计分录如下：

借：所得税费用　　125 000

　　贷：应交税费——应交所得税　　125 000

（3）净利润的核算

为了核算企业一定时期内财务成果的具体形成情况，在会计上需要设置“本年利润”账户。该账户的性质是所有者权益类，用来核算企业一定时期内净利润的形成或亏损的发生情况。其贷方登记会计期末转入的各项收入，包括主营业务收入、其他业务收入、投资净收益和营业外收入等，借方登记会计期末转入的各项费用，包括主营业务成本、税金及附加、其他业务成本、管理费用、财务费用、销售费用、投资净损失、营业外支出和所得税费用等。该账户年内期末余额如果在贷方，表示实现的累计净利润；如果在借方，表示累计发生的亏损。年末应将该账户的余额转入“利润分配”账户（如果是净利润，应自该账户的借方转入“利润分配”账户的贷方；如果是亏损，应自该账户的贷方转入“利润分配”账户的借方），经过结转之后，该账户年末没有余额。关于“本年利润”账户的核算内容，应结合利润形成核算的“账结法”和“表结法”加以理解。

“本年利润”账户的结构如下：

本年利润

期末转入的各项费用：	期末转入的各项收入：
主营业务成本	主营业务收入
税金及附加	其他业务收入
其他业务成本	营业外收入
管理费用	
财务费用	
销售费用	
投资净损失	
营业外支出	
所得税费用	
期末余额：累计亏损	期末余额：累计净利润

会计期末（月末或年末）结转各项收入时，借记“主营业务收入”“其他业务收入”“投资收益”“营业外收入”等账户，贷记“本年利润”账户；结转各项费用时，借记“本年利润”账户，贷记“主营业务成本”“税金及附加”“其他业务成本”“管理费用”“财务费用”“销售费用”“营业外支出”“所得税费用”等账户。如果“投资收益”账户反映的为投资净损失，则应进行相反的结转。

下面举例说明利润总额和净利润形成业务的总分类核算：

【例4-24】燕宏有限责任公司在会计期末将本期实现的各项收入包括主营业务收入2 274 000元、其他业务收入134 000元、营业外收入157 570元转入“本年利润”账户。

会计期末，企业未结转各种损益类账户之前，本期实现的各项收入以及与之相配比的成本费用是分散反映在不同的损益类账户上的。为了遵循配比的要求，使本期的收支相抵减，以便确定本期的经营成果，就需要编制结账分录，结清各损益类账户。这项经济业务的发生，一方面使得公司的有关损益类账户所记录的各种收入减少了，另一方面使得公司的利润额增加了，因此，该项经济业务涉及“主营业务收入”“其他业务收入”“营业外收入”“本年利润”五个账户。各项收入的结转是收入的减少，应记入“主营业务收入”“其他业务收入”“营业外收入”账户的借方；利润的增加是所有者权益的增加，应记入“本年利润”账户的贷方。这项经济业务应编制的会计分录如下：

借：主营业务收入　　2 274 000
　　其他业务收入　　134 000
　　营业外收入　　157 570
　　贷：本年利润　　2 565 570

【例 4-25】燕宏有限责任公司在会计期末将本期发生的各项费用，包括主营业务成本 1 526 400 元、税金及附加 60 000 元、其他业务成本 20 680 元、管理费用 389 180 元、财务费用 2500 元、销售费用 46 810 元、营业外支出 20 000 元转入“本年利润”账户。

这项经济业务的发生，一方面需要将记录在有关损益类账户中的各项费用予以转销，另一方面结转费用会使得公司的利润减少，因此，该项经济业务涉及“本年利润”“主营业务成本”“税金及附加”“其他业务成本”“管理费用”“财务费用”“销售费用”“营业外支出”八个账户。各项支出的结转是费用支出的减少，应记入“主营业务成本”“税金及附加”“其他业务成本”“管理费用”“财务费用”“销售费用”“营业外支出”账户的贷方；利润的减少是所有者权益的减少，应记入“本年利润”账户的借方。这项经济业务应编制的会计分录如下：

借：本年利润　　2 065 570
　　贷：主营业务成本　　1 526 400
　　　　其他业务成本　　20 680
　　　　税金及附加　　60 000
　　　　管理费用　　389 180
　　　　财务费用　　2500
　　　　销售费用　　46 810
　　　　营业外支出　　20 000

通过上项结转，本月的各项收入和费用（不包括所得税）都汇集于“本年利润”账户。遵循配比要求，将收入与费用进行抵减，我们就可以根据“本年利润”账户的借、贷方的记录确定利润总额。本期燕宏有限责任公司实现的利润总额为 500 000 元（2 565 570−2 065 570）。根据利润总额就可以计算应交所得税，所得税作为一项费用还应在会计期末转入“本年利润”账户，以便计算净利润。

【例 4-26】燕宏有限责任公司在会计期末将计算出的所得税费用转入“本年利润”账户。

燕宏有限责任公司本期计算出的所得税费用为 125 000 元。这项经济业务的发生，一方面使得公司的所得税费用减少 125 000 元，另一方面使得公司的利润额减少 125 000 元。所得税费用的减少是费用支出的减少，应记入“所得税费用”账户的贷方；利润的减少是所有者权益的减少，应记入“本年利润”账户的借方。这项经济业务应编制的会计分录如下：

借：本年利润　　125 000

　　贷：所得税费用　　125 000

所得税费用转入“本年利润”账户之后，就可以根据“本年利润”账户的借、贷方记录的各项收入和费用计算确定企业的净利润额，即

$$净利润=500\ 000-125\ 000=375\ 000$$

企业通过净利润形成过程的核算，形成了一定时期内的财务成果，即净利润。对于实现的净利润应按照国家的有关规定在各相关方面进行合理的分配。

4.3.3 利润分配

利润分配是指企业根据国家有关规定和企业章程、投资者协议等，对企业可供分配利润指定其特定用途和分配给投资者的行为。股份公司实现的净利润应按公司法、公司章程以及股东大会决议的要求进行分配。利润分配的过程和结果不仅关系到每个股东的权益是否得到保障，而且关系到企业的未来发展问题，所以必须做好企业利润的分配工作，并依据利润分配的具体方案进行会计核算。

1.利润分配的顺序

企业净利润分配的去向主要有以利润的形式分配给投资者，作为投资者对企业投资的回报；以公积金的形式留归企业，用于企业扩大生产经营；以未分配利润的形式留存于企业，以备将来分配之用。

根据《公司法》等有关法律、法规的规定，企业当年实现的净利润，首先应弥补以前年度尚未弥补的亏损，对于剩余部分，应按照下列顺序进行分配：

（1）提取法定盈余公积。按照《公司法》的有关规定，公司制企业应按净利润的10%提取法定盈余公积；非公司制企业可以根据需要自行确定法定盈余公积提取比例，但不得低于10%。企业提取的法定盈余公积累计额超过注册资本50%以上的，可以不再提取。

（2）提取任意盈余公积。企业提取法定盈余公积后，经股东大会或类似权力机构决议，还可以按照净利润的一定比例提取任意盈余公积。

（3）向投资者分配利润或股利。企业实现的净利润在扣除上述项目后，再加上年初未分配利润和其他转入数（公积金弥补的亏损等），形成可供投资者分配的利润，用公式表示为：

可供投资者分配的利润=净利润-弥补以前年度的亏损-提取的法定盈余公积-提取的任意盈余公积+以前年度未分配利润+公积金转入数

可供投资者分配的利润，应按下列顺序进行分配：

1）支付优先股股利。是指企业按照利润分配方案分配给优先股股东的现金股利，优先股股利是按照约定的股利率计算支付。

2）支付普通股现金股利。是指企业按照利润分配方案分配给普通股股东的现金股利，普通股现金股利一般按各股东持有股份的比例进行分配。如果是非股份制企业，则为分配给投资者的利润。

3）转作资本（或股本）的普通股股利。是指企业按照利润分配方案以分派股票股利的形式转作的资本（或股本）。

可供投资者分配的利润经过上述分配之后，为企业的未分配利润（或未弥补亏损），年末未分配利润可按下式计算：

本年末未分配利润=可供投资者分配的利润-优先股股利-普通股股利

未分配利润是企业留待以后年度进行分配的利润或等待分配的利润，它是所有者权益的一个重要组成部分。相对于所有者权益的其他部分来说，企业对于未分配利润的使用具有较大的自主权。

2.利润分配业务的核算

为了核算企业利润分配的具体过程及结果，全面贯彻企业利润分配政策，以便于更好地进行利润分配业务的核算，需要设置以下几个账户：

（1）“利润分配”账户。该账户的性质是所有者权益类，用来核算企业一定时期内净利润的分配或亏损的弥补以及历年结存的未分配利润（或未弥补亏损）情况。其借方登记实际分配的利润额，包括提取的盈余公积和分配给投资者的利润以及年末从“本年利润”账户转入的全年累计亏损额；贷方登记用盈余公积弥补的亏损额等其他转入数以及年末从“本年利润”账户转入的全年实现的净利润额。年内期末余额如果在借方，表示已分配的利润额；年末余额如果在借方，表示未弥补的亏损额；期末余额如果在贷方，表示未分配利润额。“利润分配”账户一般应设置以下几个主要的明细账户：“盈余公积补亏”“提取法定盈余公积”“提取任意盈余公积”“应付现金股利或利润”“转作资本（或股本）的股利”“未分配利润”等。年末，应将“利润分配”账户下的其他明细账户的余额转入“未分配利润”明细账户。经过结转后，除“未分配利润”明细账户有余额外，其他各个明细账户均无余额。

“利润分配”账户的结构如下：

利润分配

实际分配的利润额： 提取法定盈余公积 应付现金股利 转作资本的股利 年末转入的亏损	盈余公积补亏 年末从“本年利润”账户转入的全年净利润
年内余额：已分配利润额 年末余额：未弥补亏损额	期末余额，未分配利润

必须注意，企业对实现的净利润进行利润分配，意味着企业实现的净利润这项所有者权益的减少，本应在“本年利润”账户的借方进行登记，表示直接

冲减本年已实现的净利润额。但是如果这样处理，“本年利润”账户的期末贷方余额就只能表示实现的利润额减去已分配的利润额之后的差额，即未分配利润额，而不能提供本年累计实现的净利润额这项指标，而累计净利润指标又恰恰是企业管理上需要提供的一个非常重要的指标。因此，为了使“本年利润”账户能够真实地反映企业一定时期内实现的净利润数据，同时又能够通过其他账户提供企业未分配利润数据，在会计核算中，专门设置了“利润分配”账户，用以提供企业已分配的利润额。这样就可以根据需要，将“本年利润”账户的贷方余额（即累计净利润）与“利润分配”账户的借方余额（即累计已分配的利润额）相抵减，以求得未分配利润这项管理上所需要的指标。因而，对于“利润分配”账户，一定要结合“本年利润”账户加以深刻理解。

（2）“盈余公积”账户。该账户的性质是所有者权益类，用来核算企业从税后利润中提取的盈余公积，包括法定盈余公积、任意盈余公积的增减变动及其结余情况。其贷方登记提取的盈余公积，即盈余公积的增加，借方登记实际使用的盈余公积，即盈余公积的减少。期末余额在贷方，表示结余的盈余公积。“盈余公积”应设置下列明细账户：“法定盈余公积”“任意盈余公积”等。

“盈余公积”账户的结构如下：

盈余公积

实际使用的盈余公积（减少）	年末提取的盈余公积（增加）
	期末余额：结余的盈余公积

（3）“应付股利”账户。该账户的性质是负债类，用来核算企业按照股东大会或类似权力机构决议分配给投资者股利（现金股利）或利润的增减变动及其结余情况。其贷方登记应付给投资人股利（现金股利）或利润的增加，借方登记实际支付给投资人的股利（现金股利）或利润，即应付股利的减少。期末余额在贷方，表示尚未支付的股利（现金股利）或利润。这里需要注意的是，企业分配给投资人的股票股利不在本账户核算。

“应付股利”账户的结构如下：

应付股利

实际支付的利润或股利	应付未付的利润或股利
	期末余额：尚未支付的利润或股利

下面举例说明利润分配业务的总分类核算：

【例4-27】燕宏有限责任公司经股东大会批准，按净利润的10%提取法定盈余公积。

根据前述业务可知，燕宏有限责任公司本年实现的净利润为 375 000 元，因而提取的法定盈余公积为 37 500 元（375 000×10%）。公司提取盈余公积业务的发生，一方面使得公司的已分配利润额增加 37 500 元，另一方面使得公司的盈余公积增加了 37 500 元，因此，该项经济业务涉及“利润分配”和“盈余公积”两个账户。已分配利润额的增加是所有者权益的减少，应记入“利润分配”账户的借方，盈余公积的增加是所有者权益的增加，应记入“盈余公积”账户的贷方。这项经济业务应编制的会计分录如下：

借：利润分配——提取法定盈余公积　　　37 500
　　贷：盈余公积——法定盈余公积　　　　37 500

【例4-28】燕宏有限责任公司按照股东大会决议，分配给股东的现金股利为80 000元，股票股利为100 000元。

这里首先需要说明，股票股利和现金股利是有区别的。对于现金股利，在股东大会批准利润分配方案之后，立即进行账务处理；股票股利在股东大会批准利润分配方案并办理了增资手续之后，才能进行相应的账务处理。这项经济业务的发生，需要处理两部分内容：对于现金股利的分配，一方面使得公司的已分配利润额增加 180 000 元（100 000+80 000），另一方面，现金股利虽然已决定分配给股东，但在分配的当时并不实际支付，所以形成公司的一项负债，使得公司的应付股利增加 80 000 元，因此，该项经济业务涉及“利润分配”和

“应付股利”两个账户。已分配利润的增加是所有者权益的减少，应记入“利润分配”账户的借方；应付股利的增加是负债的增加，应记入“应付股利”账户的贷方；对于股票股利，在分配时，应按面值记入“实收资本”账户（如有超面值部分应增加资本公积）。这项经济业务应编制的会计分录如下：

（1）对于现金股利：

借：利润分配——应付现金股利　　80 000

　　贷：应付股利　　80 000

（2）对于股票股利：

借：利润分配——转作资本（或股本）的股利　　100 000

　　贷：实收资本　　100 000

【例 4-29】燕宏有限责任公司以前年度累计未弥补亏损 28 000 元，已经超过了用税前利润弥补的期限。经股东大会决议，用盈余公积全额弥补。

企业发生的亏损，可以用实现的利润弥补，也可以用积累的盈余公积弥补。用盈余公积弥补亏损，相当于增加可供分配的利润。这项经济业务的发生，一方面使得公司的盈余公积减少 28 000 元，另一方面使得公司的可供分配利润增加 28 000 元，因此，该项经济业务涉及“盈余公积”和“利润分配”两个账户。盈余公积的减少是所有者权益的减少，应记入“盈余公积”账户的借方；可供分配利润的增加是所有者权益的增加，应记入“利润分配”账户的贷方。这项经济业务应编制的会计分录如下：

借：盈余公积　　28 000

　　贷：利润分配——盈余公积补亏　　28 000

【例 4-30】燕宏有限责任公司在期末结转本期实现的净利润。

燕宏有限责任公司本期实现的净利润为 375 000 元。结转净利润这项经济业务的发生，一方面使得公司记录在“本年利润”账户的累计净利润减少 375 000 元，另一方面使得公司可供分配的利润增加 375 000 元，因此，该项经济业务涉及“本年利润”和“利润分配”两个账户。结转净利润时，应将净利润从“本年利润”账户的借方转入“利润分配”账户的贷方（如果结转亏损，则进行相反的处理）。这项业务应编制的会计分录如下：

借：本年利润　　　　　　　　　　　　　　　375 000

　　贷：利润分配——未分配利润　　　　　　　　　375 000

【例 4-31】燕宏有限责任公司在会计期末结清利润分配账户所属的各有关明细账户。

通过前述有关的经济业务的处理，可以确定燕宏有限责任公司“利润分配”所属有关明细账户的记录分别为：“提取法定盈余公积”明细账户余额为 37 500 元，“应付现金股利”明细账户的余额为 80 000 元，“转作资本（或股本）的股利”明细账户余额为 100 000 元，“盈余公积补亏”明细账户的余额为 28 000 元（贷方）。结清时，应将各个明细账户的余额从其相反方向分别转入“未分配利润”明细账户中。也就是借方的余额从贷方结转，贷方的余额从借方结转。这项经济业务应编制的会计分录如下：

（1）借：利润分配——未分配利润　　　　　　　　217 500

　　　　贷：利润分配——提取法定盈余公积　　　　　　37 500

　　　　　　　　　——应付现金股利　　　　　　　　80 000

　　　　　　　　　——转作资本（或股本）的股利　　100 000

（2）借：利润分配——盈余公积补亏　　　　　　　28 000

　　　　贷：利润分配——未分配利润　　　　　　　　28 000

一、复习思考题

1.如何确认、计量商品的销售收入？

2.什么是财务成果？反映企业财务成果的主要指标有哪些？

3.如何计算企业的营业利润？

4.企业的利润总额由哪些项目构成？如何计算企业的净利润？

5.如何结转收入和费用？

6.企业利润分配的一般顺序是怎样的?

7.你认为制造企业主要经济业务核算的重点和难点有哪些?

二、业务处理题

请对该企业本月发生的经济业务进行相应的账务处理。

（1）销售商品一批，开具增值税专用发票，注明金额 20 万元，税金 2.6 万元。该批商品成本为 3 万元。

（2）本月发生管理费用 3 万元。

（3）发生销售部门的广告宣传费 2 万元，取得增值税专用发票，注明税金 0.12 万元。

（4）支付本月应负担的利息费用为 0.5 万元。

（5）由于环保不合格，支付行政罚款 1 万元。

（6）月末，结转损益类科目核算该企业利润及其分配情况。

企业适用的企业所得税税率为 25%，且不考虑税法与会计准则之间存在的差异。

第 5 章　资产负债表

学习目标：

（1）理解资产负债表的作用。

（2）掌握资产负债表的构成。

（3）了解资产负债表附注的作用。

（4）能够对资产负债表反映的信息进行深入思考。

5.1 资产负债表的作用及局限性

5.1.1 资产负债表的作用

资产负债表，是指反映企业在某一特定日期财务状况的报表。它反映企业在某一特定日期所拥有或控制的经济资源、所承担的现时义务和所有者对净资产的要求权。

通过资产负债表可以了解到：

第一，提供某一日期资产的总额及其结构，表明企业拥有或控制的资源及其分布情况，使用者可以一目了然地从资产负债表上了解企业在某一特定日期所拥有的资产总量及其结构。

第二，提供某一日期的负债总额及其结构，表明企业未来需要用多少资产或产品、劳务清偿债务以及清偿的时间。

第三，反映所有者所拥有的权益，据以判断资本保值、增值的情况以及对全部负债的保障程度。

第四，提供进行财务分析的基本资料，如将流动资产与流动负债进行比较，计算出流动比率；将速动资产与流动负债进行比较，计算出速动比率等。

可以表明企业的变现能力、偿债能力和资产周转能力，从而有利于报表使用者作出经济决策。

5.1.2 资产负债表的局限性

资产负债表固然有其上述重要作用，但是其局限性也不能视而不见，资产负债表的局限性主要有以下四点：

第一，资产负债表是以历史成本为报告基础的，它不反映资产、负债和所有者权益的现行市场价值。

资产负债表表中的信息虽有客观、可核实之优点，然而，由于通货膨胀的影响，账面上的原始成本与编表日的现时价值已相去甚远。例如，10 年前购入的房屋，价格已涨了好几倍，甚至几十倍，但报表上仍以 10 年前购入的成本扣除累计折旧后的净额列报，难免不符合实际，削弱了信息对报表使用者的作用。又如在账面上已资不抵债的企业，在清算时，不仅有可能债权人能收回全部债权，而且所有者在分配剩余财产时还能有所收获，等等。

许多会计工作者纷纷指出历史成本信息的种种缺陷，提出用重置成本、可变现净值、未来现金流量现值等计量属性取代历史成本，或者在通货膨胀时用一般物价指数调整历史成本会计信息作为补充，以提高会计信息的决策有用性。目前，在资产负债表中，存货按照可变现净值与成本孰低原则进行列示，以出售为目的或者出售与收取合同现金流量兼而有之的股票、债券等金融资产中以公允价值计量。但是，要注意应在保证会计信息可靠性的前提下，适度引入其他计量属性。

第二，资产负债表会遗漏无法用货币计量的重要经济资源和义务信息。

会计四个基本假设之一是货币计量，因此，会计信息主要是能用货币表述的信息。虽然利用货币单位的形式能够进行有效的计量，完成对不同类型资产的计算，但是这种计算模式也存在着一定的局限性。比如，对于企业本身所蕴含的企业文化、企业口碑、产品质量等就无法利用货币单位进行有效的计算，可能会造成对企业价值估算不合理的状况。其他信息如企业的人力资源（包括人数、知识结构和工作态度）、固定资产在全行业的先进程度、企业所承担的社会责任（如退休金和职工家属的医疗费支出）等信息对决策均具有影响力。

现行实务处理并不将其作为资产和负债纳入资产负债表中。

第三，资产负债表的信息包含了许多估计数。

资产负债表列示的诸多项目均受到会计估计的影响。例如，应收账款、固定资产和无形资产等。上述资产项目的列报需要计算坏账准备、固定资产累计折旧和无形资产摊销的金额。而准备和折旧摊销分别是基于坏账百分比、固定资产使用年限和无形资产摊销期限等因素的估计。此外，负债项目也会涉及会计估计，最典型的比如说预计负债。企业涉及的未决诉讼，其结果具有不确定性，败诉需要向对方赔偿的金额需要估计，从而形成列报的预计负债。估计的数据难免带有一定的主观性，导致会计信息的可靠性受到影响。

第四，理解资产负债表的内涵必须依靠报表阅读者的判断。

资产负债表有助于解释、评价和预测企业的长、短期偿债能力和经营绩效，然而报表本身并不直接披露这些信息，而要靠报表使用者自己加以判断。各家企业所采用的会计政策可能不尽相同，所产生的信息当然有所区别，简单地根据报表数据评价和预测偿债能力以及经营绩效，并据以评判优劣，难免有失偏颇。所以，要理解资产负债表的含义并作出正确的评价，并不能仅仅局限于资产负债表信息本身，还要借助其他相关信息，比如报表附注，更为重要的是要提高报表阅读者的水平和能力。

5.2 资产负债表的构成

在我国，资产负债表采用账户式结构，报表分为左右两方，左方列示资产各项目，反映全部资产的分布及存在形态；右方列示负债和所有者权益各项目，反映全部负债和所有者权益的内容及构成情况。资产负债表左右双方平衡，资产总计等于负债和所有者权益总计，即“资产=负债+所有者权益”。此外，为了让信息使用者通过比较不同时点资产负债表的数据，掌握企业财务状况的变动情况及发展趋势，企业需要提供比较资产负债表，资产负债表各项目分“期末余额”和“上年年末余额”两栏填列。资产负债表的具体格式如表 5-1 所示。

表 5-1　资产负债表

编制单位：　　　　　　　　　　　　　　　年　月　日　　　　　　　　　　　　　　单位：元

资产	期末余额	上年年末余额	负债和所有者权益（或股东权益）	期末余额	上年年末余额
流动资产：			流动负债：		
货币资金			短期借款		
交易性金融资产			交易性金融负债		
衍生金融资产			衍生金融负债		
应收票据			应付票据		
应收账款			应付账款		
应收账款融资			预收账款		
预付款项			合同负债		
其他应收款			应付职工薪酬		
存货			应交税费		
合同资产			其他应付款		
持有待售资产			持有待售负债		
一年内到期的非流动资产			一年内到期的非流动负债		
其他流动资产			其他流动负债		
流动资产合计			流动负债合计		
非流动资产：			非流动负债：		
债权投资			长期借款		
其他债权投资			应付债券		
长期应收款			租赁负债		
长期股权投资			长期应付款		
其他权益工具投资			预计负债		
其他非流动金融资产			递延收益		
投资性房地产			递延所得税负债		
固定资产			其他非流动负债		
在建工程			非流动负债合计		
生产性生物资产			负债合计		
油气资产			所有者权益（或股东权益）：		
使用权资产			实收资本（或股本）		
无形资产			其他权益工具		
开发支出			资本公积		
商誉			减：库存股		
长期待摊费用			其他综合收益：		
递延所得税资产			专项储备		
其他非流动资产			未分配利润		
非流动资产合计			所有者权益合计		
资产总计			负债和所有者权益总计		

5.2.1 资产

1.资产的确认条件

资产是企业过去的交易或事项形成的、由企业拥有或者控制的、预期会给企业带来经济利益的资源。对于资产的这一定义，需要着重强调以下几个方面：

（1）资产的内涵是资源，企业的资产只限于资源，非资源不是企业的资产。一个企业的资源就其存在形式来看，既有有形的（如机器设备、存货等），也有无形的（如专利、商标权等）；既可以是货币形式的（如库存现金、银行存款等），也可以是实物形式的（如房屋建筑物、机器设备等）。强调资产的内涵是资源，并不意味着所有的资源都是企业的资产。

（2）作为资产的资源，应该为特定企业现在所拥有或者控制。一项资源是否属于企业的资产，通常要看其所有权是否属于该企业。但企业是否拥有一项资源的所有权，不是确定资产的绝对标准。有些资源虽然其所有权不属于特定企业，但为该企业所实际控制，也是该企业的资源。所谓“实际控制”一项资源，从形式上看，意味着企业对该资源具有实际经营管理权，能够自主地运用它从事经营活动，谋求经济利益；从实质上看，它意味着企业享有与该项资源的所有权有关的经济利益并承担相应的风险。企业以融资租赁方式租入的固定资产，尽管其所有权不属于该承租企业，但由于受该承租企业实际控制，因而在会计实务中将其列为该承租企业的资产。总之，一个企业现在不具有所有权或不能实际控制的资产，都不是该企业的资产。

（3）作为资产的资源必须具有能为特定企业带来为未来经济利益服务的潜力，即具有有用性的特点。企业现在所拥有或控制的资源，必须能为企业带来未来经济利益，才能属于企业的资产。如果一项资源虽然为企业拥有或实际控制，但不能为企业带来未来经济利益，就不能作为企业的资产予以确认。过去属于企业资产的一项资源，如果由于种种原因，不能再为企业带来未来经济利益，就不应再将其列作企业的资产，如报废的机器设备。而原来不能为企业提供经济利益，因而不属于企业资产的某些东西，如果随着技术的进步，转化为对企业有用之物，也就应将其列作企业现在的资产，例如，现在能够有效利用的“三废”（废水、废渣、废气）。

（4）作为资产的资源，必须能够用货币进行可靠的计量。在会计核算中常常要进行估计，但对一个项目如果无法作出合理的估计，就不应将其列作企业的资产。例如，某一诉讼案件将会带来的赔偿收入，如果不能可靠地计量赔偿的金额，就不能将其确认为资产。

2.资产的分类

任何企业要进行正常的经营活动，都必须拥有一定数量和结构的资产。为了正确反映企业的财务状况，通常将企业的全部资产按其流动性划分为流动资产和非流动资产两大类。流动资产是指那些预期将在一年内或超过一年的一个营业周期内转换为现金或被销售、耗用的资产，除流动资产以外的所有其他资产统称为非流动资产。

流动资产包括：货币资金、交易性金融资产、应收票据、应收账款、预付账款、应收股利、应收利息、其他应收款、存货、合同资产、一年内到期的非流动资产等。

非流动资产包括：长期债券投资、长期应收款、长期股权投资、其他权益工具投资、投资性房地产、固定资产、工程物资、在建工程、生产性生物资产、油气资产、无形资产、开发支出、商誉、长期待摊费用、递延所得税资产等。

3.资产负债表中资产的计价

现行会计准则对资产负债表项目的计价，采用的是一种混合模式。它综合运用了历史成本、可变现净值、现值、公允价值等计量属性。下面对资产负债表中部分资产项目的计价进行简要总结。

（1）按历史成本计价的项目。“存货”项目在存货没有发生减值的情况下，在资产负债表上是按历史成本计价的；“投资性房地产”项目在采用成本模式计量且没有发生减值的情况下，在资产负债表上是按历史成本计价的；“固定资产”项目如果没有发生减值，则在资产负债表上按折余价值反映；“无形资产”项目如果没有发生减值，则在资产负债表上按摊余价值反映。折余价值和摊余价值在本质上是历史成本，或者说是调整后的历史成本。

（2）按可变现净值计量的项目。按照现行会计准则规定，期末要对存货项目进行减值测试。各存货项目进行减值测试时，依据的标准是可变现净值。当存货的可变现净值低于其账面金额时，需要计提存货跌价准备，将存货的账面金额减记至可变现净值。这就意味着计提了存货跌价准备的“存货”项目，在资产负债表上是按可变现净值计价的。

（3）按公允价值计量的项目。按照现行会计准则的规定，“以公允价值计量且其变动计入当期损益的金融资产”“以公允价值计量且其变动计入其他综合收益的金融资产”等项目期末应当按公允价值计量。对于“投资性房地产”项目的计量，既可以采用成本模式，也可以采用公允价值模式。如果企业对投资性房地产的计量采用公允价值模式，则该项目在资产负债表上也是按公允价值计量的。

（4）按现值计量的项目。“固定资产”和“无形资产”等非流动资产项目，在计算折旧和摊销之后，还要进行减值测试。对固定资产和无形资产进行减值测试时所采用的标准是可回收金额。而可回收金额是公允价值减去处置费用后的净额与未来现金流量的现值两者之中的较高者。这就意味着，对于已经计提了减值准备的固定资产和无形资产来说，最终在资产负债表上是按公允价值减去处置费用后的净额或者是按现值计价的。

5.2.2 负债

1. 负债的确认条件

负债是指企业过去的交易或者事项形成的、预期会导致经济利益流出企业的现时义务。

将一项现时义务确认为负债，需要符合负债的定义，还需要同时满足以下两个条件：

（1）与该义务有关的经济利益很可能流出企业。从负债的定义可以看到，预期会导致经济利益流出企业，是负债的一个本质特征。在实务中，履行义务所需流出的经济利益带有不确定性，尤其是与推定义务相关的经济利益通常需要依赖于大量的估计。因此，负债的确认应当与经济利益流出的不确定性程度的判断结合起来。如果有确凿证据表明，与现时义务有关的经济利益很可能流出企业，就应当将其作为负债予以确认；反之，如果企业承担了现时义务，但是会导致经济利益流出的可能性很小，就不符合负债的确认条件，不应将其作为负债予以确认。

（2）未来流出的经济利益的金额能够可靠地计量。负债的确认在考虑经济利益流出企业的同时，对于未来流出的经济利益的金额应当能够可靠计量。对于与法定义务有关的经济利益流出金额，通常可以根据合同或者法律规定的金额予以确定，考虑到经济利益流出的金额通常在未来期间，有时未来期间较长，有关金额的计量需要考虑货币时间价值等因素的影响。对于与推定义务有关的经济利益流出金额，企业应当根据履行相关义务所需支出的最佳估计数进行估计，并综合考虑有关货币时间价值、风险等因素的影响。

2.负债的分类

负债按其偿还期的长短可分为流动负债和非流动负债。流动负债是指偿还期在一年或长于一年的一个营业周期以内的债务；非流动负债则是指偿还期在一年或长于一年的一个周期以上的债务。

流动负债主要包括短期借款、交易性金融负债、衍生金融负债、应付票据、应付账款、预收账款、合同负债、应付职工薪酬、应交税费、应付股利、应付利息、其他应付款、持有待售负债、一年内到期的非流动负债等。

非流动负债主要包括长期借款、应付债券、长期应付款、预计负债、递延收益、递延所得税负债、专项应付款等。

3.负债的计价

为了正确反映企业的财务状况，必须采用适当的方法对负债进行计价。漏记或多记负债项目，或者负债的计价不正确，都会歪曲企业的财务状况。

负债的特点虽然强调负债必须有一个确切的或可以合理估计的到期偿付金额，但并没有明确指出负债的计价方法或原则，也就是负债的增加与减少应按何种金额在账面上进行反映，在会计期末编制的资产负债表上，又应以何种金额列示负债项目。

从实际操作来看，负债的计价至少有两种可供选择的标准：一是未来应予偿付的金额（到期值）；二是未来偿付金额的贴现价值（现值）。从理论上来说，所有负债的计价都应采用第二种标准。然而，在会计实务中，根据重要性原则，对负债的计价往往根据不同的情况采用不同的标准。由于流动负债的偿还期限较短，现值与到期值非常接近，因此在会计实务中，流动负债往往按到期值进行计价。“应付债券”等非流动负债项目，要按照未来现金流量的折现值（现值）计价，只不过此时计算现值所用的折现率是最初承担负债时所确定的实际利率，而不是期末的市场利率。

5.2.3 所有者权益

1.所有者权益的来源构成

所有者权益，是指企业资产扣除负债后，由所有者享有的剩余权益。公司的所有者权益又称为股东权益。所有者权益是所有者对企业资产的剩余索取权，它是企业的资产扣除债权人权益后应由所有者享有的部分，既可反映所有者投入资本的保值增值情况，又体现了保护债权人权益的理念。

所有者权益的来源包括所有者投入的资本、直接计入所有者权益的利得和损失、留存收益等，通常由股本（或实收资本）、资本公积（含股本溢价或资本溢价、其他资本公积）、盈余公积和未分配利润、其他综合收益等构成。商业银行等金融企业在税后利润中提取的一般风险准备，也构成所有者权益。

所有者投入的资本是指所有者所有投入企业的资本部分，它既包括构成企业注册资本或者股本部分的金额，也包括投入资本超过注册资本或者股本部分的金额，即资本溢价或者股本溢价，这部分投入资本在我国企业会计准则体系中被计入了资本公积，并在资产负债表中的资本公积项目下反映。

直接计入所有者权益的利得和损失，是指不应计入当期损益、会导致所有者权益发生增减变动的、与所有者投入资本或者向所有者分配利润无关的利得或者损失。其中，利得是指由企业非日常活动所形成的、会导致所有者权益增加的、与所有者投入资本无关的经济利益的流入。损失是指由企业非日常活动所发生的、会导致所有者权益减少的、与向所有者分配利润无关的经济利益的流出。直接计入所有者权益的利得和损失主要包括可供出售金融资产的公允价值变动额、现金流量套期中套期工具公允价值变动额（有效套期部分）等。

留存收益是企业历年实现的净利润留存于企业的部分，主要包括累计计提的盈余公积和未分配利润。

企业的所有者权益主要包括四项，但企业的所有者权益事实上由两部分组成，一是投资者投入的资本；二是企业在生产经营活动中赚取的留存在企业的收益。资本与收益的划分，是会计经过几百年的演进才形成的。一个反映投入的本钱，一个反映由本钱生的钱。本金和获利对于独资企业而言划不划分意义不大，都属于老板自身。但对于合伙企业、公司制企业则有非凡的意义，涉及是否要分利、分多少，如何考核经营业绩以及税收等一系列重大问题。

2.所有者权益的确认条件

由于所有者权益体现的是所有者在企业中的剩余权益，因此，所有者权益的确认主要依赖于其他会计要素，尤其是资产和负债的确认；所有者权益金额的确定也主要取决于资产和负债的计量。例如，企业接受投资者投入的资产，在该资产符合企业资产确认条件时，就相应地符合了所有者权益的确认条件；在该资产的价值能够可靠计量时，所有者权益的金额也就可以确定。

3.所有者权益的计价

从数量上看，企业的所有者权益只是某种数学运算的结果，只是一个平衡数，即所有者权益=资产-负债。可见，企业的所有者权益金额取决于资产和负债的计量。正因为如此，企业的所有者权益基本上不存在专门的计量问题，它一般是通过对相应资产或负债的计量间接得到的。

企业的期末所有者权益金额并不代表、一般也不等于企业净资产的市场价值。如果一个企业的所有者权益金额正好等于分项变卖企业净资产或是将企业作为持续经营实体出售所能筹集的资金总额，那纯属偶然。

4.资产负债表项目填列

根据总账科目余额填列。如“交易性金融资产”“短期借款”“应付票据”“应付职工薪酬”等项目，根据“交易性金融资产”“短期借款”“应付票据”“应付职工薪酬”各总账科目的余额直接填列；有些项目则需根据几个总账科目的期末余额计算填列，如“货币资金”项目，需根据“库存现金”“银行存款”“其他货币资金”三个总账科目的期末余额的合计数填列。

根据明细账科目余额计算填列。如“应付账款”项目，需要根据“应付账款”和“预付账款”两个科目所属的相关明细科目的期末贷方余额计算填列；“应收账款”项目，需要根据“应收账款”和“预收账款”两个科目所属的相关明细科目的期末借方余额计算填列。

根据总账科目和明细账科目余额分析计算填列。如“长期借款”项目，需要根据“长期借款”总账科目余额扣除“长期借款”科目所属的明细科目中将在一年内到期、且企业不能自主地将清偿义务展期的长期借款后的金额计算填列。

根据有关科目余额减去其备抵科目余额后的净额填列。如资产负债表中的“应收票据”“应收账款”“长期股权投资”“在建工程”等项目，应当根据“应收票据”“应收账款”“长期股权投资”“在建工程”等科目的期末余额减去“坏账准备”“长期股权投资减值准备”“在建工程减值准备”等科目余额后的净额填列。“固定资产”项目，应当根据“固定资产”科目的期末余额减去“累计折旧”“固定资产减值准备”备抵科目余额后的净额填列。“无形资产”项目，应当根据“无形资产”科目的期末余额，减去“累计摊销”“无形资产减值准备”备抵科目余额后的净额填列。

综合运用上述填列方法分析填列。如资产负债表中的“原材料”“委托加工物资”“周转材料”“材料采购”“在途物资”“发出商品”“材料成本差异”等总账科目期末余额的分析汇总数。

5.2.4 报表附注

1.附注披露的总体要求

（1）附注概述。附注是对在资产负债表、利润表、现金流量表和所有者权益变动表等报表中列示项目的文字描述或明细资料，以及对未能在这些报表中列示项目的说明等。《企业会计准则第 30 号——财务报表列报》对附注的披露要求是对企业附注披露的最低要求，应当适用于所有类型的企业，企业还应当按照各项具体会计准则的规定在附注中披露相关信息。

（2）附注披露的总体要求。附注相关信息应当与资产负债表、利润表、现金流量表和所有者权益变动表等报表中列示的项目相互参照，以有助于使用者联系相关联的信息，并由此从整体上更好地了解财务报表。

企业在披露附注信息时，应当以定量、定性信息相结合，按照一定的结构对附注信息进行系统合理的排列和分类，以便于使用者理解和掌握。

2.附注的主要内容

附注应当按照如下顺序至少披露下列内容：

（1）企业的基本情况：①企业注册地、组织形式和总部地址；②企业的业务性质和主要经营活动，如企业所处的行业、所提供的主要产品或服务、客户的性质、销售策略、监管环境的性质等；③母公司以及集团最终母公司的名称；④财务报告的批准报出者和财务报告批准报出日；⑤营业期限有限的企业，还应当披露有关其营业期限的信息。

（2）财务报表的编制基础。

（3）遵循企业会计准则的声明。企业应当声明编制的财务报表符合企业会计准则的要求，真实、完整地反映了企业的财务状况、经营成果和现金流量等有关信息，以此明确企业编制财务报表所依据的制度基础。

如果企业编制的财务报表只是部分地遵循了企业会计准则，附注中不得作出这种表述。

（4）重要会计政策和会计估计。根据财务报表列报准则的规定，企业应当披露采用的重要会计政策和会计估计，不重要的会计政策和会计估计可以不披露。

1）重要会计政策的说明。企业应当披露采用的重要会计政策，并结合企业的具体实际披露其重要会计政策的确定依据和财务报表项目的计量基础。其中，会计政策的确定依据主要是指企业在运用会计政策过程中所作的重要判断，这些判断对在报表中确定的项目金额具有重要影响。比如，企业如何判断与租赁资产相关的所有风险和报酬已转移给企业从而符合融资租赁的标准，投资性房地产的判断标准是什么等。报表项目的计量基础包括历史成本、重置成本、可变现净值、现值和公允价值等会计计量属性等。

2）重要会计估计的说明。企业应当披露重要会计估计，并结合企业的具体实际披露其会计估计所采用的关键假设和不确定因素。重要会计估计的说明，包括可能导致下一个会计期间内资产、负债账面价值重大调整的会计估计的确定依据等。例如，固定资产可收回金额的计算需要根据其公允价值减去处置费用后的净额与预计未来现金流量的现值两者之间的较高者确定，在计算资产预计未来现金流量的现值时需要对未来现金流量进行预测，并选择适当的折现率，企业应当在附注中披露未来现金流量预测所采用的假设及其依据、所选择的折现率为什么是合理的等。又如，对于正在进行中的诉讼提取准备，企业应当披露最佳估计数的确定依据等。

（5）会计政策和会计估计变更以及差错更正的说明。企业应当按照《企业会计准则第 28 号——会计政策、会计估计变更和差错更正》及其应用指南的规定，披露会计政策和会计估计变更以及差错更正的有关情况。

（6）报表重要项目的说明。企业应当以文字和数字描述相结合、尽可能以列表形式披露报表重要项目的构成或当期增减变动情况，并且报表重要项目的明细金额合计，应当与报表项目金额相衔接。在披露顺序上，一般应当按照资产负债表、利润表、现金流量表、所有者权益变动表的顺序及其项目列示的顺序。

例如：

1）货币资金。该项目的说明如表 5-2 所示。

表 5-2　货币资金

项目	期末余额	年初余额
库存现金		
银行存款		
其他货币资金		
合计		

2）应收账款。

① 说明坏账的确认标准，以及坏账准备的计提方法和计提比例，并说明下列事项：

a.以前年度已全额计提坏账准备，或计提坏账准备的比例较大的，但在本年度又全额或部分收回的，或通过重组等方式收回的，应说明其原因，原估计计提比例的理由，以及原估计计提比例的合理性。

b. 本年度实际冲销的应收账款及其理由，其中，实际冲销的关联交易产生的应收账款应单独披露。

② 应收账款、预付账款、其他应收款分别计提的坏账准备，如表 5-3 所示。

表 5-3　应收账款账龄分析表

账龄	期末余额			年初余额		
	金额	比例（%）	坏账准备	金额	比例（%）	坏账准备
1 年以内						
1～2 年						
2～3 年						
3 年以上						
合计						

3）以公允价值计量且其变动计入当期损益的金融资产（不含衍生金融资产）。该项目的说明如表 5-4 所示。

表 5-4　交易性金融资产

项目	期末余额	年初余额
1.交易性债券投资		
2.交易性权益工具投资		
3.其他交易性金融资产		
4.指定为以公允价值计量且其变动计入当期损益的金融资产		
合计		

4）存货。

① 本期存货跌价准备计提和转回的原因。

② 用于担保的存货的账面价值。

③ 存货的具体构成如表 5-5 所示。

表 5-5　存货构成表

存货种类	期末账面价值	年初账面价值
1.原材料		
2.在产品		
3.库存商品		
4.包装物及低值易耗品		
⋮		
合计		

5）职工薪酬。

① 应付职工薪酬。该项目的说明如表 5-6 所示。

表 5-6　应付职工薪酬构成表

项目	期初余额	本期发生额	本期支付额	期末余额
一、工资、奖金、津贴和补助				
二、社会保险费				
1.医疗保险费				
2.基本养老保险金				
3.年金缴费				
4.失业保险费				
5.工伤保险费				
6.生育保险费				
三、住房公积金				
四、工会经费和职工教育经费				
五、因解除劳动关系给予的补偿				
六、其他				
其中：以现金结算的股份支付				
合计				

② 企业本期为职工提供的非货币性福利的形式、各项非货币性福利的金额及其计算依据。

③ 解除劳动关系的补偿。对于自愿接受裁减建议的职工数量、补偿标准等不确定而产生的或有负债，应当按照《企业会计准则第 13 号——或有事项》披露：该项或有负债的形成原因、经济利益流出不确定性的说明、该项或有负债预计产生的财务影响，以及获得补偿的可能性；无法预计的，应当说明原因。

6）应交税费。该项目的说明如表 5-7 所示。

表 5-7 各项税费构成表

税费项目	期末余额	期初余额
1.增值税		
2.消费税		
3.资源税		
4.企业所得税		
5.个人所得税		
6.教育费附加		
⋮		
合计		

7）长期应付款。该项目的说明如表 5-8 所示。

表 5-8 长期应付款

项目	年初余额		本期增加额		本期减少额		期末余额	
	应付金额	未确认融资费用	应付金额	未确认融资费用	应付金额	未确认融资费用	应付金额	未确认融资费用
1.								
2.								
⋮								
合计								

（7）其他需要说明的重要事项。这主要包括或有和承诺事项、资产负债表日后非调整事项、关联方关系及其交易等，具体的披露要求须遵循相关准则的规定。

（8）有助于财务报表使用者评价企业管理资本的目标、政策及其程序的信息。

3.附注的作用

（1）使用者更全面了解企业状况的要求。由于成本等多种因素的限制，这些要求财务报表可能无法实现充分披露，而对于附注信息的披露就显得尤为重要。

（2）基于缓解财务报表信息披露压力的考虑。信息需求方总是希望企业提供尽可能多的信息，以便他们据以作出各项正确决策，这无形中增加了财务报表披露信息的压力。报表附注将那些不符合成本效益原则和重要性原则的信息收纳其中，缓解了财务报表信息披露的压力，解决了企业和使用者对于信息提供和需求之间的矛盾和冲突。

（3）增强财务报告体系的灵活性。财务报表由于其固有的格式、项目和填列方法，使得表内信息并不能完整地反映一个企业的综合素质。而报表附注相对来说比较灵活，可以弥补表内信息的局限性，使表内信息更容易理解，更加相关。

（4）保持原有报告模式的需要。借助财务报表附注和其他报告形式，增加表外信息披露，可以在保持原有报告模式的基础上对其进行完善和改进，已成为人们普遍愿意接受的一种改革方式。

5.3 对资产负债表的深入思考

5.3.1 低估的资产

低估的资产，是指那些虽然在资产负债表上反映，但其账面价值低于其市场价值的资产。出现低估的资产的原因是由于稳健性原则要求企业对交易或者事项进行会计确认、计量和报告时保持应有的谨慎，不应高估资产或者收益、低估负债或者费用。这就意味着当资产的账面价值低于其市场价值（公允价值）时，会计要采用历史成本来计量资产；当资产的账面价值高于其市场价值（公允价值）时，会计要采用较低的公允价值来计量资产。因此，从资产负债表来讲，这也就导致了净资产系统性地被低估。

（1）存货。虽然一般企业持有这部分存货的时间比较短，但是不排除在持有期间这部分存货的市场价格发生变化。如果在持有期间存货市场价格下降了，根据稳健性原则，企业要提取存货跌价准备，把存货的账面价值调整到较低的市场价值上去。如果在持有期间存货市场价格上升了，高于其账面价值了，会计准则不允许企业调高存货的账面价值。当存货价格下跌，要提跌价准备，需要按照可变现净值列报。但是存货价格上升时，却不能调高存货账面价值，仍然需要按照存货的成本列报，导致存货在资产负债表中被低估。

（2）无形资产。最典型的是土地。单独取得的土地应作为无形资产核算，后续在使用期间按照取得成本扣除摊销后的净值列报，即历史成本的延续。但是，最近若干年土地价值随周边经济的发展而大幅上涨，但土地账面价值却还是收购土地支付的历史成本，其实际价值被明显低估了。

5.3.2 隐藏的资产

隐藏的资产是指那些根本没有出现在资产负债表上的企业经济资源。出现隐藏的资产的原因主要是一些资产不符合会计资产的定义而未被列入资产负债表。隐形资产可能基于企业的核心技术、商业信誉度，还有可能是企业传承下来的文化。依据克里斯•祖克的观点将企业隐形资产分为三大类，即隐形业务平台、隐形客户资产以及隐形能力。隐形业务平台，是指企业利用原有核心业务所积累的资源开拓的关联性强的新的业务平台或者对企业的核心业务起着必不可少的支持作用的技术、服务、系统。隐形客户资产不仅仅是客户给企业带来的现金流，还是客户在整个客户生命周期内给企业带来的综合利益。这种利益体现在两个方面：一是客户通过直接购买，给企业带来的收益；二是客户对企业的间接贡献。显然，两种价值对企业来说都很重要。隐形能力这里指的是企业的核心能力。这种能力之所以“隐形”，一是由于它相对于客户资源、业务能力来说，更难以观察；二是它可能代表了企业的综合能力和未显露的能力。

（1）管理者才能和高素质的员工队伍。管理者才能是企业发展的重要影响因素。俗语说得好：“火车跑得快，全凭车头带”，“企业是企业家的企业”，企业的带头人决定了企业的发展方向和路径。褚时健将一个云南地方烟草公司发展成国内卷烟的第一品牌；张瑞敏带领一个濒临倒闭的国有小厂发展成今天白色家电的国际领军企业；任正非将华为发展成为通信行业的领头羊、民族品牌。高素质的员工队伍，对于企业也很重要，不仅能够显著提高生产经营效率，还能带动创新水平提升。

（2）外部关系。科斯认为企业在本质上是一系列契约的组合。在生产经营过程中，企业与外部形成了相互交织的关系网，如政府、银行、供应商和采购商等。企业与外部之间的关系决定着企业的生存和发展。比如，稳定的供应、销售客户可以保证企业拥有稳定的商品销售和材料采购的渠道。同样地，与银行等融资机构具有稳定的合作关系，在同等条件下，企业可能会更加容易得到贷款。良好的外部关系是企业非常重要的资源，但是仍然无法从企业的资产负债表中找到它们。

（3）品牌价值。品牌价值也称品牌效益，是指只有品牌才能产生的市场效益，或者说，产品在有品牌时与无品牌时的市场效益之差。品牌除了本身具有经济价值（可以估值）之外，还可以为其带来稳定的超额收益，是企业创造经济价值不可缺少的一种资源。

综合上述内容，可以发现：在资产负债中，无法对上述资源列报的主要原因也在于其不能够被量化。会计信息应可量化、具有客观性和可靠性。这一标准制约了资产负债表在决策中发挥作用的程度。管理者才能和员工素质如此重要，但是在资产负债表项目中却找不到。原因就在于人力资本不能满足成本可计量这一资产确认条件。人力资本不仅仅是对人的教育和在职培训投资的积累，还包括人生命机体生长过程中的花费，如衣食住行等支出。首先，这些支出很难被量化；其次，即使能被量化，量化金额相同的两个人为企业所能带来的现金流也不尽相同。种种复杂因素导致了资产负债表中未能列报企业的全部资源。

5.3.3 隐藏的负债

资产负债表上反映的是负债的账面价值，而当进行资产负债表分析时所关心的是负债的内在价值（市场价值）。由于会计准则规定的原因或企业操纵报表的原因，资产负债表不一定能充分、完全地反映企业的负债水平，需要投资者发现和评估这些表外隐藏的负债。隐藏的负债是指那些不能在资产负债表中表现出来，但是会影响企业将来盈利能力以及可能带来偿债压力的潜在的负债或义务。

隐藏的负债从行为上可以分为“隐性”和“藏性”。

“隐性”负债是指客观存在的，无法在报表中体现出来的负债，如：有关环境成本、未决诉讼、员工的退休养老费用、发行在外的未执行的股票期权等信息。这些项目都构成潜在的企业负债或义务，虽然在资产负债表中无法表现出来这些隐藏的负债，但是会计准则要求企业在报表附注中要披露比较重大的表外业务，为投资者提供了很多线索去了解和分析。典型的比如或有负债，企业已贴现商业承兑汇票、未决诉讼、未决仲裁、对外提供担保、产品安全、知识产权等都会形成或有负债。根据《企业会计准则第 13 号——或有事项》的规定，企业在报表日如果有已贴现商业承兑汇票、在审被诉案件、为其他单位提供债务担保等形成的或有负债，需要在财务报告附注中加以披露。但是充分披露未决诉讼、仲裁、产品质量安全、知识产权等形成的或有负债信息可能会对企业的生产经营成果造成重大不利影响。当某种信息影响到了企业的持续经营状况时，企业可能会选择保持沉默，不披露对自己不利的信息，但这些尚未披露的信息会对企业未来价值造成重大的不利影响。因此在分析企业财务报告时，需要从各个方面搜集证据，考虑或有负债对企业可能造成的损失。

“藏性”负债是由于企业恶意操纵会计数据，可能会把本来应该在资产负债表中确认和披露的负债隐藏起来，形成一种更难以捉摸的隐藏的负债，妨碍正确的价值评估。著名的安然事件就是安然公司利用了规则导向下的会计准则的漏洞，通过建立特殊目的实体（SPE）形成了大量隐性负债，最终东窗事发，安然公司走向破产的道路。企业恶意隐藏负债的原因主要是当企业的负债率很高的时候，继续增加负债将会降低企业的资信等级，提高企业借贷的资本，甚至导致没有债权投资者愿意继续借钱给企业。

通过以上对低估的资产、隐藏的资产、隐藏的负债的了解，可以发现就资产负债表分析而言，投资者必须能正确识别和评估资产、负债真实的内在价值以及挖掘出隐藏的资产和负债，充分了解企业所采用的会计政策，把会计政策变更和会计估计所造成的影响充分地揭示出来，以便纠正失真的会计数据，使财务分析能够依据真实可靠的会计资料进行，保证财务分析结论的可靠性。

复习思考题

1.通过资产负债表能够获得企业哪些方面的信息？

2.在资产负债中，各项目可以通过哪些填列方式进行列示？

3.通过阅读资产负债表附注，对于企业资产质量分析能够起到什么作用？

4.目前，对于资产负债表未披露的项目，你认为有什么更好的方式能够将其纳入报表中？

第6章 利 润 表

学习目标：

（1）理解利润表的作用。

（2）掌握利润表的构成。

（3）了解利润表附注的作用。

（4）能够对利润表反映的信息进行深入思考。

6.1 利润表的作用及局限性

6.1.1 利润表的作用

利润表是反映企业在一定会计期间的经营成果的报表。利润表的列报应当充分反映企业经营业绩的主要来源和构成，有助于使用者判断净利润的质量及其风险，有助于使用者预测净利润的持续性，从而作出正确的决策。

通过利润表，可以：

（1）反映企业一定会计期间的收入实现情况，如实现的营业收入、投资收益、营业外收入各有多少。

（2）反映一定会计期间的费用耗费情况，如耗费的营业成本、税金及附加、销售费用、管理费用、研发费用、财务费用、营业外支出各有多少。

（3）反映企业生产经营活动的成果，即净利润的实现情况，据以判断资本保值、增值情况，等等。

（4）将利润表中的信息与资产负债表、现金流量表中的信息相结合，还可以提供进行财务分析的基本资料。将销货成本与存货平均余额进行比较，计算出存货周转率；将净利润与资产总额进行比较，计算出资产收益率；将经营活动现金净流量与销售收入、净利润比较，计算出销售净现率和净利润现金比率。上述指标可以表现企业资金周转情况以及企业的盈利能力和质量，便于报表使用者判断企业未来的发展趋势，作出经济决策。

6.1.2 利润表的局限性

利润表的局限性包括以下五个方面：

（1）由于采用货币计量，许多有益于企业发展和财务状况的信息无法可靠地被量化，因而无法在利润表中列示，例如企业形象和顾客满意度的改变。

（2）由于使用历史成本计价，所耗用的资产按取得时的历史成本转销，而收入按现行价格计量，进行配比的收入与费用未建立在同一时间基础上，使得收益计量缺乏内在逻辑统一性。成本无法得到真正的回收，使资本的完整不能从实物形态或使用效能上得到保证。

（3）许多费用，如坏账费用、产品售后服务成本、折旧年限及残值、或有损失等，来自会计估计。估计数可能在以后年度修正，导致费用存在人为调整的可能性。

（4）由于一般公认会计原则允许采用不同的会计方法，例如存货计价按先进先出法或加权平均法，折旧按直线法或年数总和法，使不同公司之间收益的比较受到影响。

（5）目前的利润表多半按功能性分类，例如营业成本、销售费用、管理费用等，而非按活动水准分类，例如固定费用、变动费用，不利于预测未来利润及现金流量。

6.2 利润表的构成

常见的利润表结构主要有单步式和多步式两种。单步式利润表是将当期所有的收入列在一起然后将所有的费用列在一起，两者相减得出当期净损益。在我国，企业利润表采用多步式结构，即通过对当期的收入、费用、支出项目按性质加以归类，按利润形成的主要环节列示一些中间性利润指标，如营业利润、利润总额、净利润，分步计算当期净损。

多步式利润表的具体格式和内容如表 6-1 所示。

表 6-1　利润表

编制单位：　　　　　　　　　　　　年　月　　　　　　　　　　　单位：元

项目	本期金额	上期金额
一、营业收入		
减：营业成本		
税金及附加		
销售费用		
管理费用		
研发费用		
财务费用		
其中：利息费用		
利息收入		
加：其他收益		
投资收益（损失以“-”号填列）		
其中：对联营企业和合营企业的投资收益		
以摊余成本计量的金融资产终止确认收益（损失以“-”号填列）		
净敞口套期收益（损失以“-”号填列）		
公允价值变动收益（损失以“-”号填列）		
信用减值损失		
资产减值损失		
资产处置收益（损失以“-”号填列）		
二、营业利润（亏损以“-”号填列）		
加：营业外收入		
减：营业外支出		
三、利润总额（亏损总额以“-”号填列）		
减：所得税费用		
四、净利润（净亏损以“-”号填列）		
（一）持续经营净利润（净亏损以“-”号填列）		
（二）终止经营净利润（净亏损以“-”号填列）		
五、其他综合收益的税后净额		
六、综合收益总额		
七、每股收益		
（一）基本每股收益		
（二）稀释每股收益		

6.2.1 营业利润

营业利润是指企业从事生产经营活动中取得的利润，是企业利润的主要来源。

营业利润=营业收入-营业成本-税金及附加-销售费用-管理费用-研发费用-财务费用-资产减值损失-信用减值损失+其他收益+投资收益（-投资损失）+净敞口套期收益（-净敞口套期损失）+公允价值变动收益（-公允价值变动损失）+资产处置收益（-资产处置损失）

其中各个项目“本期金额”栏一般应根据损益类科目和所有者权益类有关科目的发生额填列：

（1）“营业收入”项目，反映企业经营业务所取得的收入总额。本项目应根据“主营业务收入”账户和“其他业务收入”账户的发生额分析填列。

（2）“营业成本”项目，反映企业经营业务发生的实际成本。本项目应根据“主营业务成本”账户和“其他业务支出”账户的发生额分析填列。

（3）“税金及附加”项目，反映企业经营业务应负担的消费税、城市维护建设税、资源税、土地增值税和教育费附加等。本项目应根据“税金及附加”账户的发生额填列。

（4）“销售费用”项目，反映企业在销售商品和商品流通企业在购入商品等过程中发生的费用。本项目应根据“销售费用”账户的发生额分析填列。

（5）“管理费用”项目，反映企业发生的管理费用。本项目应根据“管理费用”账户的发生额分析填列。

（6）“研发费用”项目，反映企业进行研究与开发过程中发生的费用化支出，以及计入管理费用的自行开发无形资产的摊销。该项目应根据“管理费用”科目下的“研究费用”明细科目的发生额，以及“管理费用”科目下的“无形资产摊销”明细科目的发生额分析填列。

（7）“财务费用”项目。①“财务费用”项目下的“利息费用”项目，反映企业为筹集生产经营所需资金等而发生的应予费用化的利息支出。该项目应根据“财务费用”科目的相关明细科目的发生额分析填列。该项目作为“财务费用”项目的其中项，以正数填列。②“财务费用”项目下的“利息收入”项目，反映企业按照相关会计准则确认的应冲减财务费用的利息收入。该项目应根据“财务费用”科目的相关明细科目的发生额分析填列。该项目作为“财务费用”项目的其中项，以正数填列。

（8）“资产减值损失”项目反映企业因资产减值而发生的损失。本项目应根据“资产减值损失”账户的发生额分析填列。

（9）“信用减值损失”项目，反映企业按照《企业会计准则第22号——金融工具确认和计量》（财会〔2017〕7号）的要求计提的各项金融工具信用减值准备所确认的信用损失。该项目应根据“信用减值损失”科目的发生额分析填列。

（10）“其他收益”项目，反映计入其他收益的政府补助，以及其他与日常活动相关且计入其他收益的项目。该项目应根据“其他收益”科目的发生额分析填列。企业作为个人所得税的扣缴义务人，根据《中华人民共和国个人所得税法》收到的扣缴税款手续费，应作为其他与日常活动相关的收益在该项目中填列。

（11）“投资收益”项目，反映企业以各种方式对外投资所取得的收益。本项目应根据“投资收益”账户的发生额分析填列；如为投资损失，则以“-”填列。

（12）“净敞口套期收益”项目，反映净敞口套期下被套期项目累计公允价值变动转入当期损益的金额或现金流量套期储备转入当期损益的金额。该项目应根据“净敞口套期损益”科目的发生额分析填列；如为套期损失，则以“-”填列。

（13）“公允价值变动收益”项目，反映企业资产因公允价值变动而发生的收益。本项目应根据“公允价值变动损益”账户的发生额分析填列；如为公允价值变动损失，则以“-”填列。

（14）“资产处置收益”项目，反映企业出售划分为持有待售的非流动资产（金融工具、长期股权投资和投资性房地产除外）或处置组（子公司和业务除外）时确认的处置利得或损失，以及处置未划分为持有待售的固定资产、在建工程、生产性生物资产及无形资产而产生的处置利得或损失。该项目应根据“资产处置损益”科目的发生额分析填列；如为处置损失，以“-”号填列。

各个项目的“上期金额”栏应根据上年同期利润表“本期金额”栏内所

列数字填列。如果上年同期利润表规定的项目名称和内容与本期不一致，应对上年同期利润表各项目的名称和金额按照本期的规定进行调整，填入“上期金额”栏。

6.2.2 净利润

净利润，是指企业当期利润总额减去所得税费用后的金额，即企业的税后利润。

利润总额=营业利润+营业外收入-营业外支出

净利润=利润总额-所得税费用

净利润按照经营可持续性具体分为:“持续经营净利润”和“终止经营净利润”两项。

其中各个项目“本期金额”栏一般应根据损益类科目和所有者权益类有关科目的发生额填列：

（1）“营业利润”项目根据前文相关项目计算填列。

（2）“营业外收入”项目，反映企业发生的除营业利润以外的收益，主要包括与企业日常活动无关的政府补助、盘盈利得、捐赠利得（企业接受股东或股东的子公司直接或间接的捐赠，经济实质属于股东对企业的资本性投入的除外）等。该项目应根据“营业外收入”科目的发生额分析填列。

（3）“营业外支出”项目，反映企业发生的除营业利润以外的支出，主要包括公益性捐赠支出、非常损失、盘亏损失、非流动资产毁损报废损失等。该项目应根据“营业外支出”科目的发生额分析填列。

（4）“利润总额”项目根据前文相关项目计算填列。

（5）“所得税费用”项目，反映企业按规定从本期损益减去的所得税费用。本项目应根据“所得税费用”账户的发生额分析填列。

（6）“净利润”项目。“（一）持续经营净利润”和“（二）终止经营净利润”项目，分别反映净利润中与持续经营相关的净利润和与终止经营相关的净利润；如为净亏损，以“-”号填列。该两个项目应按照《企业会计准则第 42 号——持有待售的非流动资产、处置组和终止经营》的相关规定分别列报。

各个项目的“上期金额”栏应根据上年同期利润表“本期金额”栏内所列数

字填列。如果上年同期利润表规定的项目名称和内容与本期不一致，应对上年同期利润表各项目的名称和金额按照本期的规定进行调整，填入“上期金额”栏。

6.2.3 非经常性损益

1.非经常性损益的定义

非经常性损益，是指公司发生的与经营业务无直接关系，以及虽与经营业务相关，但由于其性质、金额或发生频率，影响了真实、公允地反映公司正常盈利能力的各项收入、支出。证监会在《公开发行证券的公司信息披露规范问答第 1 号——非经营性损益》中特别指出，注册会计师应单独对非经常性损益项目予以充分关注，对公司在财务报告附注中所披露的非经营性损益的真实性、准确性与完整性进行核实。

2.非经常性损益的界定

（1）非经常性损益主要发生于与公司生产经营无直接联系的相关领域。比如，公司出售分部或子公司所取得的投资收益在很多公司是其利润的来源。但是，非经常性损益也有可能与生产经营活动有关，比如在关联交易中，大股东为了提升上市公司的经营业绩，以高于市场价格的价格购买上市公司生产的产品或者以低于市场价格的价格向上市公司供应原材料，从而增加上市公司的利润。由于按照非公允的价格进行关联交易所获取的利润并不是公司在正常的经营活动中可以获取的利润，因而也应该算作公司的非经常性损益。

因此，在确定非经常性损益项目时，切记非经常性损益与非经营性损益是两个不同的概念。公司完整的经济活动应该包括生产经营活动、投资活动和筹资活动三部分。除了产品的生产、加工和销售等商品生产经营活动外，还应该包括企业基于各种战略考虑所进行的对外长期投资活动等资本经营活动，也应该包括公司利用暂时闲置的资金自行进行的短期投资活动和相关的筹资行为。因此，不能根据损益是否来源于商品生产经营活动作为判断该收益是否为非经常性损益的唯一标准。

（2）判断某项损益是否为非经常性损益时，除了应该考虑该项损益与生产经营活动的联系外，更重要的是应该考虑该项损益的性质、金额或发生频率的大小。

1）判断某项损益的性质，应主要分析产生该项损益的事项或业务是否为公司持续经营所必需，是否为公司发生的特殊业务。从公司所处的经营环境看，特殊性的事项或业务具有高度的反常性，而且与企业正常典型的活动明显地不相关或仅仅偶然相关。如果产生某项损益的事项或业务是公司持续经营不可或缺的，则该项损益就不能作为非经常性损益来处理。比如，公司为了保证设备的正常运转，每隔几年要对设备进行一次大修理，因而不是公司的特殊业务，所发生的大修理费用就是公司为维持正常的生产经营能力所必须发生的费用，由此而产生的损益也就应该是公司的经常性损益。再如，上市公司由于向关联企业借用资金而支付的资金占用费如果明显高于同期银行贷款的利率，则此项资金借入业务就不是公司持续经营所必需的业务，而是一项特殊的业务，因此，多支付的资金占用费就应该是公司的非经常性损益。

2）判断某项损益是否为非经常性损益时，还应该考虑损益金额的大小。根据会计信息质量要求的重要性原则，对于一些金额较小的非经常性损益，即使将其视为经常性损益，也不会对投资者的投资决策分析产生实质性的影响。因此，对于一些明显可归于非经常性项目、但金额较小的损益，为了简化起见，在一般情况下可以将其视为经常性损益处理。但是，如果这些损益对公司的主要财务指标将会产生实质性的影响时，仍然将其视为经常性损益就不恰当了。比如，某上市公司向关联企业收取的资金占用费收益按照银行同期贷款利率计算高了 50 万元，扣除所得税的影响后仅占当期净利润的 0.1%，如果公司按照当期净利润计算的净资产收益率刚好超过 6%，但扣除该项收益后的净资产收益率则低于 6%。在此情况下，如果不扣除多收的 50 万元，会使公司达到了发行新股的最低条件，扣除后该公司就失去了发行新股的资格。所以，应将多收的资金占用费作为非经常性损益处理。

3）除了考虑损益的性质和金额外，还必须考虑其发生的频率。产生非经常性损益的事项或业务应该是公司发生的偶发性事项或业务，也就是公司在可以预见的将来不能合理预计是否会发生的业务。正是因为这些事项或业务发生的偶然性，由此而产生的损益就应该归属于公司的非经常性损益。比如，公司于本年度获得了当地政府给予的一次性财政补助 300 万元，使公司避免了出现亏损的不利局面，但公司对于以后年度能否继续获得此类补助则无法进行合理的预计。因此，本年获得的300万元一次性财政补助就应该作为非经常性损益。

3.非经常性损益包括的项目

《公开发行证券的公司信息披露解释性公告》规定非经常性损益应包括以下项目：

（1）非流动性资产处置损益，包括已计提资产减值准备的冲销部分；

（2）越权审批，或无正式批准文件，或偶发性的税收返还、减免；

（3）计入当期损益的政府补助，但与公司正常经营业务密切相关，符合国家政策规定，按照一定标准定额或定量持续享受的政府补助除外；

（4）计入当期损益的对非金融企业收取的资金占用费；

（5）企业取得子公司、联营企业及合营企业的投资成本小于取得投资时应享有被投资单位可辨认净资产公允价值产生的收益；

（6）非货币性资产交换损益；

（7）委托他人投资或管理资产的损益；

（8）因不可抗力因素，如遭受自然灾害而计提的各项资产减值准备；

（9）债务重组损益；

（10）企业重组费用，如安置职工的支出、整合费用等；

（11）交易价格显失公允的交易产生的超过公允价值部分的损益；

（12）同一控制下企业合并产生的子公司期初至合并日的当期净损益；

（13）与公司正常经营业务无关的或有事项产生的损益；

（14）除同公司正常经营业务相关的有效套期保值业务外，持有交易性金融资产、交易性金融负债产生的公允价值变动损益，以及处置交易性金融资产、交易性金融负债和可供出售金融资产取得的投资收益；

（15）单独进行减值测试的应收款项减值准备转回；

（16）对外委托贷款取得的损益；

（17）采用公允价值模式进行后续计量的投资性房地产公允价值变动产生的损益；

（18）根据税收、会计等法律、法规的要求对当期损益进行一次性调整对当期损益的影响；

（19）受托经营取得的托管费收入；

（20）除上述各项之外的其他营业外收入和支出；

（21）其他符合非经常性损益定义的损益项目。

4.企业活动中可能涉及的非经常性损益项目

（1）商品经营活动可能涉及的非经常性损益项目

1）商品经营活动中显失公允的关联购销交易产生的损益。公司与关联方之间发生的关联交易，只要基于公平合理的基础按照市场原则进行，是商品生产经营中的正常现象。很多公司基于利润指标的考虑，在关联交易中往往采用不合理作价的方式为公司增加利润。因此，为了真实地反映公司盈利能力的高低，在计算财务指标时应该将由不合理的关联交易产生的利润水分予以扣除。但是，在扣除显失公允的关联交易产生的损益时，应该按照关联交易的具体类型分别确定计入非经常性损益的金额。公司与关联企业之间发生的、属于公司持续经营必不可少的、经常性发生的业务产生的损益在计算非经常性损益时，只应该扣除关联交易作价与公允的市场价格之间的差异所形成的差额损益，如商品经营活动中包括的关联采购、关联销售、土地的租赁、各种辅助性劳务的提供等交易类型。

2）资产的处置或置换损益以及债务重组损失。公司为生产经营所购置的各项固定资产、无形资产是公司进行持续经营不可或缺的基础。作为生产型公司购置资产的主要目的并不是通过对这些资产的出售或置换以获取利润，处置或置换此类资产在公司经营过程中发生的频率也是很低的；公司进行债务重组发生的损失也是经营活动中偶然发生的损益。因此，对于企业由于处置或置换固定资产、无形资产而发生的损益以及债务重组的损失，应该剔除在经常性损益之外，作为非经常性损益。

3）有关资产的盘盈或盘亏。资产盘盈或盘亏应该是属于公司偶然发生的业务，由此产生的损益应该作为非经常性损益处理。

4）资产减值准备。各项减值准备的计提是公司在持续经营过程中经常发生的事项，因此公司不应该将计提的各种资产减值准备对损益的影响看作非经常性损益。

5）补贴收入及相关的税收优惠、返还。对于公司获取的增值税、消费税、所得税等各种税收优惠及税收返还、财政补助等其他各种补贴收入是否应该作为非经常性损益处理，应该从以下几个方面合理地判断：

① 根据获得补贴收入或享受税收优惠、返还的期限，判断公司能否在未来较长的期限内获取这些收益。如果公司能够在较长的期限内（比如在连续三年或三年以上的期限内）连续地获取这些收益，则可以认为这些收益的取得构成了公司经常性损益的组成内容。

② 根据相关收益取得的法律文件是否存在、是否符合现行规定。如果没有审批文件，或属于当地政府有关部门越权审批，则由此产生的收益即使能够在很长的时期内可以获得，也不能作为公司的经常性损益。比如，某公司拥有进出口经营权，每年均有大量的进出口业务，则公司每年收到的税务部门的出口退税虽然在会计处理时作为补贴收入，也应该作为经常性损益项目进行处理。

（2）投资活动可能涉及的非经常性损益项目

公司发生的投资活动包括股权投资和债权投资两种基本类型，由此获取的投资收益包括：股权投资收益、债权投资收益以及股权投资差额的摊销。对于上述三部分收益能否作为公司的经常性损益，应该根据其形成的具体来源进行分析：

1）公司基于战略发展的考虑进行各种长期投资，其主要目的并不在于短期内转让以获取价差收益。因此，通过对外的长期股权、债权投资在持有投资期间所获取的正常投资收益，应该作为经常性损益。但是，公司转让持有的长期投资属于特殊业务，由此而产生的损益应该全部作为非经常性损益处理，否则无法合理地评价公司的盈利能力。

2）公司对外进行长期股权投资时发生的股权投资差额按照现行会计制度的规定计入投资收益，如果公司能够合理地预计在未来一定时期内不会转让该项股权，且摊销期限不短于三年，则可将此项发生频率较高的损益归属于公司的经常性损益。

3）公司进行的各种短期投资（包括委托投资），其目的主要在于获取短期内的差价收益。由于在经营活动中收入和支出之间存在时间差，从而可能导致部分资金闲置。因此，如果公司利用暂时闲置的资金而不是借入的资金直接进行而非委托其他单位进行短期投资，则可以将此类投资产生的收益作为公司的经常性损益处理。

4）如果公司发生向其他企业拆出资金或委托金融机构发放贷款，也应该作为企业的投资活动。如果此类活动产生的收益高于或低于银行同期贷款利率，则应该将实际获取的收益与按照银行同期贷款利率计算的结果之间的差额作为非经常性损益处理。

（3）筹资活动可能涉及的非经常性损益项目

1）如果公司在进行工程项目建设时，可能获得财政贴息的优惠政策，则可以将获得的财政贴息收益冲减工程成本或当期财务费用。但是，由于财政贴息的时间一般为一年时间，最长不会超过三年，因此，应该将获得的财政贴息收益进入当期损益的部分作为非经常性损益。

2）如果公司在向关联企业及其他企业拆入资金时，支付的资金占用费高于或低于同期银行贷款利率，应该将实际支付的资金占用费与按照同期银行贷款利率计算得出的结果之间的差额作为非经常性损益项目处理。

3）对于外币业务发生较多的公司，由于汇率变动而形成的汇兑差额应该作为经常性损益项目处理。

（4）其他项目

1）营业外收支项目中，公司发生的诸如捐赠支出、债务重组损失、罚款收入或支出、非常损失等营业外收支项目（不含上面已经提及的项目），在公司经营过程中发生的频率不大，属于偶然发生的事项，因此均应该作为非经常性损益处理；但公司支付的学校经费在目前的条件下，可以认为是公司需经常发生的事项，因此应该作为经常性损益项目处理。

2）追溯调整的影响数。由于公司会计政策在制定以后一般情况下应该保持相对稳定，所以会计政策变更不是经常发生的事项，由于变更会计政策对以前年度进行追溯调整而引起的以前年度损益的变化，应该作为当年的非经常性损益处理。

3）公司由于享受所得税优惠政策而实际收到的所得税返还，按照现行会计处理的方法应该在收到时冲减所得税费用，而不是计入补贴收入，严格说也是公司的一项非经常性损益。但是，公司在计算扣除非经常性损益后的净利润时，应该先以利润表反映的利润总额为基础，扣除非经常性损益项目对利润总额的影响后再结合纳税调整因素计算公司的应纳税所得额，然后扣除按照法定税率计算的所得税后即可得出扣除非经常性损益后的净利润。从扣除非经常性损益后的净利润的计算方法看，由于所得税返还不影响应纳税所得额，因此，在计算非经常性损益项目时无须考虑所得税返还的影响。

5.非经常性损益的披露

（1）披露的形式。根据财政部和中国证监会的现行规定，公司在对非经常性损益项目进行信息披露时，应该在利润表下面以补充资料的形式，同时在披露公司的净资产收益率和每股收益财务指标时，应该在主营业务利润、营业利润和净利润的基础上，以扣除非经常性损益后的净利润披露以上两个指标。

（2）披露的内容。

1）公司确定非经常性损益的具体标准，以及非经常性损益包括的具体项目；

2）非经常性损益对利润总额的影响；

3）非经常性损益对公司净利润的影响。

6.2.4 报表附注

利润表中部分重要报表项目的说明：

（1）营业收入。营业收入的构成如表 6-2 所示。

表 6-2 营业收入构成表

项目	本期发生额	上期发生额
1.主营业务收入		
2.其他业务收入		
合计		

（2）资产减值损失。发生重大资产减值损失的，说明导致每项重大资产减值损失的原因和当期确认的重大资产减值损失的金额。

1）发生重大减值损失的资产是单项资产的，说明该单项资产的性质。提供分部报告信息的，还应披露该项资产所属的主要报告分部。

2）发生重大减值损失的资产是资产组（或者资产组组合，下同）的，说明资产组的基本情况，资产组中所包括的各项资产于当期确认的减值损失金额；

资产组的组成与前期相比发生变化的，说明变化的原因以及前期和当期资产组的组成情况。

分摊到某资产组的商誉（或者使用寿命不确定的无形资产，下同）的账面价值占商誉账面价值总额的比例较大的，应当说明分摊到该资产组的商誉的账面价值。

商誉的全部或者部分账面价值分摊到多个资产组且分摊到每个资产组的商誉的账面价值占商誉账面价值总额的比例重大的，企业应当说明这一情况以及分摊到上述资产组的商誉合计金额。

（3）营业外收入。该项目的说明如表 6-3 所示。

表 6-3　营业外收入构成表

项目	本期发生额	上期发生额
1.处置非流动资产利得合计 其中：处置固定资产利得 处置无形资产利得		
2.债务重组利得		
3.非货币性资产交换利得		
4.罚款收入		
5.其他		
合计		

（4）所得税。以会计利润为基础，针对企业发生的交易或事项的会计处理与税务处理的差异进行调整后，确定应纳税所得额的具体情况，如表 6-4 所示。

表 6-4　企业所得税计算表

项目	本期发生额	上期发生额
会计利润		
加计项目合计		
减计项目合计		
应纳税所得额		

（5）利润表补充资料（费用性质法）。企业可以披露费用按照性质分类的利润表补充资料，如表 6-5 所示。费用按照性质分类，指将费用按其性质分为耗用的原材料、职工薪酬费用、折旧费、摊销费等，而不是按照费用在企业所发挥的不同功能分类。

表 6-5　利润表补充资料

项目	本期发生额	上期发生额
1.耗用的原材料、低值易耗品、在产品、半成品等		
2.发生的职工薪酬费用		
3.计提的折旧（折耗）		
4.无形资产等的摊销		
5.计提的资产减值准备		
6.财务费用		
7.其他		
合计		

6.3 对利润表的深入思考

6.3.1 权责发生制再认识

1.权责发生制的合理性

权责发生制又称“应计制”，它是以本期会计期间发生的费用和收入是否应计入本期损益为标准，处理有关经济业务的一种制度。资产负债表和利润表是按权责发生制为基础编制的。在核算利润时，经济交易的结果按预期的而不是实际的现金收支进行记录。

权责发生制作为采用的记账基础，具有其合理性：可以正确反映各个会计期间所实现的收入和为实现收入所应负担的费用，从而可以把各期的收入与其相关的费用、成本相配比，正确确定各期的收益；能够恰当地反映具体某一会计期间的经营成果，权责发生制把与经济活动有关的收入、成本费用和利润同现金的实际收支情况区分开来。

2.权责发生制的局限性

权责发生制不能反映企业的真实盈利状况。比如，一个在损益表上看来经营成果很好、运转效率很高的企业，由于资产负债表上没有相应的货币资金而陷入财务困境。造成这种状况的主要原因在于：企业销售业务主要是依靠向购货方赊销的方式销售商品。对于企业账务处理，应按照权责发生制将此类销售业务增加营业收入，同时也形成了大量应收账款。长此以往，最终的结果就是企业账面利润不错，但是经营活动却并没有带来现金流入。这是由于权责发生制把应计的收入和费用都反映在利润表上，而其在资产负债表上则部分反映为债权债务。因此，为了避免并对这种情况予以提示，企业应编制以收付实现制为基础的现金流量表或财务状况变动表，弥补权责发生制的不足。

6.3.2 盈余管理

1.盈余管理的含义

美国会计学者斯考特（Scott）在其所著的《财务会计理论》一书中认为："盈余管理是会计政策的选择具有经济后果的一种具体表现。"他认为，只要企业的管理人员有选择不同会计政策的自由，他们必定会选择使其效用最大化或使企业的市场价值最大化的会计政策，这就是所谓的盈余管理。美国著名会计学者 Schiper 在 1989 年认为盈余管理是：为了获得某种私人利益（而并非仅仅为了中立地处理经营活动），对外部财务报告进行有目的的干预。而被普遍认可的是 Healy 和 Wahlen 于 1999 年对盈余管理所作出的解释：当管理者在编制财务报告和构建经济交易时，运用判断改变财务报告，从而误导一些利益相关者对公司根本经济收益的理解，或者影响根据报告中会计数据形成的契约结果，盈余管理就产生了。

上述对盈余管理的三种不同界定或解释，在下列三个方面是一致的：

第一，盈余管理的主体是企业的管理当局。企业管理当局，无论是董事会、总经理还是高级管理人员，他们作为企业信息的加工者和披露者，有权利选择会计政策和方法，有权利变更会计估计，有权利安排交易发生的时间和方式等。而信息的不对称和信息披露的不完全为他们进行盈余管理提供了条件。

第二，在盈余管理的过程中，企业管理当局是有目的、有意地选择对自身有利的会计政策或交易安排，即管理当局是有意图的。

第三，管理当局进行盈余管理的目的在于获得自身利益。虽然盈余管理的直接结果是使得一些利益相关者对企业的经济收益产生误解，但其最终目的是使得自身利益最大。

相比较而言，Healy 和 Wahlen 对盈余管理的界定更为具体、更为广泛，不仅指出了盈余管理的主体和目的，而且指出了盈余管理的对象、方式和方法。

2.盈余管理的特征

盈余管理的基本特性包括：

（1）从一个足够长的时段（最长也就是企业的整个生命期）来看，盈余管理并不增加或减少企业实际的盈利，但会改变企业实际盈利在不同的会计期间的反映和分布。换句话说，盈余管理影响的是会计数据尤其是会计中的报告盈利，而不是企业的实际盈利。会计方法的选择、会计方法的运用和会计估计的变动、会计方法的运用时点、交易事项发生时点的控制都是典型的盈余管理手段。

（2）盈余管理的主体是企业管理当局。无论是会计方法的选择、会计方法的运用和会计估计的变动、会计方法的运用时点，还是交易事项发生时点的控制，最终的决定权都在公司的经理、部门经理和董事会手中。

（3）盈余管理的客体主要是公认会计原则、会计方法和会计估计等。此外，时间特别是时点的选择也是盈余管理的对象之一。在研究盈余管理时，我们必须同时具有时间和空间的观念。公认会计原则、会计方法和会计估计等属于盈余管理的空间因素；会计方法的运用时点和交易事项发生时点的控制则可看作盈余管理的时间因素。需要加以说明的是，盈余管理是在公认会计准则允许的范围内综合运用会计和非会计手段来实现对会计收益的控制和调整，因此盈余管理的最终对象还是会计数据本身。人们所说的盈余管理，最终也就是在会计数据上做文章。

（4）盈余管理的受益者是企业管理者，有时也照顾某些股东的利益，但受害者通常是政府，如少交税款或拖延税款的缴纳。收益者的利益表现形式也十分复杂，有的是直接的经济利益如经理人员分红的增加，有的是间接的利益如职位晋升、股价飙升；有的是立竿见影的，有的则要潜伏很长的时期。

3.盈余管理产生的原因

产生盈余管理的根本原因是企业管理当局与利益相关者（包括股东、债权人、职工、客户等）之间利益的不一致，两者追求的目标是有差异的，行为的动机或激励手段也不统一。加上信息不对称、委托代理契约的不完全与利益主体的利己性，使得企业管理当局有动机也有可能为了自身的利益而进行盈余管理。另外，从会计角度看，盈余管理的存在与现行会计所采用的原则与方法是分不开的：

（1）权责发生制的固有缺陷是形成盈余管理的主要因素。权责发生制试图将经济实体发生的交易与其他事项和情况，按照其产生的财务结果在不同期间加以记录，而不是在经济实体实际收入或付出现金时予以确认。因此，为了反映经济实体在某一期间的业绩，而不是仅仅记录现金的收入和支出，权责发生制会计采用了预提、待摊、递延以及分配等方法程序，将各期间收入与费用、收益与损失配比。在当今和未来较长时间里，权责发生制原则在会计中的地位仍是不可动摇的，要分辨判断何种为盈余管理、何种不是盈余管理并非一件容易的事情。

（2）会计准则的灵活性和滞后性是形成盈余管理的另一因素。基于“会计是一项主观见于客观的活动”的认识，无论国际会计准则、美国会计准则，还是我国的企业会计准则和会计制度，都给予了会计人员较多的选择空间。再加上新经济业务的不断涌现，使得其中部分交易和经济事项的会计确认、计量和披露并未在相关准则中作出相应的规定。因此，企业管理当局可以利用会计准则的灵活性和准则制定的滞后性对会计事项作出对自身有利的估计或判断。

4.盈余管理的方法

盈余管理主要是一项会计行为，但其手段并不只局限于会计方法。采用的方法主要有以下五种：

（1）利用会计政策的变更。会计政策的变更是最常见也是最原始的盈余管理方法。一般说，由于企业及其所面临的经济环境各不相同，对有些业务的处理，会计准则给了企业管理者一定的变通机会（如对存货计价方法的选择）。另外，我国会计准则并未给企业政策的“再选择”设定太高的“门槛”，能让企业获取额外的收益。这种高收益、低成本的机制驱使企业变更会计政策。

（2）利用应计项目的管理。现行会计以权责发生制为基础理论，虽然较好地解决了收入与费用的配比问题，但产生了很多待摊项目和应计项目，企业可以通过提前确认收入和递延确认费用来调增利润，相反亦然。随着现代企业经营环境不确定性的增加，应计项目的确认将具有更大的弹性，给盈余管理提供了更广阔的空间。

（3）利用对交易事项时点的确认。企业可以通过提前确认营业收入，推迟确认本期费用来提高当期盈余；反之推迟确认收入，提前确认费用以降低当期盈余。通过改变交易时间和创造交易来操纵利润，是一种非会计的盈余管理方法。

（4）利用关联交易。关联方之间由于存在控制关系，往往不以公平价格进行交易，为会计核算工作带来了盈余管理的空间。企业与关联方之间采用高于或低于正常交易价格进行交易，以达到提高或减少企业收入的目的。

（5）利用资产重组达到美化报表的目的。企业为了“美化”当期的业绩，可能进行一些有盈余的一次性业务。一次性冲销就是在会计政策允许的范围内，尽可能把损失和费用在本期予以确认，以求在后续年度内实现较高的会计利润。如我国证券法规定，公司连续三年亏损将暂停或停止其上市资格，上市公司可在会计法规和政策允许的情况下采取在某年作巨额冲销，然后在后续年度连续盈利的盈余管理策略。

5.盈余管理的影响

对于盈余管理要有一个正确的认识，必须科学地评价。要明确一个界限，盈余管理与会计造假有区别：前者是在会计准则和会计制度许可的范围内，后者则超出了准则和制度许可的范围。因此，盈余管理是一个中性概念，掌握盈余管理的技巧是财务经理水平的体现；会计造假是贬义概念，使用会计造假的手法是财务经理道德败坏的体现。

从某种程度上说，盈余管理有其积极的作用：首先，根据契约论，在收益“硬约束”的条件下，在未来不确定的情况下，给予管理者一定的盈余管理空间，可以降低契约成本，还可以使管理者对预期或突发事件作出快速反应，进一步激励他们的创新能力，从而较好地克服合同的不完备性和固定性，保护企业管理者自身的利益；其次，由于管理者掌握了大量的内部信息，若要以报告的形式把这些复杂且专业化强的信息传递给投资者，代价很高，盈余管理则能通过“利润均衡化”手段传递企业原本无法传递的内部信息，从而有助于减少因资本市场激烈波动对投资者决策行为的影响。

虽然盈余管理有上述积极作用，但如大量地使用盈余管理的会计方法，也会带来一些不利的影响：首先，降低了财务报表信息的可靠性。对会计信息按照其管理目标的需要进行“加工、改造”，使所反映的企业业绩同企业经营实际相脱节，盈余管理使报表上的盈利信息成为数字游戏，从而使整个财务报告失去可靠性，对外部会计信息使用者和决策者失去有用性。其次，对企业的发展具有一定的风险性。盈余管理虽然能够在一定程度上维护管理者甚至是企业的利益，但如果盈余管理行为一直得不到约束和监督，会形成一种不良行为定式，即通过盈余管理的方式而不是通过创新努力而获取高额利润且极大损害了资本提供者的利益。如果这种现象在社会上蔓延且成为常态，会导致资本市场和借贷市场失灵，不仅使管理者预期的目标难以实现，还会影响企业的声誉和形象，给企业以后的发展造成不良影响。最后，由于盈余管理主要来自管理者的经济利益驱动，而其经济利益与投资者、债权人及国家的利益存在不一致性，因此，在很多情况下，盈余管理会损害投资者、债权人和国家的利益。

6.盈余管理的治理对策

（1）提高资本市场的有效性。20 世纪 60 年代，学者法玛（Fama）提出有效市场理论，并将有效市场划分为弱式、半强式和强式市场。该理论不仅是进行相关研究的前提或假设，还为提高会计信息质量、减少盈余管理提供了思路。企业管理当局盈余管理的最大受害者是企业外部利益相关者。如果所有的外部利益相关者都是理性的，并且具备辨析财务报告及其附注的能力和知识，那么，为了取信于外部相关利益者，企业管理当局就会减少盈余管理。

（2）完善公司的治理结构。公司治理结构的实质是对相关权利、责任和收益的安排。实证研究表明，企业管理当局之所以能够进行盈余管理，与公司治理结构有关。而董事长与总经理分离以及设立外部独立董事的公司进行盈余管理的程度要比其他公司轻得多。另外，在公司治理结构中，管理当局报酬的安排对盈余管理会产生较大影响。管理当局进行的盈余管理其实是短期行为的一种表现，因此，企业在进行报酬安排时可以运用一些长期酬劳计划。

（3）完善会计准则与方法。目前大多数会计准则及相关制度给管理当局提供了太多的判断空间，对此准则和制度的制定者可以更清楚地设定不同会计处理方法，并对估计方法的运用条件加以修缮。同时，在成本效益原则基础上，增加会计信息披露的数量，提高会计信息披露的质量，也会在一定程度上减少企业的盈余管理。

（4）加强外部监督。一方面，证券监督管理部门应从企业信息披露的相关性、可靠性以及披露的信息含量上加强管理与监督，并对违规的公司进行严惩。另一方面，要在加强对外部审计机构审计责任的管理和监督的基础上，通过审计准则的安排，由外部审计机构提供被审计企业盈余管理的评价报告，从而提高会计信息的可靠性，减少企业的盈余管理。

6.3.3 经济增加值

1.经济增加值的含义

经济增加值（EVA），是指从税后净营业利润中扣除包括股权和债务的全部投入资本成本后的所得，其中资本成本包括债务资本和股本资本的成本。

从算术角度说，经济增加值等于税后经营利润减去债务和股本成本，是所有成本被扣除后的剩余收入。经济增加值是对真正“经济利润”的评价，或者说，是表示净营运利润与投资者用同样资本投资其他风险相近的有价证券的最低回报相比，超出或低于后者的量值。如果 EVA 的值为正，则表明公司获得的收益高于为获得此项收益而投入的资本成本，即公司为股东创造了新价值；相反，如果 EVA 的值为负，则表明股东的财富在减少。

2.经济增加值的计算公式

计算公式：

经济增加值=税后净营业利润-加权平均资本成本×投资资本总额

其中：

税后净营业利润=营业利润+财务费用+投资收益-EVA 税收调整

EVA 税收调整=利润表上所得税+税率×（财务费用+营业外支出-营业外收入）

加权平均资本成本=债务资本成本率×（债务资本市值/总市值）×（1-税率）+股本资本成本率×（股本资本市值/总市值）

3.经济增加值的作用

经济增加值改变了会计报表没有全面考虑资本成本的缺陷，向企业管理者提供了更好的业绩评估标准，使其明确了解公司的运营情况，从而作出更明智的决策。经济增加值的作用有以下两个方面：

（1）股东衡量利润的方法

在传统的会计利润条件下，大多数公司都在盈利，但是，事实上许多公司实际上是在损害股东财富，因为所得利润小于全部资本成本。EVA 纠正了这个错误，考虑到了包括净资产在内的所有资本的成本，显示了一个企业在每个报表时期创造或损害了的财富价值量。换句话说，EVA 是股东定义的利润，假设股东希望得到 10%的投资回报率，他们认为只有当他们所分享的税后营运利润超 10%的时候，他们才是在“赚钱”。在此之前的任何事情，都只是为了达到企业风险投资的最低可接受报酬而努力。

（2）消除企业盈余管理

经济增加值和会计利润有很大的不同。经济增加值是公司扣除了包括股权在内的所有资本成本之后的沉淀利润，而会计利润没有扣除资本成本。经济增加值可以避免会计利润存在的局限性，有利于消除或降低企业盈余管理。

（3）使决策与股东财富一致

从定义上来说，EVA 的可持续性增长将会带来公司市场价值的增值。因此，当前 EVA 的绝对水平并不真正起决定性作用，重要的是 EVA 的增长。EVA 的连续增长为股东财富带来连续增长。

4.经济增加值的局限性

尽管经济增加值有很多优点，但它也存在着一定的局限性，主要表现在：

（1）规模差异。EVA 方法不能充分反映工厂或部门之间的规模差异。相比较而言，较大的工厂或部门趋于创造更高的 EVA。由于资产基数不同形成的规模差异会造成两部门 EVA 结果的差距。因此，EVA 不能有效地控制部门之间的规模差异因素对评价结果的影响。

（2）短期导向。一个良好的绩效测评系统应该将职员的努力程度、创造力和取得的业绩与他们获得的报偿相匹配。创新性投资项目具有共同的经济特征：相关联的成本或费用，至少部分地被确认，产生的利润或收入在很多时候却不会被确认。EVA 过分强调现实效果使得管理者不愿意投资于创新性产品或过程技术。因此，由于可预见的本会计期间部门较低的 EVA，管理者可能不愿意从事创新活动。

（3）财务导向。EVA 是一个计算的数字，它依赖于收入实现和费用确认的财务会计处理方法。为了提高部门的 EVA，部门经理可能通过设计决策的顺序，来操纵这些数据。例如，部门经理通过选择满足或延迟客户的订单，来操纵本会计期间确认的营业收入。在本会计期间的后期，加速执行收入相对较高的订单，在商定的交货日期之前送到用户手中，而获利较少的订单就可能被延迟执行，在商定的交货日期成本会计期间结束之后交货。通过上述处理提高了本期间的 EVA，却降低了用户的满意度和忠诚度。这反映出公司仅仅以 EVA 来评价管理者的绩效也会造成激励失灵或功能失调。

复习思考题

1.通过利润表能够了解企业哪些方面的信息？

2.非经常性损益一般包括哪些内容？为什么要关注非经常性损益项目？

3.以利润表报表附注中的营业收入为例，说明如何利用附注相关内容对利润表进行更进一步的阅读。

4.什么是盈余管理，其主要手段和方式有哪些？你如何看待企业的盈余管理行为？

5.用经济增加值取代利润评价企业业绩，有哪些优势？

第 7 章　现金流量表

学习目标：

（1）理解现金流量表的作用。

（2）掌握现金流量表的构成。

（3）了解现金流量表附注的作用。

（4）对现金流量表反映的信息能够进行深入思考。

7.1 现金流量表的作用及局限性

7.1.1 现金流量表的作用

企业维持正常运转需要满足两个基本条件：一是获取利润；二是维持偿债能力。获取利润，是指通过企业的经营活动从而增加企业所有者的权益。维持偿债能力，是指保证企业在债务到期时，具有支付到期债务的能力。企业的报表使用者需要了解企业的获利能力与偿债能力，还需要了解导致企业偿债能力发生变动的原因：企业盈利与偿债能力有何联系，经营活动对企业的现金流量有何影响；企业在本会计期间内发生了哪些理财活动（筹资活动与投资活动），它们对企业的现金流量有何影响等。

利润表能够反映企业本期经营活动的成果，可用于衡量企业在获取利润方面是否获得成功，但它不能说明企业从经营活动中获得了多少可供周转的现金；它能够说明本期筹资活动和投资活动的损益，但不能说明筹资活动和投资活动提供或运用了多少现金。至于那些不涉及损益的重要理财业务，利润表也不予反映。资产负债表反映某一特定日期的财务状况，说明某一特定日期资产和权益变动的结果，可以显示企业是否具有偿债能力，但不能反映财务状况的变动。虽然通过两个或几个特定日期资产负债表的比较，能够在一定程度上反映企业财务状况的变动，但不能说明变动的原因。可见，利润表和资产负债表能够为报表使用者提供有用的会计信息，但不能完全满足报表使用者的需要。现金流量表可以弥补这两种会计报表的不足。

现金流量表是用来提供企业有关现金流入、现金流出及投资与筹资活动方面信息的财务报表。报表使用者利用这些信息，可以评估企业以下几个方面的事项：

（1）企业在未来会计期间产生净现金流量的能力；

（2）企业偿还债务及支付企业所有者的投资报酬（如股利）的能力；

（3）企业的利润与经营活动所产生的净现金流量发生差异的原因；

（4）会计年度内影响或不影响现金的投资活动与筹资活动。

7.1.2 现金流量表的局限性

直观地看，现金流量表是对比较资产负债表中“货币资金”期初、期末余额变动成因的详细解释。现金流量表编制方法较为复杂，使得大部分投资者很难充分理解并利用其信息。许多投资者对现金流量表抱有很大期望，认为“经营现金流量净额”可以提供比“净利润”更加真实的经营成果信息，或者它不太容易受到上市公司操纵，等等。事实上，现金流量表也有其局限性，主要在于：

（1）现金流量表的编制基础是现金制，只记录当期现金收支情况，而不理会这些现金流是否归属于当期损益。因此，企业的当期业绩与“经营现金流量净额”没有必然的联系。另外，在权责发生制下，企业的利润表可以正常反映当期赊销、赊购事项的影响，而现金流量表则是排斥商业信用交易的。不稳定的商业回款及偿债事项使得“经营现金流量净额”比“净利润”数据可能出现更大的波动性。

（2）现金流量表只是一种“时点”报表，一种“货币资金”项目的分析性报表。“时点”报表导致其缺陷与资产负债表很相似。特定时点的“货币资金”余额是可以操纵的。例如，企业已经采用临时协议还款方式，在年末收取现金，年初又将现金拨还债务人。这样，企业年末现金余额剧增，而应收款项又大幅减少，从而使资产负债表和现金流量表都非常好看，但现金持有的真实水平却没有变化。

（3）编制方法存在问题。在采用间接法时，企业通过对“净利润”数据的调整来计算“经营现金流量净额”，但这一方法的缺陷是非常明显的。在现行会计实务中，“经营现金流量净额”的计算最终取决于“货币资金”的当期变动额，而不是每项业务的真实现金影响。例如，在其计算过程中，收回或核销前期应收款项的效果相同，都会增加“销售商品、劳务收到的现金”，这就很容易对投资者形成误导。

7.2 现金流量表的构成

在现金流量表中，现金及现金等价物被视为一个整体，企业现金形式的转换不会产生现金的流入和流出。例如，企业从银行提取现金，是企业现金存放形式的转换，并未流出企业，不构成现金流量。同样，现金与现金等价物之间的转换也不属于现金流量，例如企业用现金购买三个月到期的国库券。根据企业业务活动的性质和现金流量的来源，现金流量表在结构上将企业一定期间产生的现金流量分为三类：经营活动产生的现金流量、投资活动产生的现金流量和筹资活动产生的现金流量。现金流量表的具体格式如表 7-1 所示。

表 7-1　现金流量表

编制单位：　　　　　　　　　　年　　月　　　　　　　　　　单位：元

项目	本期金额	上期金额
一、经营活动产生的现金流量：		
销售商品、提供劳务收到的现金		
收到的税费返还		
收到其他与经营活动有关的现金		
经营活动现金流入小计		
购买商品、接受劳务支付的现金		
支付给职工以及为职工支付的现金		
支付的各项税费		
支付其他与经营活动有关的现金		
经营活动现金流出小计		
经营活动产生的现金流量净额		

（续表）

项目	本期金额	上期金额
二、投资活动产生的现金流量：		
收回投资收到的现金		
取得投资收益收到的现金		
处置固定资产、无形资产和其他长期资产收回的现金净额		
处置子公司及其他营业单位收到的现金净额		
收到其他与投资活动有关的现金		
投资活动现金流入小计		
购建固定资产、无形资产和其他长期资产支付的现金		
投资支付的现金		
取得子公司及其他营业单位支付的现金净额		
支付其他与投资活动有关的现金		
投资活动现金流出小计		
投资活动产生的现金流量净额		
三、筹资活动产生的现金流量：		
吸收投资收到的现金		
取得借款收到的现金		
收到其他与筹资活动有关的现金		
筹资活动现金流入小计		
偿还债务支付的现金		
分配股利、利润或偿付利息支付的现金		
支付其他与筹资活动有关的现金		
筹资活动现金流出小计		
筹资活动产生的现金流量净额		
四、汇率变动对现金及现金等价物的影响		
五、现金及现金等价物净增加额		
加：期初现金及现金等价物余额		
六、期末现金及现金等价物余额		

7.2.1 经营活动产生的现金流量

经营活动，是指企业投资活动和筹资活动以外的所有交易和事项。各类企业由于行业特点不同，对经营活动的认定存在一定差异。对于工商企业而言，经营活动主要包括销售商品、提供劳务、购买商品、支付职工薪酬、支付税费等。

在编制现金流量表时，列报经营活动现金流量的方法有两种：一是直接法；二是间接法。在直接法下，一般是以利润表中的营业收入为起算点，调节与经营活动有关的项目的增减变动，然后计算出经营活动产生的现金流量。在间接法下，将净利润调节为经营活动现金流量，实际上就是将按权责发生制原则确定的净利润调整为现金净流入，并剔除投资活动和筹资活动对现金流量的影响。

采用直接法编制的现金流量表，便于分析企业经营活动产生的现金流量的来源和用途，预测企业现金流量的未来前景；采用间接法编报的现金流量表，便于将净利润与经营活动产生的现金流量净额进行比较，了解净利润与经营活动产生的现金流量差异的原因，从现金流量的角度分析净利润的质量。

我国企业会计准则规定企业应当采用直接法编报现金流量表，同时要求在附注中提供以净利润为基础，调节到经营活动现金流量的信息。

采用直接法报告企业经营活动产生的现金流量时，各个现金流入与流出项目的数据可以从会计记录中直接获得，也可以在利润表中营业收入、营业成本等数据的基础上，通过调整获得。

1.“销售商品、提供劳务收到的现金”项目

“销售商品、提供劳务收到的现金”项目反映企业销售商品、提供劳务实际收到的现金（含销售收入和应向购买者收取的增值税额），包括本期销售商品、提供劳务收到的现金，以及前期销售商品和前期提供劳务本期收到的现金和本期预收的账款，扣除本期销售本期退回的商品和前期销售本期退回的商品支付的现金，也在本项目反映。

确定本项目的金额通常可以利润表上的“营业收入”项目为基础进行调整。

（1）由于该项目包括应向购买者收取的增值税销项税额，因此应在营业收入的基础上加上本期的增值税销项税额。

（2）由于企业的商品销售和劳务供应往往并非都是现金交易，因而应加上应收账款与应收票据的减少数，或减去应收账款与应收票据的增加数。

（3）如果企业有预收账款业务，还应加上预收账款增加数，或减去预收账款减少数。

（4）如果企业采用备抵法核算坏账，且本期发生了坏账，或有坏账回收，则应减去本期确认的坏账，加上本期坏账回收。因为发生坏账减少了应收账款余额，但没有实际的现金流入；坏账回收有现金流入，但与营业收入无直接关系，且不影响应收账款余额。

（5）如果企业本期有应收票据贴现，发生了贴现息，则应减去应收票据贴现息，因为贴现息代表了应收票据的减少，并没有相应的现金流入。

（6）如果企业发生了按税法规定因视同销售的业务，如将商品用于工程项目，则应该减去相应的销项税额，因为这部分销项税额没有相应的现金流入，也与应收账款或应收票据无关。

综合以上分析，可列出下列计算公式：

销售商品、提供劳务收到的现金=营业收入+销项税额-（经营性应收款项期末余额-经营性应收款项期初余额）+（预收账款期末余额-预收账款期初余额）-本期计提的坏账准备-应付票据贴现息-视同销售的销项税额

2.“收到的税费返还”项目

“收到的税费返还”项目，反映企业收到返还的各种税费，如收到的增值税、消费税、所得税、教育费附加返还款等。

确定该项目的余额，需要分析“应交税费”科目下属各明细科目的贷方发生额。

3.“收到的其他与经营活动有关的现金”项目

“收到的其他与经营活动有关的现金”项目，反映企业除了上述各项目外，收到的其他与经营活动有关的现金，如罚款收入、流动资产损失中由个人赔偿的部分等。其他与经营活动有关的现金，如价值较大，应单列项目反映。

该项目所包括内容比较复杂，要通过分析“库存现金”“银行存款”科目的借方发生额确定。由于没有固定的科目对应关系，分析起来有一定难度。不过企业涉及此类现金流入的经济业务一般较少。

4.“购买商品、接受劳务支付的现金”项目

“购买商品、接受劳务支付的现金”项目，反映企业因购买商品、接受劳务实际支付的现金，包括本期购买商品、接受劳务支付的现金（包括支付的增值税进项税额），以及本期支付前期购买商品、接受劳务的未付款项和本期预付款项。本期发生的购货退回收到的现金应从本项目扣除。

确定本项目的金额通常以利润表上的“营业成本”项目为基础进行调整。

（1）由于本项目包括支付的增值税进项税额，因此应在营业成本的基础

上加上本期的增值税进项税额。

（2）营业成本与购买商品并无直接联系，就商品流通企业而言，营业成本加上存货增加数或减去存货减少数，便可大致确定本期购进商品的成本。

（3）本期购进商品成本并不等于本期购进商品支付的现金，因为可能存在赊购商品或预付货款的情形，故应加上应付账款与应付票据的减少数，或减去应付账款与应付票据的增加数；应加上预付账款的增加数，减去预付账款的减少数。

（4）对于工业企业来说，存货包括材料、在产品与产成品等，也就是说存货的增加并非都与购进商品（材料）相联系。本期发生的应计入产品成本的工资费用、折旧费用等也会导致存货增加，但与商品购进无关，因而应进一步扣除计入本期生产成本的非财务费用。

（5）应调整其他与商品购进和商品销售无关的存货增减变动。主要包括：存货盘亏与盘盈，用存货对外投资或接受存货投资等。

综合以上分析，可列出下列计算公式：

购买商品、接受劳务支付的现金=营业成本+进项税额-（存货期初余额-存货期末余额）+本期计提的存货跌价准备+经营性应付项目期初余额-经营性应付项目期末余额+预付账款增加数-预付账款减少数+存货盘亏-存货盘盈+用于投资的存货成本-接受投资增加的存货-计入本期生产成本的非材料费用

5.“支付给职工以及为职工支付的现金”项目

“支付给职工以及为职工支付的现金”项目，反映企业实际支付给职工以及为职工支付的现金，包括本期实际支付给职工的工资、奖金、各种津贴和补贴等，以及为职工支付的其他费用。不包括支付的离退休人员的各项费用和支付给在建工程人员的工资等。企业支付给离退休人员的各项费用，在“支付的其他与经营活动有关的现金”项目中反映；付给在建工程人员的工资，在投资活动产生的现金流量部分的“购建固定资产、无形资产和其他长期资产所支付的现金”项目中反映。

企业为职工支付的养老、失业等社会保险基金、补充养老保险、住房公积金、支付给职工的住房困难补助、企业为职工缴纳的商业保险金，以及企业支付给职工或为职工支付的其他福利费用等，应按职工的工作性质和服务对象分

别在本项目和“购建固定资产、无形资产和其他长期资产所支付的现金”项目中反映。

6.“支付的各项税费”项目

“支付的各项税费”项目，反映企业当期实际上缴税务部门的各项税金，以及支付的教育费附加、矿产资源补偿费、印花税、房产税、土地增值税、车船税等，不包括计入固定资产价值、实际支付的耕地占用税等。

本项目的金额可通过分析“应交税费”下属的各明细科目的借方发生额计算得到。

7.“支付的其他与经营活动有关的现金”项目

“支付的其他与经营活动有关的现金”项目，反映企业除上述各项目外，支付的其他与经营活动有关的现金，如罚款支出、支付的差旅费、业务招待费现金支出、支付的保险费等。其他与经营活动有关的现金，如价值较大的，应单列项目反映。

确定本项目的金额，可以在科目表上的“销售费用”与“管理费用”两个项目的基础上进行分析调整，扣除折旧费用、无形资产摊销等无相应现金流出的项目。

7.2.2 投资活动产生的现金流量

投资活动，是指企业长期资产的购建和不包括在现金等价物范围内的投资及其处置活动。不同企业由于行业特点不同，对投资活动的认定也存在差异。例如，交易性金融资产所产生的现金流量，对于工商企业而言，属于投资活动现金流量，而对于证券公司而言，属于经营活动现金流量。

现金流量表中的投资活动包括不属于现金等价物的短期投资和长期投资的购买与处置、固定资产的购建与处置、无形资产的购建与处置等。投资活动产生的现金流量应首先区分现金流入与现金流出，在此基础上再细分为若干项目。

1.投资活动产生的现金流入

投资活动产生的现金流入可分为以下项目：

（1）“收回投资所收到的现金”项目，反映企业出售、转让或到期收回除现金等价物以外的交易性金融资产、长期股权投资而收到的现金，以及收回持有至到期投资本金等而收到的现金。不包括收到的持有至到期投资的利息，以及收回的非现金资产。

（2）“取得投资收益所收到的现金”项目，反映企业因各种投资而分得的现金股利、利润、利息等。

（3）“处置固定资产、无形资产和其他长期资产所收到的现金净额”项目，反映企业处置固定资产、无形资产和其他长期资产所取得的现金，扣除为处置这些资产而支付的有关费用后的净额。由于自然灾害所造成的固定资产等长期资产损失，而收到的保险赔偿收入也在本项目反映。

（4）“处置子公司及其他营业单位收到的现金净额”项目，反映企业处置子公司及其他营业单位所取得的现金，减去相关处置费用以及子公司及其他营业单位持有的现金和现金等价物后的净额。本项目可以根据“长期股权投资”“银行存款”“库存现金”等科目的记录分析填列。如本项目为负数，则在“支付其他与投资活动有关的现金”项目反映。

（5）“收到的其他与投资活动有关的现金”项目，反映企业除上述各项以外收到的其他与投资活动有关的现金。其他与投资活动有关的现金，如价值较大的，应单列项目反映。

2.投资活动产生的现金流出

投资活动产生的现金流出可分为以下项目：

（1）“购建固定资产、无形资产和其他长期资产所支付的现金”项目，反映企业购买、建造固定资产，取得无形资产和其他长期资产所支付的现金，不包括为购建固定资产而发生的借款利息资本化部分，以及融资租入固定资产支付的租赁费。支付的借款利息和融资租入固定资产支付的租赁费，应在筹资活动产生的现金流量部分单独反映。本项目可根据“固定资产”“在建工程”“无形资产”“库存现金”“银行存款”等科目的记录分析填列。

（2）“投资支付的现金”项目，反映企业对外进行权益性投资和债权性投资所支付的现金，包括企业取得的除现金等价物以外的交易性金融资产、长期股权投资、持有至到期投资所支付的现金，以及支付的佣金、手续费等交易费用。本项目可根据“长期股权投资”“持有至到期投资”“交易性金融资产”“库存现金”“银行存款”等科目的记录分析填列。

企业购买股票和债券时，实际支付的价款中包含的已宣告但尚未领取的现金股利或已到付息期但尚未领取的债券利息，应在投资活动产生的现金流量部分的“支付的其他与投资活动有关的现金”项目中反映；收回购买股票和债券时支付的已宣告但尚未领取的现金股利或已到付息期但尚未领取的债券的利息，在投资活动产生的现金流量部分的“收到的其他与投资活动有关的现金”项目反映。

（3）“取得子公司及其他营业单位支付的现金净额”项目，反映企业购买子公司及其他营业单位购买出价中以现金支付的部分，减去子公司及其他营业单位持有的现金和现金等价物后的净额。本项目可以根据“长期股权投资”“库存现金”“银行存款”等科目的记录分析填列。如本项目为负数，应在“收到其他与投资活动有关的现金”项目反映。

（4）“支付其他与投资活动有关的现金”项目，反映企业除上述各项以外，支付的其他与投资活动有关的现金。其他的投资活动有关的现金，如价值较大的，应单列项目反映。本项目可根据有关科目的记录分析填列。

7.2.3 筹资活动产生的现金流量

筹资活动，是指导致企业资本及债务规模和构成发生变化的活动。这里所说的资本，既包括实收资本（股本），也包括资本溢价（股本溢价）；这里所说的债务，指对外举债包括向银行借款、发行债券以及偿还债务等。

现金流量表需要单独反映筹资活动产生的现金流量。筹资活动产生的现金流量应首先区分现金流入与现金流出，在此基础上再细分为若干项目。

1.筹资活动产生的现金流入

筹资活动产生的现金流入可分为以下几个项目：

（1）“吸收投资所收到的现金”项目，反映企业收到的投资者投入的现金，包括企业以发行股票、债券等方式筹集资金时实际收到的款项净额。以发行股票、债券等方式筹集资金而由企业直接支付的审计、咨询等费用，在“支付的其他与筹资活动有关的现金”项目中反映，不从本项目内扣除。本项目可根据“实收资本”“库存现金”“银行存款”等科目的记录分析填列。

（2）“取得借款收到的现金”项目，反映企业举借各种短期、长期借款所收到的现金。本项目可根据“短期借款”“长期借款”“库存现金”“银行存款”等科目的记录分析填列。

（3）“收到其他与筹资活动有关的现金”项目，反映企业除上述各项目外，收到的其他与筹资活动有关的现金，如接受现金捐赠等。其他与筹资活动有关的现金，如价值较大的，应单列项目反映。本项目可根据有关科目的记录分析填列。

2.筹资活动产生的现金流出

筹资活动产生的现金流出可分为以下几个项目：

（1）“偿还债务支付的现金”项目，反映企业以现金偿还债务的本金，包括偿还金融企业的借款本金、偿还债券本金等所导致的现金流出。企业偿还的借款利息、债券利息，在“分配股利、利润或偿还利息所支付的现金”项目中反映，不在本项目中反映。本项目可根据“短期借款”“长期借款”“应付债券”“库存现金”“银行存款”等科目的记录分析填列。

（2）“分配股利、利润或偿还利息所支付的现金”项目，反映企业实际支付的现金股利、利润，以及支付的借款利息和债券利息等。本项目可根据“应付股利”“财务费用”“长期借款”“应付债券”“库存现金”“银行存款”等科目的记录分析填列。

（3）“支付其他与筹资活动有关的现金”项目，反映企业除上述各项外，所支付的其他与筹资活动有关的现金，如捐赠现金支出等。其他与筹资活动有关的现金，如价值较大的，应单列项目反映。本项目可根据有关科目的记录分析填列。

7.2.4 报表附注

除现金流量表反映的信息外，企业还应在附注中披露将净利润调节为经营活动现金流量、不涉及现金收支的重大投资和筹资活动、现金及现金等价物净变动情况等信息。

1.将净利润调节为经营活动现金流量

现金流表采用直接法反映经营活动产生的现金流量，同时，企业还应采用间接法反映经营活动产生的现金流量。间接法，是指以本期净利润为起点，通过调整不涉及现金的收入、费用、营业外收支以及经营性应收应付等项目的增减变动，调整不属于经营活动的现金收支项目，据此计算并列报经营活动产生的现金流量的方法。在我国，现金流量表补充资料应采用间接法反映经营活动产生的现金流量情况，以对现金流量表中采用直接法反映的经营活动现金流量进行核对和补充说明。

采用间接法列报经营活动产生的现金流量时，需要对四大类项目进行调整：

（1）实际没有支付现金的费用；

（2）实际没有收到现金的收益；

（3）不属于经营活动的损益；

（4）经营性应收应付项目的增减变动。

2.不涉及现金收支的重大投资和筹资活动

不涉及现金收支的重大投资和筹资活动，反映企业一定期间内影响资产或负债但不形成该期现金收支的所有投资和筹资活动的信息。这些投资和筹资活动虽然不涉及现金收支，但对以后各期的现金流量有重大影响。例如，企业融资租入设备，将形成的负债计入“长期应付款”账户，当期并不支付设备款及租金，但以后各期必须为此支付现金，从而在一定期间内形成了一项固定的现金支出。

企业应当在附注中披露不涉及当期现金收支、但影响企业财务状况或在未来可能影响企业现金流量的重大投资和筹资活动，主要包括：

（1）“债务转为资本”项目，反映企业本期转为资本的债务金额；

（2）“一年内到期的可转换公司债券”项目，反映企业一年内到期的可转换公司债券的本息；

（3）“融资租入固定资产”项目，反映企业本期融资租入的固定资产。

3.现金及现金等价物的构成

企业应当在附注中披露与现金及现金等价物有关的下列信息：

（1）现金及现金等价物的构成及其在资产负债表中的相应金额。

（2）企业持有但不能由母公司或集团内其他子公司使用的大额现金及现金等价物金额。例如，国外经营的子公司，由于受当地外汇管制或其他立法的限制，其持有的现金及现金等价物，不能由母公司或其他子公司正常使用。

7.3 对现金流量表的深入思考

7.3.1 间接法

间接法是以利润表上的净利润为出发点，调整确定经营活动产生的现金流量。在利润表中反映的净利润是按权责发生制确定的，其中有些收入、费用项目并没有实际发生经营活动的现金流入和流出，通过对这些项目的调整，即可将净利润调节为经营活动产生的现金流量。将净利润调节为经营活动的现金流量，需要调整的项目具体如下：

（1）“资产减值准备”项目，反映企业本期计提的各项资产的减值准备。本项目可根据“资产减值损失”科目的记录填列。

（2）“信用损失准备”项目，反映企业按照《企业会计准则第 22 号——金融工具确认和计量》（财会〔2017〕7 号）的要求计提的各项金融工具信用减值准备所确认的信用损失。该项目应根据“信用减值损失”科目的发生额分析填列。

（3）“固定资产折旧”项目，反映企业本期计提的折旧。本项目可根据“累计折旧”科目的贷方发生额分析填列。

（4）“无形资产摊销”和“长期待摊费用摊销”两个项目，分别反映企业本期摊入成本费用的无形资产的价值及长期待摊费用。这两个项目可根据“累计摊销”“长期待摊费用”科目的贷方发生额分析填列。

（5）“处置固定资产、无形资产和其他长期资产的损失”项目，反映企业本期由于处置固定资产、无形资产和其他长期资产而发生的净损失（减：收益）。本项目可根据“营业外收入”“营业外支出”“其他业务收入”“其他业务成本”科目所属有关明细科目的记录分析填列。如为净收益，以“-”号填列。

（6）“固定资产报废损失”项目，反映企业本期固定资产盘亏（减：盘盈）后的净损失。本项目可根据“营业外收入”“营业外支出”科目所属有关明细科目中固定资产盘亏损失减去固定资产盘盈收益后的差额填列。

（7）“净敞口套期损失”项目，反映净敞口套期下被套期项目累计公允价值变动转入当期损益的金额或现金流量套期储备转入当期损益的金额。本项目可根据利润表上的“净敞口套期收益”项目的数字填列。如为投资收益，以“-”

号填列。

（8）“公允价值变动损失”项目，反映企业本期公允价值变动净损失。本项目可根据利润表上的“公允价值变动收益”项目的数字填列。如为净收益，以“-”号填列。

（9）“财务费用”项目，反映企业本期发生的应属于筹资活动或投资活动的财务费用。本项目可根据“财务费用”科目的本期借方发生额分析填列。如为收益，以“-”号填列。

（10）“投资损失”项目，反映企业本期投资所发生的损失减去收益后的净损失（减：收益）。本项目可根据利润表上的“投资收益”项目的数字填列。如为投资收益，以“-”号填列。

（11）“递延所得税资产减少”和“递延所得税负债增加”项目，分别反映企业本期与净利润相关的递延所得税资产减少和递延所得税负债增加。可分别根据资产负债表“递延所得税资产”“递延所得税负债”项目的期初、期末余额的差额分析填列。递延所得税资产的期末数小于期初数的差额，以及递延所得税负债的期末数大于期除数的差额，以正数填列；递延所得税资产的期末数大于期初数的差额，以及递延所得税负债的期末数小于期除数的差额，以“-”号填列。

（12）“存货的减少”项目，反映企业本期存货的减少（减：增加）。本项目可根据资产负债表上“存货”项目的期初、期末余额的差额填列；期末数大于期初数的差额，以“-”号填列。

（13）“经营性应收项目的减少”项目，反映企业本期经营性应收项目（包括应收账款、应收票据和其他应收款中与经营活动有关的部分及应收的增值税销项税额等）的减少（减：增加）。

（14）“经营性应付项目的增加”项目，反映企业本期经营性应付项目（包括应付账款、应付票据、应交税费、其他应付款中与经营活动有关的部分以及应付的增值税进项税额等）的增加（减：减少）。

7.3.2 收付实现制

在现金收付的基础上，凡在本期实际以现款付出的费用，不论其应否在本期收入中获得补偿，均应作为本期应计费用处理；凡在本期实际收到的现款收入，不论其是否属于本期，均应作为本期应计的收入处理；反之，凡本期还没有以现款收到的收入和没有用现款支付的费用，即使它归属于本期，也不作为本期的收入和费用处理。在现金收付基础上，会计在处理经济业务时不考虑预收收入、预付费用，以及应计收入和应计费用的问题，会计期末也不需要进行账项调整，因为实际收到的款项和付出的款项均已登记入账，所以可以根据账簿记录来直接确定本期的收入和费用，并加以对比以确定本期盈亏。

现金流量表的编制是以收付实现制为基础的。将净利润调节为经营活动的现金流量，就是要按收付实现制的原则，将净利润按各项目调整为现金净流入，并且要剔除投资和筹资活动对现金流量的影响。

1.收付实现制的优点

收付实现制提供的信息在以下几个方面有着优点：

（1）用收付实现制确定企业的收入、费用及利润具有客观性和可比性。用权责发生制确定企业的收入、费用及利润时，费用必须依其同收入的关系分摊到各个会计期间，就必须采用折旧、摊销和存货计价等人为的方法，使会计中包含了许多估计、预测数据，从而其提供的数据也较收付实现制丧失了一定的客观性和可比性。

（2）收付实现制反映了企业实实在在拥有的现金，而企业能否按期偿还债务、支付利息、分派股利等很大程度上取决于企业所实际拥有的现金。

（3）以收付实现制为基础的现金流量是长期投资的决策目标。长期投资涉及时间长、风险高，投资者不仅要考虑投资的收益水平，更关心投资的回收问题。而期间利润指标只关系到投资额在本期所分摊份额的回收，并且利润指标受权责发生制下应收、应付项目的影响，主观性太强。因此，投资者注重现金的实际流入或流出，只有投资期限内现金总流入量超过现金流出量，投资方案才是能够被接受的。

2.收付实现制的局限

尽管收付实现制相对权责发生制有一定的优越性，但是收付实现制也存在一些弊端，其不足之处主要有：

（1）不利于单位进行成本核算、提高效率和绩效考核；

（2）不能全面准确记录和反映单位的负债情况，不利于防范财务风险；

（3）收支项目不配比，不能真实反映当年的收支结余；

（4）不能真实反映对外的投资业务；

（5）不能反映固定资产的真实价值和隐性负债问题；

（6）不利于处理政府采购业务和年终结转等会计事宜。

3.权责发生制和收付实现制的区别

权责发生制和收付实现制在处理收入和费用时的原则是不同的，同一会计事项按不同的会计基础进行处理，其结果可能是相同的，也可能是不同的。例如，本期销售产品一批价值 5000 元，货款已收存银行。这项经济业务不管采用权责发生制还是收付实现制，5000 元货款均应作为本期收入。原因在于：一方面，它是本期获得的收入，应当作本期收入；另一方面，现款也已收到，亦应当列作本期收入。这时就表现为两者的一致性。但在另外的情况下，两者则是不一致的。例如，本期收到上月销售产品的货款存入银行。如果采用收付实现制，这笔货款应当作为本期的收入；如果采用权责发生制，则此项收入不能作为本期收入，因为它不是本期获得的。

两者区别在于：

（1）设置的会计科目不完全相同。在应计基础上，存在费用的待摊和跨期、收支的应收和应付等问题，而在现金收付基础上不存在这些问题。所以，在进行核算时，两者设置的会计科目会存在差异。

（2）盈亏计算不同。因为确定收入和费用的原则不同，因此，它们即使是在同一时期同一业务计算的收入和费用总额也不可能相同。权责发生制是以应收应付为标准来作收入和费用的归属、配比，计算出来的盈亏较为准确。而收付实现制是以款项的实际收付为标准来作收入和费用的归属、配比，计算出来的盈亏不够准确。

（3）期末处理复杂程度不同。在应计基础上，期末对账簿记录进行调整之后才能计算盈亏，手续比较麻烦；而在现金收付基础上，期末不要对账簿记录进行调整，即可计算盈亏，手续比较简单。

为进一步说明问题，下面以列表的方式对两种原则加以比较，如表 7-2 所示。

表 7-2　权责发生制与收付实现制的比较

	举例	权责发生制	收付实现制
第一种情况	出租房屋的租金收入，1 月份一次收讫上半年的租金	1 月份：租金收入为半年收入的 1/6；其余部分在 1 月份来看为预收收入	全部作为 1 月份的收入
第二种情况	1 月份把全年的报刊费一次付讫	1 月份：报刊费仅为整笔支出的 1/12；其余部分在 1 月份来看为预付费用	全部作为 1 月份的费用
第三种情况	与购货单位签订合同，分别在 1、2、3 月份供给购货单位三批产品，货款于 3 月末一次付清	分别作为 1、2、3 月份的收入；1、2 月份应收而未收的收入为应计收入	全部作为 3 月份的收入
第四种情况	1 月份向银行借入为期三个月的借款，利息到期即 3 月份一次偿还	分别作为 1、2、3 月份的费用；1、2 月份应付而未付的费用为应计费用	全部作为 3 月份的费用
第五种情况	本期内收到的款项就是本期应获得的收入，本期内支付的款项就是本期应负担的费用。按权责发生制和收付实践制确认收入和费用的结果是完全相同的。		

4.权责发生制与收付实现制的关系

权责发生制与收付实现制是辩证统一的。对一笔收入或费用，权责发生制所描述的是收入的收取权利或费用的支付义务（责任）已经形成，它具有收入或费用的真正经济含义，是从本质内容上加以确定的。当然，它还要与具体会计期间联系。而收付实现制所描述的只是收入的收取行为或费用的支出行为已经发生，它只是表面形式上的确认，并没有收入或费用的真正经济含义。权责发生制与收付实现制之间的关系不是根本对立的，而是辩证统一的。其差异主要是由权利、义务的形成时间与现金收付行为的发生时间不一致引起的。权利和义务的形成与现金收付行为的发生在时间上有三种情形：

（1）形成时间在现金收付行为发生时间之前。对这种情形，经济业务的收入收取权利或费用支付责任已经形成，但这种权利或义务只是抽象的存在，它只有通过以后具体的现金收付行为才能得以最终实现。

（2）形成时间与现金收付行为的发生时间一致。这种情形，收入或费用的本质内容与表面形式取得了一致，内容是表现为收付形式的经济内容，形式是反映经济内容的收付形式，这在确认上不存在任何问题，两者是一致的。

（3）形成时间在现金收付行为发生时间之后。对这种情形，某一经济行为引起的现金收付行为已经发生，但这种从形式上确认的收入或费用中有多少会成为具有本质内容的收入或费用尚不可知，即还不符合实现原则，它只有在将来随着权利或义务的逐步形成而不断地被赋予经济内容时才真正实现。

7.3.3 现金为王

现金流量是指企业在一定会计期间按照现金收付实现制，通过一定经济活动（包括经营活动、投资活动、筹资活动和非经常性项目）而产生的现金流入、现金流出及其总量情况的总称。现金为王是一种财务管理的理念。对现金流量进行有效管理是确保企业的生存与发展、提高企业市场竞争力的重要保障。现金流就像企业的“血液”一样，只有让企业的“血液”顺畅循环，企业才能健康成长。

1.管理现金流量的重要性

（1）现金流量比传统的利润指标更能说明企业的盈利能力。首先，针对利用增加投资收益等非营业活动操纵利润的缺陷，现金流量只计算营业利润而将非经常性收益剔除在外。其次，会计利润是按照权责发生制确定的，可以通过虚假销售、提前确认销售、扩大赊销范围或者关联交易调节利润，而现金流量是根据收付实现制确定的，上述调节利润的方法无法取得现金，因而不能增加现金流量。可见，现金流量指标可以弥补利润指标在反映公司真实盈利能力上的缺陷。对高收益低现金流量的公司，特别要注意的是公司的收益可能是通过一次性的方式取得的，而且只是通过会计科目的调整实现的，并没有收到现金，这样的公司很可能存在未来业绩急剧下滑的风险。

（2）加强现金流量管理，可以保证企业健康、稳定的发展。通过利润、收入对企业的发展能力进行评价，其计量方法可以被人为地操纵，导致评价结果不准确。企业为了增加利润，会相应地减少产品的开发研究费用，而这些费用的削减只会影响企业的长远利益。现金流量则弥补了这些不足。自由现金流量则可反映企业的总体支付能力，股权现金流量可以真实地反映企业的实际支付能力。两个指标综合反映了企业自身的支付能力及给予企业利益相关者的回报能力，是企业发展能力的综合体现。

（3）加强现金流量管理可以有效地提高企业的竞争力。市场竞争的日趋激烈，要求企业在生产与管理中不断求新、求快，及时调整产品的生产工艺，以满足消费者的要求。现金流动性就是决定企业运行速度的最重要的因素。通过现金流量的管理，可以使企业保持良好的资金流动性，将资金及时地转化为生产力，提高竞争力。此外，每个企业都有其各自的不同发展阶段，其现金流量的特征也都有所不同。根据其在不同阶段经营情况的特征，采取相对有效现金流量管理的措施，才能够保证企业的生存和正常的运营。

企业想要在市场中站稳脚跟，就必须好好地利用现金流量这一利刃，加强对现金流量的管理，使之帮助企业健康发展。

2.现金流量对企业正常运营的影响

（1）现金流量对企业筹资的影响。企业根据实际生产经营需要，通过现金流量表，确定企业需要筹集的资金总额。一般来说，企业财务状况越好，现金净流量越多，所需资金越少；反之，财务状况越差，现金净流量越少，所需筹集资金越多。

（2）现金流量对企业投资决策的影响。现金流量是企业评价项目可行性的主要指标。投资项目可行性评价方法有动态法和静态法。动态法下，若现金净流量大于0或现值指数大于1，则说明该投资项目可以接受。静态法下，投资项目的回收期即原始投资额除以每年现金净流量，若小于预计的回收期，则投资方案可行。

（3）现金流量对企业资信的影响。企业现金流量正常、充足、稳定，能支付到期的所有债务，公司资金运作有序，不确定性越少，企业风险小，企业资信越高；反之，企业资信差，风险大，银行信誉差，很难争取到银行的支持。

（4）现金流量对企业盈利水平的影响。现金是一项极为特殊的资产，具体表现为：流动性最强，可以衡量企业的短期偿债能力和应变能力；现金本身获利能力低下，只能产生少量利息收入，过高的现金存量会造成企业损失机会成本的可能。因此，合理的现金流量既能满足需求，又不过多囤积资金。这需要理财人员在资金流动性和收益性之间作出权衡，寻求不同时期的最佳资金平衡点，有效组织现金流量及流速以满足资金需要及把握投资机会。

（5）现金流量对企业价值的影响。在有效的资本市场中，现金流量是企业价值大小的决定性因素。也就是说，估价高低取决于企业在未来年度的现金流量及其投资者的预期投资报酬率。现金流入越充足，企业投资风险越小，投资者要求的报酬率越低，企业的价值越大。

（6）现金流量对企业破产的影响。破产法明确规定企业因经营管理不善造成严重亏损，不能清偿到期债务的，可依法宣告破产，即达到破产界限。这与以往的“资不抵债”是两个不同概念，通过现金流量分析，若企业不能以财产、信用或能力等任何方式清偿到期债务，或在可预见的相当长期间内持续不能偿还，而不是因资金周转困难等暂时延期支付，即使该公司尚有盈利，也预示企业已濒临破产的边缘。

3.加强现金流量管理的方法

（1）根据企业所处的不同发展阶段来判断现金流量的合理性。企业会经历导入期、成长期、成熟期和衰退期四个阶段。导入期的公司一方面需要从外部资本市场筹措大量资金，用于厂房的建造、设备的购置等前期铺底资金；另一方面，新产品的售价（为了尽快打入市场）、销售量都可能很低，从现金流量看，导入期的特征是负的经营活动现金流量、负的投资活动现金流量，大额正的融资活动现金流量。在成长期，公司各种性质的现金流量与导入期基本一致，只是现金流量的绝对额相对减少了。成熟期突出的特征是经营活动开始产生正现金流量，投资活动的现金流量也开始慢慢由负变正。最为明显的是，融资活动开始表现为净现金流出。公司步入衰退期，经营活动和投资活动都产生巨额的现金流入，而融资活动的净现金流出也达到历史高位。在具体分析过程中，将从现金流量表中获取的数据与公司实际的生命周期进行比较，以清楚地发现公司现金流量存在的问题。

（2）重视经营活动现金流量的分析。掌握企业生存命脉的是经营活动产生的现金流量。只有良好的经营活动现金流入才能增强企业的盈利能力，使企业保持良好的财务状况。此外，企业的发展也不能仅依赖外部筹资实现，厚实的内部积累才是企业发展的基础。因此，经营活动产生的现金流量是整个现金流量表分析的重点。一旦经营活动的现金流入出现异常，其账面利润再高，其财务状况依然令人怀疑。企业还应进一步对经营活动现金流量结构的合理性进行分析。经营活动现金流量结构可以考察企业经营性债权债务管理产生的现金流量对经营活动现金流量的贡献。如果企业营业现金流量主要来源于主营业务收入收现能力的提高，说明现金流量质量较好；反之，如果营业活动现金流量主要得益于存货、经营性应收项目和经营性应付项目的贡献，则企业现金流量质量应当引起警惕。

（3）定期编制现金流量表和现金预算表。现金流量表能够说明企业一定时期内现金流入和流出的来龙去脉，反映企业一定时期的偿债能力、支付股利的能力、未来获取现金的能力以及企业的投资和理财活动对经营成果和财务状况的影响，有助于对企业整体的财务状况作出客观评价。因此，在实务工作中，企业应当每月编制现金流量表和现金预算表，将事前的预测与事后分析相结合，对现金流量完成情况进行事后分析，并在分析的基础上编制下期的现金预算表。把现金流量表和现金预算表作为日常管理、调度和控制现金的有效工具。

（4）加强对现金流入流出的动态管理与控制。在定期编制现金流量表和现金预算表的基础上，企业还应从现金流入量与现金流出量两方面入手作好对现金流量的动态管理与控制。管理现金流入量要开源，要不断扩大销售渠道，提高市场占有率，提高销售收入，并尽快收回应收账款，不断降低应收账款占销售收入的比重。管理现金流出量就是要节流，节约开支，不断降低成本费用支出。比如，储备存货不但会增大进货成本、储存成本和缺货成本，而且会由于占用大量储备资金而造成资金短缺，使流动资金失衡。在开源节流的同时，注重加快各种形态资金的周转速度，以不断降低资金成本，提高资金的使用效率，实现企业现金平衡和企业价值最大化。

复习思考题

1.为什么会用现金流量表来补充资产负债表和利润表，它能提供哪些有用的信息？

2.如何与企业所处生命周期相结合来进行现金流量表分析？

3.权责发生制与收付实现制有何区别？

4.请以一家上市公司年报为例，对其经营活动产生的现金流量进行阅读与分析。

5.谈谈你对“现金为王”的认识。

第 8 章　财务报表分析

学习目标：

（1）了解趋势分析法、比较分析法、比率分析法三种财务报表分析方法。

（2）理解资产负债表、利润表、现金流量表在财务报表分析中的作用。

（3）掌握企业偿债能力、盈利能力、营运能力、发展能力指标的计算方法。

（4）理解对资产质量、利润质量、现金流量质量进行分析的重要性。

8.1 财务报表分析方法

企业财务报表分析概念有狭义和广义两个层面。狭义概念是指仅以企业对外提供的财务报表为主要依据，通过运用财务分析方法，对企业的偿债能力、盈利能力、发展能力与营运能力加以判断，并进一步分析和评价，为报表使用者的经济决策提供财务信息支持的一种分析活动。在此基础上，广义概念更加强调运用更多的财务分析方法结合企业财务报表之外的其他信息，以及进行更为广泛的战略制定与实施、管理特征与质量、发展前景与投资价值分析等。在狭义财务分析概念下，经常使用到的财务报表分析方法有如下几种。

8.1.1 趋势分析

趋势分析法（trend analysis approach），又被称为横向分析法或者水平分析法。与结构分析法不同的是，趋势分析法是将两期或连续数期的财务报表中的相同指标进行对比，用来确定某个项目在时间序列上增减变动的方向、数额和幅度，用来说明企业财务状况和经营成果的变动趋势。趋势分析法的主要目的在于：确定在不同的时间点上因财务状况和经营成果变动的主要项目，确定变动趋势的性质是否有利，预测项目未来发展的趋势。

趋势分析法通常包括三种方法：

1.绝对数分析法

绝对数分析法就是将有关项目连续几期的绝对数额逐一列示并进行对比。采用这种分析方法易于得出相关项目的变动方向以及趋势（上升、下降、波动还是平稳）。

2.环比分析法

环比分析法就是计算有关项目相邻两期的变化率，即分析期某项目的数值相对于前期项目数值的变动百分比。采用这种分析方法不仅可以看出相关项目变动的方向，还可以看出其变动的幅度，环比变动百分比的计算公式为：

$$环比变动百分比=\frac{分析期某项目数值-前期某项目数值}{前期某项目数值}\times100\%$$

环比分析法有一项缺陷，如果前期某项目数值为零或者负数，则无法计算出有意义的环比变动百分比。

3.定基分析法

定基分析法就是选择一个固定的期间作为基期，计算相关项目在各分析期的水平相对于基期水平的变动百分比。采用这种方法不仅可以看出不同期间的变动方向和幅度，还可以看出一个较长期间内的总体变化趋势，便于进行较长时间的趋势分析。定基变动百分比的计算公式为：

$$定基变动百分比=\frac{分析期某项目数值-基期某项目数值}{基期某项目数值}\times100\%$$

与环比分析法类似，定基分析法在选择基期时，不能选择项目数值为零或负数的期间，否则无法计算出有意义的定基变动百分比。在实际应用中，通常选择企业财务状况比较正常的年份作为基期，这样计算出的定基变动百分比更具有典型意义。

8.1.2 比较分析

比较分析法（comparative analysis approach），是通过比较不同的数据，找

出其中规律性的东西并找出与被比较对象的差别的一种分析方法。用于比较的可以是绝对数，也可以是相对数，其主要作用在于揭示指标间客观存在的差距，并为进一步分析指明方向。比较分析法存在多种比较形式，可以是本期实际与以前各期的比较，可以是本期实际与计划或定额指标的比较，也可以是企业相关项目和指标与国内外同行业平均水平或者先进水平的比较。比较时需要注意企业分析指标与比较指标之间的可比性，即与选择的比较标准在内容、期间、计算口径、计价基础、总体性质等各方面均应有一致性。

常用的比较标准有基期标准、预期标准、行业标准等。

1.基期标准

基期标准，通常是指将前期实际发生的、已经成为历史的数据作为比较标准，它反映出企业分析指标的历史水平。将企业分析指标与基期标准进行比较，可以对分析指标的改进情况、发展方向和变动趋势进行评价。

2.预期标准

预期标准，是指企业预先确定的比较标准，通常可以根据企业制订的计划、预算以及各部门相应责任加以制定，它反映企业分析指标的目标水平。将企业分析指标与预期标准进行比较，可以对企业完成计划、预算、定额或者责任指标的情况进行评价，作为衡量企业是否达成预期目标的重要依据。

3.行业标准

行业标准，是指企业所在行业的同类指标比较标准，反映分析指标的行业水平。可以通过与本行业的平均水平或者是先进水平进行比较，对企业在本行业中的地位和相对竞争优势或劣势进行评价，找出本企业与比较标准之间的差距，为企业以后的发展指明方向。

前文描述的四种分析方法属于传统的财务报表分析方法，随着多年的应用已经较为成熟。然而，这些传统的财务报表分析方法具有一定的局限性，难以对企业财务状况的整体质量作出全面客观的评价。因此在财务报表分析方法的运用上，应将多种方法有机结合，不断加以完善和创新，在财务数据的基础上结合其他相关信息，只有这样才能为财务信息的使用者提供更科学有效的决策依据。

8.1.3 比率分析

比率分析法（ratio analysis approach）是把某些彼此存在关联的项目加以对比，计算比率，据此来确定微观主体经济活动的基本特征以及项目变动程度的分析方法。分子分母进行对比的两个项目通常分属于不同的两个会计要素。其作用有：由于比率是相对数，采用这种方法能够把某些条件下不可比的指标变为可以比较的指标，从而实现复杂财务信息简单化，有利于分析；揭示了报告期内各有关项目之间的相关性，产生了许多在决策中有用的新信息。比率的计算结果往往无法直接利用，只有将其在不同的年份以及不同的企业之间进行比较才显示出一定的利用价值。传统的比率分析指标包括企业偿债能力指标、营运能力指标、盈利能力指标、发展能力指标等，具体各比率的计算将在本章 8.2 部分进行详细介绍。

由于财务报表所提供的会计信息的局限性等原因，需要审慎解读财务报表分析产生的信息。主要有以下几点值得关注：

（1）利润表非经常性损益项目影响获利能力分析

非经常性损益，是指公司发生的与生产经营无直接关系以及虽与生产经营相关，但其性质、金额或发生频率却会影响真实、公允地评价公司当期经营成果和获利能力的各项利得和损失。例如，各种形式的政府补贴、非流动性资产处置损益、持有交易性金融资产等产生的公允价值变动损益以及处置交易性金融资产等取得的投资收益等。利润表的净利润、营业利润都包含部分非经常性损益项目，如果不仔细辨识这类因素的影响，可能对企业盈利能力的评价产生偏差。

（2）难以选择横向分析基准

横向分析是指选择竞争对手、同行业龙头企业或者行业平均水平等为基准进行财务分析。不少企业都跨行业经营，隶属行业不够明确。试图以行业龙头企业或者行业平均水平值为基准进行分析时，很难选择合适的行业。试图分析与竞争对手的差距时，因为企业所跨行业有很大差异，企业与竞争对手的财务报表往往很难具有可比性。

（3）部分报表项目可能存在数字陷阱

财务报表分析需要计算不同报表项目之间的相对关系，当分母与分子相比很小时，指标值可能就会呈现出没有意义的奇高。例如，通常认为存货周转率越高表明存货周转越快，可个别企业存货余额极小，存货周转率就会非常大，这类指标就失去了分析价值。

（4）注意母公司报表与合并财务报表的差异性

实际上，由于母公司报表与合并财务报表之间存在显著差异，在应用财务比率分析报表时，应该注意两类报表间的差异问题。例如，由于合并财务报表的“合并”的特征，母子公司间的内部交易在编制合并报表时被抵消掉了。在分析财务报表时，反映企业流动性质的财务比率（如流动比率、存货周转率等）需要慎重应用。

8.2 财务报告分析

8.2.1 偿债能力

偿债能力，是指企业到期偿还本息的能力。前已述及，财务报表分析的主体包括企业债权人，他们关注的对象便是企业的偿债能力，关注企业的资产安全。根据期限长短，偿债能力可以分为短期偿债能力与长期偿债能力。

1.短期偿债能力

短期偿债能力是指企业偿还流动负债的能力，即企业偿还流动负债本息的能力。短期偿债能力分析的重点为企业即期债务的偿还能力，与流动负债相关的指标是债权人最关注的对象。

根据企业偿债资金的不同来源，偿债能力又可分为静态偿债能力和动态偿债能力。静态偿债能力是指企业资产负债表上体现的企业使用现有的经济资源来偿还现有负债的能力。动态偿债能力是指企业利润表和现金流量表上体现的企业使用现有财务资源流量偿还现有负债的能力。

其中，静态偿债能力指标有流动比率、速动比率以及现金比率。一般来说，这些指标越大，对债权人来说越有利，但是，这也并不是绝对的。若指标过大，同样反映了企业占用了较多的流动资产，会对企业的盈利能力产生影响。

动态偿债能力指标主要包括现金流量比率。该指标是将企业本期经营活动过程中取得的资金与期末债务本息进行比较。其数值越大，企业就会越安全。企业经营活动中取得的资金越多，企业经营的质量也就越高。无论是债权人还是股东，都希望这些比率越高越好。

（1）流动比率

流动比率（current ratio），是企业流动资产与流动负债的比值，它反映企业运用其流动资产偿还流动负债的能力。计算公式为：

$$流动比率=\frac{流动资产}{流动负债}$$

该比率认为，由于流动资产具有易变现的特点，并且流动负债的偿还期限比较短，流动资产正好可以满足流动负债的偿还需要。传统观点认为，将该比率保持在 2∶1 左右是比较适宜的。但这只是一个经验数据，由于各个行业的特点不同，并且在发展过程中会受到各种因素的影响，或者企业处在不同的发展阶段，流动比率都会存在很大的差别。

部分企业的流动比率并不高，但却拥有较高的竞争力。在分析流动资产和流动负债之间的关系时，不能仅仅关注流动比率，还应该注意到流动资产中每个项目在清偿债务时的可用性并不相同。可用性是指资产能够及时、不会发生贬值地转变为可以清偿债务的货币资金的能力。比如货币资金与应收账款、存货等项目偿还负债的能力就存在着显著差异。

【例 8-1】计算伊利股份 2020 年的流动比率。

表 8-1　伊利股份流动资产和流动负债数据表　　单位：元

项目	2020 年 12 月 31 日
流动资产合计	28 380 579 199.53
流动负债合计	34 768 184 838.26

注：数据来自伊利股份 2020 年年报，以下相同。

$$流动比率=\frac{28\ 380\ 579\ 199.53}{34\ 768\ 184\ 838.26}\approx 0.82$$

（2）速动比率

速动比率（quick ratio），是指企业速动资产与流动负债的比值，该指标体现了企业变现能力强的资产偿还流动负债的能力。为了更精确地评价企业短期偿债能力，需要从流动资产中剔除可用性差的项目，如：存货、预付账款等。计算公式为：

$$速动比率=\frac{速动资产}{流动负债}$$

速动资产是由一些可用性强的流动资产组成，包括现金和交易性金融资产、应收账款、应收票据等一些能够迅速转化为现金的金融资产。企业中的存货一般不属于速动资产。在企业的经营过程中，存货变现需要通过一个销售环节，这个环节存在着非常多的不确定性，包括存货品质如何、计价是否准确、销售是否顺畅等。因此，在计算速动资产时，需要从流动资产中扣除存货。

传统的观点认为，企业的速动比率维持在 1∶1 是恰当的。在这种情况之下，即使所有的流动负债要求同时偿还，也有足够的资产来维持企业正常的生产经营活动。

一般来说，速动比率数值越大，企业流动负债的偿还能力越强。但是，该比值越大，流动资产的流动性越高，其收益性就有可能越差，或者几乎没有收益。与流动比率的分析类似，判断速动比率是否恰当，需要结合不同的因素加以考虑，例如企业的行业特征、战略意图、资产特点以及资产周转性等因素。

【例 8-2】计算伊利股份 2020 年的速动比率。

表 8-2　伊利股份速动比率相关数据表　　单位：元

项目	2020 年 12 月 31 日
预付款项	1 289 734 014.62
存货	7 545 025 549.66
流动资产合计	28 380 579 199.53
流动负债合计	34 768 184 838.26

$$速动比率=\frac{28\ 380\ 579\ 199.53-1\ 289\ 734\ 014.62-7\ 545\ 025\ 549.66}{34\ 768\ 184\ 838.26}\approx 0.56$$

（3）现金比率

现金比率（cash ratio），是指企业现金类资产与流动负债的比率。企业现金类资产主要包括货币资金以及以公允价值计量且其变动计入当期损益的金融资产。计算公式为：

$$现金比率=\frac{现金类资产}{流动负债}$$

相较于流动资产以及速动资产而言，企业的现金类资产流动性最强，变现能力最强，可直接用于偿还企业的流动负债。基于会计谨慎性原则，用现金比率衡量企业的短期偿债能力是最为保险的。

【例 8-3】计算伊利股份 2020 年的现金比率。

表 8-3　伊利股份现金比率相关数据表　　单位：元

项目	2020 年 12 月 31 日
货币资金	11 695 184 002.06
交易性金融资产	123 219 805.15
流动负债合计	34 768 184 838.26

$$现金比率=\frac{11\ 695\ 184\ 002.06+123\ 219\ 805.15}{34\ 768\ 184\ 838.26}\approx 0.34$$

（4）现金流量比率

现金流量比率（operating cash flow ratio），是指企业一定时期内经营活动现金流量净额与流动负债的比值。该指标数值越高，说明企业短期偿债能力越强。但也不能一概而论，该指标过大则表明企业流动资金利用不充分，盈利能力不强。计算公式为：

$$现金流量比率=\frac{经营活动现金流量净额}{流动负债}$$

现金流量比率属于动态偿债能力指标，它从企业经营创造现金流量的角度出发，分析企业偿还流动负债的能力。与静态偿债能力指标不同，它考虑了企业资金周转的速度和实际的变现能力。在计算现金流量比率时应该重点关注企业偿债的安全性。该指标运用了经营活动现金流量净额，属于现金流量表的指标。

【例 8-4】计算伊利股份 2020 年的现金流量比率。

表 8-4　伊利股份现金流量比率相关数据表　　　单位：元

项目	2020 年 12 月 31 日
经营活动现金流量净额	9 851 639 164.55
流动负债	34 768 184 838.26

$$现金流量比率=\frac{9\ 851\ 639\ 164.55}{34\ 768\ 184\ 838.26}\approx 0.28$$

2.长期偿债能力

长期偿债能力不仅可以指企业偿付长期债务的能力，也可以指企业在较长时期内偿还债务的一种能力。下面主要介绍资产负债率、长期资本负债率、产权比率、权益乘数、利息保障倍数等几个指标。

（1）资产负债率

资产负债率（debt ratio），是指企业负债总额与资产总额的比值，是体现企业长期偿债能力的重要指标，同样也是衡量企业财务风险的主要指标。其计算公式为：

$$资产负债率=\frac{负债总额}{资产总额}\times 100\%$$

该比率反映了企业在较长一段时间内偿还债务的能力。式中的负债总额既包括企业的非流动负债，也包括企业的流动负债。之所以流动负债也包括在其中，是因为尽管企业流动负债都是在短期内归还，但是就流动负债整体看，企业通过不断借贷会使得流动负债成为企业长期存在的负债。

资产负债率受到多种因素的影响，不同行业的资产负债率不尽相同，如房地产行业。因为生产周期较长导致房地产行业对长期负债的依赖程度较高，通常有着很高的资产负债率。此外，企业的战略差异、发展阶段的不同等，都会导致企业的资产负债率存在差异。在对企业进行资产负债率分析时，要注意结合企业的行业背景。

【例 8-5】计算伊利股份 2020 年的资产负债率。

表 8-5　伊利股份资产总计和负责总计表　　单位：元

项目	2020 年 12 月 31 日
资产总计	71 154 264 385.29
负债总计	40 621 620 461.79

$$资产负债率=\frac{40\ 621\ 620\ 461.79}{71\ 154\ 264\ 385.29}\times100\%\approx57.09\%$$

（2）长期资本负债率

长期资本负债率，是指企业长期债务与长期资本的比值，实务中也将其称为长期资本化比率，反映了企业的长期资本结构，其经验数值一般为 20%。其计算公式为：

$$长期资本负债率=\frac{长期负债}{长期负债+所有者权益}\times100\%$$

【例 8-6】计算伊利股份 2020 年的长期资本负债率。

表 8-6　伊利股份长期资本负债率相关数据表　　单位：元

项目	2020 年 12 月 31 日
非流动负债合计	5 853 435 623.53
所有者权益（或股东权益）合计	30 532 643 923.50

注：长期负债在报表上主要体现为非流动负债项目。

$$长期资本负债率=\frac{5\ 853\ 435\ 623.53}{5\ 853\ 435\ 623.53+30\ 532\ 643\ 923.50}\times100\%\approx16.09\%$$

（3）产权比率

产权比率（leverage ratio），是负债总额与所有者权益之间的比值，是企业的负债与所有者权益之间的对比关系，反映由债权人提供的借入资金与所有者提供的自有资金的相对关系。其计算公式为：

$$产权比率=\frac{负债总额}{所有者权益总额}$$

该指标表示，股东每出资增加价值一元的股权时债权人相对应提供的借款数额。一般而言，产权比率越小，自有资金对借入资金的保障程度越高，偿债能力越大，其风险也就越小。

【例 8-7】计算伊利股份 2020 年的产权比率。

表 8-7　伊利股份产权比率相关数据表　　单位：元

项目	2020 年 12 月 31 日
负债总计	40 621 620 461.79
所有者权益（或股东权益）合计	30 532 643 923.50

$$产权比率=\frac{40\ 621\ 620\ 461.79}{30\ 532\ 643\ 923.50}\approx1.33$$

（4）权益乘数

权益乘数，是指资产总额相当于股东权益的倍数。它用来衡量企业的财务风险。计算公式为：

$$权益乘数=\frac{资产总额}{所有者权益总额}$$

也可以表示为：权益乘数=1+产权比率

权益乘数越大，表明所有者投入企业的资本占全部资产的比重越小，企业负债的程度越高；反之，该比率越小，表明所有者投入企业的资本占全部资产的比重越大，企业的负债程度越低，债权人权益受保护的程度越高。如今，关于权益乘数多大合适，尚没有定论。

【例 8-8】计算伊利股份 2020 年的权益乘数。

表 8-8　伊利股份权益乘数相关数据表　　单位：元

项目	2020 年 12 月 31 日
资产总计	71 154 264 385.29
所有者权益（或股东权益）合计	30 532 643 923.50

$$权益乘数=\frac{71\ 154\ 264\ 385.29}{30\ 532\ 643\ 923.50}\approx 2.33$$

或者：　　权益乘数=1+1.33=2.33

（5）利息保障倍数

利息保障倍数（interest coverage ratio），也称已获利息倍数（earnings coverage ratio），是指企业息税前利润与同期利息费用的比值，它是衡量企业长期偿债能力的重要指标。一般来说，利息保障倍数越大，企业支付利息费用的能力越强。计算公式为：

$$利息保障倍数=\frac{息税前利润}{利息费用}=\frac{税前利润+利息费用}{利息费用}$$

该比率反映企业经营收益是所需支付的债务利息的多少倍，只要利息保障倍数足够大，企业就有充足的能力支付利息。利息保障倍数的重点是衡量企业支付利息的能力，没有足够大的息税前利润，利息的支付就会发生困难，企业的长期偿债能力就会出现一定的问题。

【例 8-9】计算伊利股份 2020 年的利息保障倍数。

表 8-9　伊利股份利息费用和税前利润数据表　　单位：元

项目	2020 年度
利息费用	494 317 329.82
税前利润	8 149 849 298.56

$$利息保障倍数=\frac{8\ 149\ 849\ 298.56+494\ 317\ 329.82}{494\ 317\ 329.82}\approx 17.49$$

8.2.2 营运能力

企业营运能力，是指企业使用资产支撑经营活动的效率。效率越高，意味着企业支撑同样规模的经济活动使用的资产越少，这种能力通常用各项资产的周转率来描述。从另一个角度讲，企业取得收入的过程，在企业内部表现为资金形态的不断转换。从现金变成存货，存货出售形成应收账款，应收账款最终收回现金，然后再次循环往复。在这个过程中，每一个环节的资产如果能尽快转化到下一个环节，则会大大缩短从投资到回收和获利的时期，使企业在同样的时间内能够多实现几次营业收入，从而提高企业获得利润的效率。

（1）存货周转率

存货周转率（inventory turnover），也称存货周转次数，是指企业存货资金的使用效率。计算公式为：

$$存货周转率=\frac{营业成本}{存货平均余额}$$

式中，存货平均余额由年初存货余额加上年末存货余额除以 2 得到。

同时，存货周转天数可以从另一个角度揭示存货资金的使用效率和管理能力。

$$存货周转天数=\frac{存货平均余额}{营业成本}\times 360$$

或

$$存货周转天数=\frac{360}{存货周转率}$$

【例 8-10】计算伊利股份 2020 年的存货周转率和存货周转天数。

表 8-10　伊利股份的营业成本和存货数据表　　单位：元

项目	2020 年年末	2019 年年末
营业成本	61 805 562 467.86	56 391 712 740.25
存货	7 545 025 549.66	7 715 031 334.22

$$年平均存货=\frac{7\ 545\ 025\ 549.66+7\ 715\ 031\ 334.22}{2}=7\ 630\ 028\ 441.94（元）$$

$$存货周转率=\frac{61\ 805\ 562\ 467.86}{7\ 630\ 028\ 441.94}\approx 8.10（次）$$

$$存货周转天数=\frac{360}{8.10}\approx 44.44（天）$$

（2）应收账款周转率

企业可以通过使用一定程度的赊销政策来促进销售，但赊销也导致企业的一部分资金被应收账款占用。在实务中，可以采用应收账款周转率和应收账款周转天数指标来评价企业资金的占用是否达到了促进销售的目的，还可以评价应收账款的管理水平和安全性。

$$应收账款周转率=\frac{营业收入}{应收账款平均余额}$$

式中，应收账款平均余额是用年初应收账款和年末应收账款之和除以 2 得到的。企业内部计算应收账款周转率时，由于外部报表使用者很难得到这个数据，所以实践中往往采用营业收入代替，这样做的弊端是如果企业销售中赊销比例较小，计算得到的周转率就会比实际偏大。

应收账款周转天数从另一个角度反映了企业的应收账款管理能力。

$$应收账款周转天数=\frac{应收账款平均余额}{营业收入}\times 360$$

或

$$应收账款周转天数=\frac{360}{应收账款周转率}$$

在其他条件相同的情况下，应收账款周转率越高，说明企业在产品市场中的话语权越大，可以更多地采用现金销售的方式而不影响其市场地位。

【例8-11】计算伊利股份2020年的应收账款周转率和应收账款周转天数。

表 8-11　伊利股份的应收账款和营业收入数据表　　单位：元

项目	2020 年	2019 年
应收账款	1 616 344 944.47	1 615 510 453.56
营业收入	96 523 963 249.92	90 009 132 852.26

$$平均应收账款=\frac{1\ 616\ 344\ 944.47+1\ 615\ 510\ 453.56}{2}\approx 1\ 615\ 927\ 699.029（元）$$

$$应收账款周转率=\frac{96\ 523\ 963\ 249.92}{1\ 615\ 927\ 699.02}\approx 59.73（次）$$

$$应收账款周转天数=\frac{360}{59.73}\approx 6.03（天）$$

（3）固定资产周转率

同理，固定资产周转率（fixed assets turnover）的计算公式为：

$$固定资产周转率=\frac{营业收入}{固定资产原值的平均数}$$

式中，固定资产原值的平均数是期初固定资产原值和期末固定资产原值的和除以 2 得到的，这个指标可以粗略地反映企业固定资产创造收入的能力。

【例 8-12】计算伊利股份 2020 年的固定资产周转率。

表 8-12　伊利股份的固定资产和营业收入数据表　　单位：元

项目	2020 年	2019 年
固定资产	23 343 414 532.36	18 296 214 255.28
营业收入	96 523 963 249.92	90 009 132 852.26

注：以财务报表中固定资产余额代替固定资产原值。

$$平均固定资产=\frac{23\ 343\ 414\ 532.36+18\ 296\ 214\ 255.28}{2}=20\ 819\ 814\ 393.82(元)$$

$$固定资产周转率=\frac{96\ 523\ 963\ 249.92}{20\ 819\ 814\ 393.82}\approx 4.64（次）$$

通常，固定资产的周转率越高，说明企业固定资产利用率越高，企业的冗余资产越少；固定资产周转率过低，可能是因为企业销售情况较差，也可能意味着企业存在低效甚至闲置的固定资产。

（4）总资产周转率

同理，总资产周转率（total assets turnover）的计算公式为：

$$总资产周转率=\frac{营业收入}{平均资产总额}$$

式中，平均资产总额是将总资产期初余额和总资产期末余额的和除以 2 得到的，这个指标可以粗略地计量企业资产创造收入的能力，反映企业管理层管理企业总资产运营的能力。

【例 8-13】计算伊利股份 2020 年的总资产周转率。

表 8-13　伊利股份的总资产和营业收入数据表　　单位：元

项目	2020 年	2019 年
总资产	71 154 264 385.29	60 461 267 016.42
营业收入	96 523 963 249.92	90 009 132 852.26

$$平均资产总额=\frac{71\ 154\ 264\ 385.29+60\ 461\ 267\ 016.42}{2}\approx 65\ 807\ 765\ 700.86\ (元)$$

$$总资产周转率=\frac{96\ 523\ 963\ 249.92}{65\ 807\ 765\ 700.86}\approx 1.47\ （次）$$

一般而言，总资产周转率越高，说明企业资产总体的使用效率越高；反之，则说明企业资产总体的使用效率较低。总资产周转率的高低与企业个别资产周转率的高低和个别资产占总资产中的比重极为相关，因此要分析企业总资产使用效率高低的原因必须对各单项资产的使用效率进行逐一分析，同时还要考虑企业所处的行业具体情况具体分析。

8.2.3 盈利能力

企业财务报表的使用者最关心的通常是企业赚取利润的能力。如果企业有足够的利润，就可以进行偿还债务、支付股利和进行投资等活动。评价企业盈利能力的指标有很多，主要介绍销售净利率、总资产报酬率、净资产收益率等指标。

（1）销售净利率

销售净利率（net profit margin），是指净利润与营业收入的比率，它反映企业营业收入创造净利润的能力。计算公式为：

$$销售净利率=\frac{净利润}{营业收入}\times 100\%$$

销售净利率是企业销售的最终获利能力指标，比率越高，说明企业的获利能力越强。一般来说，企业提高销售净利率的途径主要有两条：扩大营业收入和降低成本费用。公司在增加营业收入额的同时，相应地必须获得更多的净利润，才能使销售净利率保持不变或有所提高。

【例 8-14】计算伊利股份 2020 年的销售净利率。

表 8-14　伊利股份的营业收入和净利润数据表　　单位：元

项目	2020 年度
营业收入	96 523 963 249.92
净利润	7 098 938 695.41

$$销售净利率=\frac{7\ 098\ 938\ 695.41}{96\ 523\ 963\ 249.92}\times 100\%\approx 7.35\%$$

（2）总资产报酬率

总资产报酬率（return on assets，ROA），是指公司净利润与平均资产总额的百分比，也称资产净利率，反映企业利用全部资金创造收益的效率。计算公式为：

$$总资产报酬率=\frac{净利润}{平均资产总额}\times 100\%$$

式中，平均资产总额是将总资产期初余额和总资产期末余额的和除以 2 得到的。该指标反映的是公司运用全部资产获得利润的水平，即公司每占用 1 元的资产平均能获得多少元的利润。总资产报酬率越高，说明企业利用全部资金创造收益的能力越强。该指标主要关注两个要素，即产品的获利能力和企业资产管理的效率。

【例 8-15】计算伊利股份 2020 年的总资产报酬率。

表 8-15　伊利股份资产总计和净利润数据表　　单位：元

项目	2020 年	2019 年
资产总计	71 154 264 385.29	60 461 267 016.42
净利润	7 098 938 695.41	6 950 726 155.12

$$平均资产总额=\frac{71\ 154\ 264\ 385.29+60\ 461\ 267\ 016.42}{2}\approx 65\ 807\ 765\ 700.86\ （元）$$

$$总资产报酬率=\frac{7\ 098\ 938\ 695.41}{65\ 807\ 765\ 700.86}\times 100\%\approx 10.79\%$$

（3）净资产收益率

净资产收益率（return on equity，ROE），也称所有者权益（股东权益）报酬率，反映企业为所有者创造投资回报的能力。计算公式如下：

$$净资产收益率=\frac{净利润}{平均所有者权益}\times 100\%$$

式中，平均所有者权益是将所有者权益期初余额和所有者权益期末余额的和除以 2 得到的。该指标反映出企业给所有者创造投资回报的能力，主要反映了所有者权益的收益水平，用来衡量企业运用自有资本的效率。

【例 8-16】 计算伊利股份 2020 年的净资产收益率。

表 8-16 伊利股份的所有者权益和净利润数据表 **单位：元**

项目	2020 年度	2019 年度
所有者权益（或股东权益）合计	22 437 192 300.44	18 059 826 149.94
净利润	7 098 938 695.41	6 950 726 155.12

$$平均所有者权益=\frac{22\ 437\ 192\ 300.44+18\ 059\ 826\ 149.94}{2}=20\ 248\ 509\ 225.19\ （元）$$

$$净资产收益率=\frac{7\ 098\ 938\ 695.41}{20\ 248\ 509\ 225.19}\times 100\%\approx 35.06\%$$

8.2.4 发展能力

企业发展能力通常是指企业未来生产经营活动的发展趋势和发展潜能，也可以称为增长能力。从企业发展能力的形成来看，企业发展能力主要是通过自身的生产经营活动不断扩大积累而形成的，主要依托于企业不断增长的销售收入、不断增加的资金投入和不断创造的利润等。从结果来看，一个发展能力强的企业能够不断为股东创造财富，不断增加企业自身的价值。

（1）股东权益增长率

股东权益增长率的计算公式为：

$$股东权益增长率=\frac{本期股东权益增加额}{股东权益期初余额}\times 100\%$$

式中，本期股东权益增加额等于期末股东权益总额减去期初股东权益总额。股东权益增长率越高，表明企业本期股东权益增加得越多；反之，股东权益增长率越低，表明企业本年度股东权益增加得越少。由于企业股东权益受到多种因素的影响，为正确判断和预测企业股东权益规模的发展趋势和发展水平，应将企业不同时期的股东权益增长率加以比较。

【例 8-17】计算伊利股份 2020 年的股东权益增长率。

表 8-17　伊利股份的所有者权益数据表　　　　单位：元

项目	2020 年 12 月 31 日	2019 年 12 月 31 日
所有者权益（或股东权益）合计	22 437 192 300.44	18 059 826 149.94

本期股东权益增加额=22 437 192 300.44−18 059 826 149.94=4 377 366 150.5（元）

$$股东权益增长率=\frac{4\ 377\ 366\ 150.5}{18\ 059\ 826\ 149.94}\times 100\%\approx 24.24\%$$

（2）净利润增长率

净利润增长率的计算公式为：

$$净利润增长率=\frac{本期净利润增加额}{上期净利润}\times 100\%$$

式中，本期净利润增加额等于本期净利润减去上期净利润，同时需要注意的是，如果分母中的上期净利润为负值，则应取其绝对值代入公式计算。净利润增长率反映了企业净利润的增长情况。

要全面认识企业净利润的发展能力，还需要结合企业的营业利润增长情况共同分析。为了更正确地反映企业净利润的成长趋势，应将企业连续多期的净利润增长率进行对比分析，这样可以排除个别时期偶然性或特殊性因素的影响，更加全面真实地揭示企业净利润的增长情况。

【例 8-18】计算伊利股份 2020 年的净利润增长率。

表 8-18　伊利股份的净利润数据表　　**单位：元**

项目	2020 年度	2019 年度
净利润	7 098 938 695.41	6 950 726 155.12

本期净利润增加额=7 098 938 695.41−6 950 726 155.12=148 212 540.29（元）

$$净利润增长率=\frac{148\ 212\ 540.29}{6\ 950\ 726\ 155.12}\times 100\%\approx 2.13\%$$

（3）总资产增长率

总资产增长率的计算公式为：

$$总资产增长率=\frac{本期资产增加额}{资产期初余额}\times 100\%$$

式中，本期资产增加额等于期末资产总额减去期初资产总额。资产增长率是用来考核企业资产投入增长幅度的财务指标。资产增长率为正数，说明企业本期的资产规模增加，资产增长率越大，则说明资产规模增加的幅度越大；企业资产增长率为负数，则说明企业本期资产规模缩减，资产出现负增长。

在对资产增长率进行具体分析时，需要注意的是，企业资产增长率高并不意味着企业资产规模增长就一定适当，还需要正确分析企业资产增长的来源。为了全面认识企业资产规模的增长趋势和增长水平，应将企业不同时期的资产增长率加以比较。

【例 8-19】计算伊利股份 2020 年的总资产增长率。

表 8-19　伊利股份的资产总额数据表　　单位：元

项目	2020 年 12 月 31 日	2019 年 12 月 31 日
资产总计	71 154 264 385.29	60 461 267 016.42

本期资产增加额=71 154 264 385.29−60 461 267 016.42=10 692 997 368.87（元）

$$总资产增长率=\frac{10\ 692\ 997\ 368.87}{60\ 461\ 267\ 016.42}\times 100\%\approx 17.69\%$$

8.3 特别关注

8.3.1 资产质量分析

部分上市公司出现这样一种现象，在连续几年收入和利润持续稳定增长的情况下，却突然“爆雷”，陷入严重的财务危机。从财务报表分析的角度来看，造成此种状况的主要原因是企业在追求良好财务业绩的同时，也在制造大量的不良资产，导致企业资产质量日益恶化，最终陷入财务困境。

1.资产质量的属性

（1）资产质量的相对性

如何评价企业某项资产的质量，不仅仅是从外表上去观察资产的好坏，更重要的是测算资产未来能够给企业带来多大的现金流量。资产质量主要关注的并不是资产的物理质量。物理质量只强调了资产本身的质量，而忽视了其在系统中的角色，即在企业的经营活动中能否发挥其应有的作用。因此，资产质量应更多地强调资产在生产经营中为企业带来的未来收益的能力。资产质量会因所处的企业背景不同而有所不同，包括宏观经济环境、所处行业、企业生命周期、企业发展战略等。企业的某项闲置资产对于其他企业来讲可能是优质资产，分析资产质量时必须强调质量的相对性。

（2）资产质量的时效性

技术变革、消费者偏好的改变、竞争环境的变化等因素对企业的资产质量均会造成影响。例如，企业研发的某项无形资产在上期为其带来了大量的超额利润，但是本期竞争对手研发了新型技术专利，企业的无形资产相对就会贬值。资产质量的时效性要求企业必须不断地投入研发费用，持续保持技术领先。在有形资产方面，设备可能会因为企业的产业结构或产品的结构变化而闲置，从优质资产变成不良资产；存货有可能因为消费者偏好变化而卖不出去无法变现，等等。资产的质量会随着时间的推移不断发生变化。

（3）资产质量的层次性

一个经济效益好、资产质量总体上优良的企业，很可能其个别资产项目质量很差。而一个面临倒闭、资产质量总体上很差的企业，也可能会有个别资产项目质量较好。因此，不但要从企业资产总体上把握。确定企业资产整体质量的好坏，还有必要分项目展开分析，根据各项资产的具体特征和预期效用，逐一确定各个资产项目的质量。比如，在对企业各项资产逐一进行质量分析的基础上，通过资产结构质量分析考察企业经营战略的制定和实施情况，透视企业的管理水平，再从总体上判断企业的资产质量，从而为评价企业的财务状况提供依据。

2.资产质量特征

资产质量特征，是指企业针对不同的资产项目，根据自身的属性和功能所设定的预期效用。由于流动资产、对外投资、固定资产在企业经营中所发挥的作用不同，企业对各类资产预期效用的设定也就各不相同，资产的不同项目具有各自的质量特征。整体来说，资产质量特征包括资产的盈利性、周转性和保值性三个方面。

（1）资产的盈利性

资产的盈利性，是指资产在使用中为企业带来经济效益的能力，它强调的是资产能够为企业创造价值的效用。资产是指由企业过去的交易或事项引起，为企业拥有或控制，能够给企业带来未来经济效益的经济资源。因此，对资产有盈利性的要求是毋庸置疑的，它是资产的内在属性，是其存在的基础。资产质量好的公司盈利性一般较高，通过保持企业稳定的盈利能力能够确保企业的资产保值升值。资产的盈利性是资产运作结果最综合的表现，也是提升资产质量的条件。

（2）资产的周转性

资产的周转性，是指资产在企业经营运作中的利用效率和周转速度，强调资产作为企业生产经营的物质基础而被利用的效用。只有在企业的日常经营运作中得到利用，资产为企业创造价值的效用才得以体现。马克思在《资本论》中提出，提高资本周转速度对实现剩余价值或资本增值至关重要。同行业企业相比较，相同资产条件下，资产周转速度越快，对该资产利用得越充分，资产为企业赚取收益的能力越强。资产利用越频繁，也就越有效，说明其质量越高；如果资产闲置，资产的周转性必然会受到损害，质量就较差。

（3）资产的保值性

资产的保值性，是指企业的非现金资产在未来不发生减值的可能性。资产发生减值，一方面会给企业带来减值损失，影响企业的当期业绩；另一方面会使债权人在受偿时蒙受损失（如抵押贷款），影响企业的未来信用。对于应收账款、存货等流动资产项目来说，发生减值后，随着债权人财务状况好转、市场经济状况回暖等，价值回升的可能性依然存在。但对于固定资产、无形资产以及长期股权投资等非流动资产来说，发生减值往往都是由于技术落后、被投资企业失去盈利能力等一些永久性因素，日后几乎不再有价值回升的可能。

8.3.2 利润质量分析

在企业日常经营过程中，虽然企业利润很高，但是其盈利能力却不一定很好，这通常是由利润质量出现一定的问题所导致的。企业利润质量可以从利润的含金量、利润的持续性和利润与企业发展战略的吻合性三个方面来分析。

1.利润的含金量

利润的含金量，是指当期利润应能带来相应的现金流量并且具有较强的支付能力。利润的含金量主要是对利润的结果进行分析。一般认为，企业赚取的利润，能够为企业带来充足的可自由支配的现金，对于企业来说，这是一种最为理想的状态。会计利润是基于责权发生制核算出来的企业经营成果，收入和费用的确认时间与企业实际收付现金的时间并不一致。在企业会计核算过程中，由于利润有一定的操纵空间，不可避免地存在主观人为因素，但是现金流却没有上述利润的缺点。在企业回款和付款经营活动相对正常的情况下，利润与现金流量之间会保持一个大体稳定的比例关系。通过对企业利润各主要项目与相应的现金流量项目进行比较分析，可以判断企业利润的含金量。

2.利润的持续性

利润的持续性，是指企业具有一定的成长性，其盈利能力在过去与未来一段时期内持续发展，并且在未来可以预见的一段时期内不会发生破产、清算等状况。一般情况下，企业具有较强的盈利能力，是指企业在其发展过程中具有较强的竞争地位、核心能力以及较光明的市场发展前景，而不是仅仅关注当期盈利的规模。

一般来说，企业利润的持续性是判断企业是否具有投资价值的核心要素。如果一个企业不具备持续性的盈利能力，其发展前景便具有高度不确定性，很可能不符合“持续经营”假设。衡量企业利润的持续性，主要从两个方面来考虑，即企业利润的成长性和波动性。其中，成长性是企业发展的核心，同样是企业利润可持续性的核心内容。可以借助营业收入增长率、毛利（毛利率）等指标了解企业的核心竞争能力以及在行业中的竞争地位。

3.利润与发展战略的吻合性

企业选择不同的发展战略会产生不同的资产结构，这就会直接带来不同的盈利模式，而不同的盈利模式进一步又会产生不同的利润结构。因此，企业的利润结构与资产结构之间的契合程度与企业所选择的不同发展战略息息相关。通常情况下，各类资产的相对盈利能力是不同的，应特别关注经营性资产的结构性差异对企业利润贡献造成的不同影响，以及不同投资性资产在利润确认方面存在的差异。通过对企业的各类资产分别进行盈利能力的分析，以帮助分析者找出企业资产中相对较强的盈利区域。这样更有利于企业管理者及时调整经营战略，也有利于投资者更清晰地判断企业未来的发展走势。

8.3.3 现金流量质量分析

现金是企业经营活动过程中的“血液”。血液流通是否通畅、血液质量是否良好，决定着企业是否具有强大的生命力。

1.经营活动现金流量质量分析

企业经营活动产生的现金流量，是指在某一会计期间，企业通过自身的经营活动所产生的现金的流入与现金的流出，它往往受到多种不同因素的影响。对企业经营活动现金流量质量的分析主要包括充足性和稳定性。充足性是指经营活动现金流量的充足性，一般指企业在一定的会计期间内是否有足够的经营活动现金流量来满足企业后续正常运转以及规模的扩张。稳定性是指企业生产经营活动提供稳定的现金流，不会出现巨大的波动以及某些异常变化的情况。持续稳定的现金流量是企业正常经营运作以及规避风险的重要保障。

2.投资活动现金流量质量分析

不同于经营活动现金流量，由于投资出售变现及收益取得均具有一定的滞后性，使得本期投资引发的现金流出并不一定获得相应的现金流入。因此，对于现金流出与现金流入的匹配性分析在此并没有意义。投资活动现金流量质量分析可以从投资活动现金流入与现金流出的大小来展开。如果投资活动现金流入量小于现金流出量，这种情况表现为“入不敷出”，但并不能对此得出绝对的结论，要结合企业的发展阶段、产品定位、宏观经济环境等不同因素来加以考虑。反之，投资活动现金流入量大于现金流出量，可能是由于企业收回投资的规模大于投资支出的规模，也可能是由于企业急需资金出售固定资产等行为所导致的。

3.筹资活动现金流量质量分析

筹资活动产生的现金流量应该在总体上与经营活动产生的现金流量以及投资活动产生的现金流量相适应，在满足企业各个方面的现金需求的同时，尽量降低企业的筹资成本，提升企业的价值。

（1）适应性分析

适应性分析，是指企业筹资活动现金流量与经营活动现金流量以及投资活动现金流量相适应。当企业经营活动和投资活动现金流量净额之和小于零，筹资活动应该及时、足额地筹集到相应数量的现金，以满足上述两类活动的资金需求；而当企业经营活动和投资活动现金流量净额之和大于零时，筹资活动应适时地调整筹资规模和速度，并积极归还借款本金，降低资本成本，提高企业的经济效益。

（2）多样性分析

目前，资本市场上有发行股票和债券、银行借款、融资租赁等筹资方式。不同的筹资方式的成本和风险相差很大。若使资本成本降至较低水平，同时将财务风险保持在适当的范围内，企业必须根据自身实际情况选择适合企业发展的方式，确定合理的筹资规模、期限和还款方式。

（3）恰当性分析

恰当性分析，主要是指考察企业是否存在超过实际需求的过度融资、企业资金是否存在无效益占用等不良融资行为，并进一步分析不良融资行为背后的融资动机。此外，对筹资行为恰当性进行分析时，还要进一步考虑筹资成本的支付状况、到期债务的本息偿还情况等。

一、复习思考题

1.财务报表分析的基本方法有哪些？

2.什么是短期偿债能力？如何评价一家企业的短期偿债能力？

3.什么是长期偿债能力？如何评价一家企业的长期偿债能力？

4.什么是营运能力？如何评价一家企业的营运能力？

5.什么是盈利能力？如何评价一家企业的盈利能力？

6.什么是发展能力？如何评价一家企业的发展能力？

7.运用财务报表分析来评价企业业绩时需要注意哪些问题？

二、计算分析题

1.甲公司 2020 年度财务报表的主要资料如下：

（1）资产负债表主要数据如表 8-20 所示。

表 8-20　资产负债表　　单位：元

资产	金额	负债和股东权益	金额
流动资产：		流动负债：	
货币资金	310 000	应付账款	852 000
应收账款	1 344 000	其他流动负债	468 000
存货	966 000	流动负债合计：	1 320 000
流动资产合计：	2 620 000	⋮	
固定资产	1 170 000	非流动负债合计：	1 026 000
		实收资本	1 444 000
资产总计：	3 790 000	负债和股东权益总计：	3 790 000

（2）甲公司 2020 年度的利润表显示净利润为 229 200 元。

要求：

列出公式，计算甲公司的流动比率、速动比率、资产负债率、资产报酬率、净资产报酬率。

2.乙公司部分财务数据如表 8-21 所示。

表 8-21 部分财务数据表 单位：元

项目	2018 年	2019 年	2020 年
流动资产总额	450 000	400 000	500 000
流动负债总额	390 000	390 000	340 000
销售收入	1 450 000	1 500 000	1 400 000
销售成本	1 180 000	1 020 000	1 120 000
存货	280 000	20 000	250 000
应收账款	120 000	110 000	105 000

要求：

（1）计算乙公司 2018 年、2019 年、2020 年的流动比率、速动比率、应收账款周转率、应收账款周转天数、存货周转率、存货周转天数。

（2）简要分析乙公司偿债能力、营运能力的变化情况。